心理健康教育语段

睢密太　奥多　张荣＼编著

岳麓書社
·长沙·

前 言

近十多年来，我国的心理健康教育得到了前所未有的快速发展，国外各种心理学书籍大量翻译出版，心理学理论得到迅速传播，心理学知识普及得到了各行各业的重视，心理健康教育从业人员迅速增加。然而，我国心理学发展的基础还比较薄弱，国外的心理健康教育理论和方法在我国运用有时“水土不服”，心理健康教育面临本土化的要求日显突出。我国心理阅读自助和心理阅读治疗的研究和美国相比，仍还处于低水平阶段。笔者在十多年里的心理健康教育实践中，深深地感到：中国的心理健康教育，脱离中国的文化背景和超越中国特有的时代背景，完全运用外国的方法其效果甚微。如何结合中国文化背景和社会经济发展实际，开展心理教育、咨询与治疗工作，是我国及世界华人心理学家十分关注的问题。

本书是在长期心理健康教育实践中收集和整理的语段集，有不少语段包含着儒释道思想的元素，对于传承中国传统文化，促进求助者和受教育者正确认识事物的本质、改善认知模式、提高思维能力、调整负面情绪等，具有良好的效果。特别是对于青年人树立正确世界观、人生观和价值观具有积极的意义。毋庸讳言，其中有的语段比较俗气，但对文化层次较低的人群来说是适用的；有的语段对于心理健康的人来说，显得比较消极，但对一些有心理问题的人来说能够起到一种抚慰心灵和促使心理平衡的作用。在具体使用时，就像大夫给病人用药一样，必须考虑各种药物的功能、针对性及其副作用。所以，作为指导者，要具体问题具体分析并灵活辩证地谨慎选用。

全书由十二部分内容组成，其中“人生”、“命运”、“婚姻”、“男人”、“女人”、“情绪”、“职场”、“为人”、“处事”、“成功”部分由内蒙古科技大学雎密太编著，“爱情”、“幸福”部分由内蒙古科技大学奥多编著。全书初稿形成后由内蒙古科技大学思想政治教育专业2012级硕士研究生张荣进行分类整理并校对。本书是我国第一部阅读治疗的参考工具书，适合思想政治教育工作者、社会工作者、心理咨询师及其他广大读者阅读。由于编著者水平有限，错误之处在所难免，欢迎专家同仁不吝赐教。

雎密太

2013年11月

目　录

一 人生

人生既是一个漫长的过程，又是一个短暂的瞬间。既有痛苦，又有欢乐；既有失败，又有成功。只要你踏上了人生的旅程，就会面临各种各样意想不到的事情发生。人生的目的是什么，人生的价值是什么，人生的意义是什么？怎样度过自己的人生，怎样避免逆境，怎样面对未来？这是每个人应该思考的问题。

（一）人生的解读（是什么?）

人生重要的不是所站的位置，而是所朝的方向。——李嘉诚

有勇气并不表示恐惧不存在，而是敢面对恐惧、克服恐惧。

——李嘉诚

人的价值，在遭受诱惑的一瞬间被决定。——李嘉诚

生命是一团欲望，欲望不满足便痛苦，满足便无聊。人生就在痛苦和无聊之间摇摆。——亚瑟·叔本华

人的一生只有5%是精彩的，也只有5%是痛苦的，另外90%是平淡的；人们往往被5%的精彩诱惑着，忍受着5%的痛苦，在90%的平淡中度过。——白岩松

生命本没有意义，你要能给他什么意义，他就有什么意义。与其终日冥想人生有何意义，不如试用此生做点有意义的事。

——胡适

生活中最糟糕的事情并非冒险和失败，而是一生当中从未去尝试。

——穆里尼

这世上有三样东西是别人抢不走的：一是吃进胃里的食物，二是藏在心中的梦想，三是读进大脑的书。

人生只有三天，活在昨天的人迷惑；活在明天的人等待；活在今天的人最踏实。你永远无法预测意外和明天哪个来得更早，所以，我们能做的，就是尽最大的努力过好今天。请记住：今天永远是昨天死去的人所期待的明天。

人生三宝：言语三宝——谦虚、亲切、赞许；入世三宝——乐观、合群、互动；饮食三宝——均衡、营养、节制；祛病三宝——静心、动体、养气；智慧三宝——广闻、觉悟、活用；交友三宝——喜欢、投缘、关爱；吉祥三宝——慈悲、善良、宽容；幸福三宝——吃香、睡实、如愿；一生三宝——健康、自由、快乐。

人生三境界：一是看山是山，看水是水。一个人初识世界，内心纯洁，眼睛里看见什么就是什么。二是看山不是山，看水不是水。涉世渐深，发现这个世界一片混沌，黑白颠倒，是非混淆，看山感慨，看水叹息。三是看山还是山，看水还是水。阅历人生而后开悟、生慧，便可“任他红尘滚滚，我自清风明月”。

人生有三重境界：第一层是看远。怀有宏大的人生奋斗目标，不为眼前小利斤斤计较，不为眼前小事而牵绊了心情。第二层是看透。现象是多种多样的，透过现象看到本质，这是一种能力，也是一种独特的眼光。第三层是看淡。将功名利禄置身度外，将世间的纷繁复杂看淡，从容淡定，无为而为。

“人”字的五种写法：“人”字有两笔：一笔写前进，一笔写后退，不恋顶峰更可贵；一笔写逆境，一笔写顺境，逆境是熔炉；一笔写付出，一笔写收获，失去的不一定不美丽；一笔写朋友，一笔写对手，对手是走向成功的陪练；一笔写前半生，一笔写后半生，前半生枝繁叶茂，后半生收获储藏。

人一生做的五件事情：一是维护自己的生命与健康；二是经营恋爱、婚姻与家庭；三是学习、成长和进步；四是职业与事业的选择与发展；五是人际关系的建立与维系。这五件事情分别是五行中的“水”、“木”、“火”、“土”、“金”。这就是人生“五行”。“水”最具生命力，“木”最具生发力，“火”最具创造力，“土”最具稳定力，“金”最具开拓力。这五种力量有着相生相克的相互作用，只有协调、和谐，才能使人生完整、精彩、幸福。

五种不同的人：忙闲之间，既忙里偷闲，又从容务实，是高人；得失之际，既得所当得，又舍所当舍，是明白人；是非之间，既不带感情肯定，又不怀私念否定，是实在人；成败之间，既赢得起，又输得起，是大度人；举手投足之间，像穷人一样讲价，像富人一样付账，是平常人。

人生的六个真相：最快的脚步不是跨越，而是继续；最慢的步伐不是缓慢，而是徘徊；最好的道路不是大道，而是坦荡；最险的道路不是陡坡，而是陷阱；最大的幸福不是得到，而是拥有；最好的财富不是金钱，而是健康。

人生的六个层次：第一层次是“浑人”，靠本能生存的人；第二层次是“俗人”，靠欲望生存的人；第三层次是“凡人”，靠情感生存的人；第四层次是“贤人”，靠信念生存的人；第五层次是“达人”，靠智慧生存的人；第六层次是“仙人”，靠灵魂生存的人。

对待人生六种人：凡事皆有极困难之时，打得通的，便是勇者；凡事皆有极复杂之时，拆得开的，便是智者；凡事皆有极关键之时，抓得住的，便是明者；凡事皆有极矛盾之时，看得透的，便是悟者；凡事皆有极重大之时，沉得住的，便是静者；凡事皆有极寂寞之时，耐得住的，便是逸者。

洛克菲勒的六个人生理念：一是每个人都是自己命运的设计者；二是机会是靠忍耐得来的，忍耐孕育出好胜之心；三是财富是勤奋工作的副产品；四是自作聪明的人是傻瓜，懂得装傻的人是真正的聪明；五是上帝为我们创造双脚，是要让我们靠自己的双脚走路；六是往上爬时要对别人好点，因为走下坡时会碰到他们。

人在下列六种情况下最清醒：一是天灾降临后；二是东窗事发后；三是大祸临头后；四是重病缠身后；五是遭受重挫后；六是退休闲暇后。

人生七大最高境界：一是生活最高境界：常与高人交往，偶与雅人相会，平时与亲人休闲；二是自律最高境界：无功不受大禄，无助不收大礼，无能不挣大钱；三是事业最高境界：爱职薪高无憾，养家小康无忧，自己开心无悔；四是从政最高境界：忙中未说错话，乱局未看错人，复杂未走错路；把自己当别人，把别人当自己；五是荣誉最高境界：你已远离江湖，江湖还在传说你；六是交友最高境界：久不联系，常在心中；七是生命的最高境界：哭着来，笑着走。

人生十二境界：一是痛到肠断能忍得过；二是苦到舌根能吃得消；三是烦到心乱能耐得住；四是困到绝望能行得通；五是屈到愤极能受得起；六是怒到发指能笑得出；七是急到眉燃能定得住；八是喜到意满能沉得下；九是伤到深处能抚得平；十是话到嘴边能停

得住；十一是色到情迷能站得稳；十二是财到眼前能看得淡。

人生十九最：最大的敌人是自己；最大的失败是自大；最大的无知是欺骗；最大的悲哀是妒忌；最大的错误是自弃；最大的破产是绝望；最大的财富是健康；最大的债务是情债；最大的礼物是宽恕；最大的欠缺是顿悟；最大的欣慰是布施；最大的财富是健康；最大的幸福是知足；最大的痛苦是痴迷；最可怜的是自卑；最可佩的是精进；最危险的是贪婪；最烦恼的是名利；最大的罪过是自欺欺人。

人生的辉煌，不在于你在风口浪尖有无数的鲜花掌声向你涌来的那一时，而在于当你繁华褪尽甚至身体残缺，你自己都感到卑微，但还有人对你表示敬意的那一刻。

人生的价值在于创造激情、享受激情，但激情并不是一句口号，而是对目标的坚定和执着，更是目标执行过程中的永不放弃和对细节的追求。

梦想对于人生有着非同寻常的意义。假如人连梦想也没有，生活将是多么乏味和单调。假如人失去了梦想和想象，人生又将是多么可怕。人若想度过丰富博大的人生，内心深处必得存有梦想，即便梦想不能成真，我们也了无遗憾；即便在最艰难的岁月，我们也能够依靠梦想而存活。

重复造就人生，不同的重复，造就不同的人生。每个人都有自己的活法，但都摆脱不了按照既定的模式去重复一天的生活。强者可以通过提升自己的价值去改变这种既定的模式，凌驾于生活之上，那便有了意义，弱者只能屈服于这种既定模式。

人生没有如果，只有后果和结果。过去的不再回来，回来的不再完美。

人生最重要的不是努力，也不是奋斗，而是抉择。抉择充满了人生，每一次抉择都是痛苦或幸福的征兆。方向错了，越努力则越痛苦；方向对了，从一开始心就充满了幸福。抉择是一种智慧，更是一种心的写照。

人生总是苦乐参半，知其乐，忘其苦。明其心，苦其志。追其形，忘其意。所说所想、所作所为、所用所弃、所喜所怨、所忧所虑。皆为人之五行，心志之所发。那么人生百味有多少是苦的？生老病死，爱恨情仇，悲欢离合，阴晴圆缺，坎坷迷离，伤痛失落，众叛亲离，流离失所，凡此种种都为苦之表象。

人生是需要等候的，等候一阵风的拂过，等候一朵花的盛开，等候梦中伊人的来到，等候生命爆发的强音。心灵是需要在等候中坚守的，坚守无风的日月，坚守落花的寂静，坚守情感的空白，坚守生活的平凡。有了等候与坚守，我们会无坚不摧，一定能够沐浴清风，笑看花开，情波荡漾，人生无悔。

人生就是一个不断选择、不断放弃的过程。有所放弃，才能让有限的生命释放出最大的能量。没有果敢的放弃，就不会有顽强的坚持。放弃是一种灵性的觉醒，一种慧根的显现，如放鸟返林、放鱼入水。当一切尘埃落定，往日的喧嚣归于平静，我们才会真正懂得：放弃也是一种选择，失去也是一种收获。

人生就是一个不停放弃的过程。放弃童年的无忧，成全长大的期望；放弃青春的美丽，换取成熟的智慧；放弃爱情的甜蜜，换取家庭的安稳；放弃掌声的动听，换取心灵的平静。

人生没有草稿，写完今天的这张就不可能再有同样的另一张。平常的日子总会被我们当做不值钱的“废纸”，涂抹坏了也不心疼，总以为来日方长，“纸张还有很多”。实际上，生活不会给我们打草稿的时间和机会，每一笔下去都无法再涂改，我们每天写下的“草稿”，都会成为人生无法更改的答卷。

人生这部大戏，就是由无数纠结的片段剪辑而成。我们总是陷入左右为难的境地：一边是事业，一边是家庭；一边是友情，一边是爱情；一边是富足，一边是快乐；一边是健康，一边是交际。如果不允许站在中间，就只能选择站在某一边。当我们站在此岸遥望彼岸，只希望中间的阻隔能够越窄越好。

人生中的一道道门坎，迈过了就是门，迈不过就是坎。有的事情让我们很无奈，有的事情让我们很无助，有的事情让我们很无语。不管遇到怎样的艰难，能否挺过去，取决于对自己的信心。换个角度看问题，结果可能就会大不一样：毛毛虫所谓的世界末日，恰恰就是蝴蝶破茧而出的充满阳光的时刻。

人生的真谛，总是在洗尽铅华以后才渐渐明朗：吃多了大鱼大肉，才知道清白小菜最健康；经历了大起大落，方明了平平淡淡才是真。有些道理，总要在碰得鼻青脸肿以后才会明白；有些情感，总要到无法挽回以后才去珍惜。人生太多的悲哀与不幸，都是因为自己“眼高手低”造成的。

人生最可贵的品格是本分自然地生活，踏踏实实地做事，兢兢业业地工作，诚诚实实地交友，心底坦荡地为人。

人生学会随缘，才能活得自在：“随缘”常常被理解为不需要有所作为，听天由命，也成为逃避问题和困难的理由。其实，随缘不是放弃追求，而是以豁达的心态去面对生活；随缘是一种智慧，可以让人在狂热的环境中，依然拥有恬静的心态、冷静的头脑；随缘是一种修养，是饱经人世的沧桑，是阅尽人情的经验。

人生不可能一尘不染，没有一点杂质，就像水清则无鱼。人生有一点点甜，也有一点点苦，有一点点好，也有一点点坏，有一点点希望，也有一点点无奈，生活才会更生动、更美好、更韵味悠长。再好的人也不会十全十美，再美好的爱情也不可能纤尘不染，你若试着包容，会发现原来没有我们想的糟糕。

人生的过程就是在选择与放弃中塑造自我，于荣华中寻求素朴，于浮躁中皈依空寂，给精神奠基，让心灵坚实。我们不必惊艳都市繁华，无须沉湎悲欢恩仇，要知道云蒸霞蔚才是微云淡河汉的前奏，疏雨滴梧桐方是暴风骤雨的归宿。醉过晓得酒浓，爱过才知情重，简单、明了、大气、真实，这便是我们要行进的路。

人只能活一次，千万别活得太累：应该活得舒心、活得快乐、活得潇洒。工作节奏太快，精神压力太大，争强好胜的心太强，生活太无规律，时间一长，精神和体力就会崩溃。要活得舒心、活得快乐、活得潇洒，就要学会知足、学会随遇而安。快乐要懂得分享才能加倍快乐，美好的生命应该充满期待、惊喜和感激。

人生在世，难免有忙有闲。一等人有钱有闲，二等人有钱无闲，三等人有闲无钱，四等人无钱无闲。尽心尽力去做事本是美德，但是过于认真心力交瘁，那就得不偿失；看淡功名利禄本是高尚的道德情操，但若过分清心寡欲，那也就失去了生活的乐趣。生活不要太浓，但也不要太淡，要淡而有味。

人生在世，无论衣食住行，都需要一个物质的基础。因此，人对物质有欲望有追求，是自然不过的。如果我们永无止境地追求物质，就可能会为自己带来永无止境的忙碌和对欲望地追求不能满足时的苦恼，所谓“求不得”苦。其实，人除了物质还应有精神生活的一面，快乐和满足，归根到底只是人们心中的一种感觉。

人生的目标，在于向前，也在于拐弯。人生的成长，在于学习，也在于经历。人生的修养，在于顿悟，也在于静修。人生的态度，在于进取，也在于知足。人生的标准，在于看高，也在于适合。人生的幸福，在于得到，也在于放下。人生的质量，在于内容，也在于积淀。人生的秘诀，在别人身上，也在你那里！

走过一些路，才知道辛苦；登过一些山，才知道艰难；趟过一些河，才知道跋涉；跨过一些坎，才知道超越；经过一些事，才知道经验；阅过一些人，才知道历练；读过一些书，才知道财富；过了一辈子，才知道幸福。多一点快乐，少一点烦恼，累了就睡觉，醒了就微笑，生活怎么样，自己放调料。

在人生的舞台上没有彩排，每一场演出都是现场直播。有的台词一旦说出去就很难收回，有的错误一旦犯下就很难弥补，有的人一旦错过就很难再回到当初。每一场演出都是我们自编、自导、自演，一定要让自己的演出多出彩、少出错，多流汗、少流泪，把握每一分钟，珍惜每一寸光阴，来孝敬父母、疼爱孩子、体贴爱人、善待朋友。在人生舞台上打造自己的经典、成就自己的辉煌！

真正成功的人生，不在于成就的大小，而在于你是否努力地去实现自我，发出属于自己的声音，走出属于自己的道路。人生是自己的，没必要把选择权交到别人手上，也没必要被别人的言论所左右。用自己的人生取悦别人是没有意义的，也是徒劳无功的，因为无论你怎样做，别人也不会100%的满意。

一次充满未知的旅行，在乎的是沿途的风景，在乎的是看风景的心情，旅行不会因为美丽的风景终止。走过的路成为背后的风景，不能回头不能停留，若此刻停留，将会错过更好的风景，保持一份平和，保持一份清醒。享受每一刻的感觉，欣赏每一处的风景，这就是人生。

没有遇过人生大的挫折，人生就很难有大的改变，有度量的人都是经历多的人，他们看淡一切，他们把一切看淡！

失败是常有的；成功是偶然的；付出是应该的；得到是暂时的；幸福是相对的；痛苦是经常的；生命是倒计时的；日子是往前看的；未来是说不清的；生活是道不尽的；辉煌总会来的；倒霉总会去的；命是要信的；运是要开的；人生是需要悟的；生命是需要爱的。

每个人的一生，都会沐浴幸福和快乐，也会历练坎坷和挫折。幸福快乐时，我们总是感觉时间的短暂；而痛苦难过时，我们却抱怨度日如年。幸福和痛苦本来就是双胞胎，上帝是公平的，痛苦往往伴随幸福并存。会享受幸福，也要学会承受痛苦，享受幸福会增加你的成就感，承受痛苦则会提高你的自信心和忍耐力。

（二）人生的特点（像什么?)

人生就像弈棋，一步失误，全盘皆输，这是令人悲哀之事；而且人生还不如弈棋，不可能再来一局，也不能悔棋。

——西格蒙德·弗洛伊德

标点符号的人生哲理：句号“。”是“O”，既是起点，也是终点。不要满足于过去，更不能失望未来。人生不断从“句子”出发，既勇于担当身前，又明知是非成败转头空。问号“?”是“7”，借助拐的力量，在人生的道路上不断理性反思，稳健探索。破折号“——”，释疑解惑，转折人生，登峰造极。

人生是一条河，无论平静舒缓，还是激昂跌宕，总是日夜往前，永无返期。不求一生辉煌耀人，但求不枉此生。无论事业还是感情，做该做之事，用该用之情，担该担之责，不惧不悔，洒脱来往。羁绊过多，难免饮恨过盛，终将失去为人之欢。三十岁以前不要怕，三十岁以后不要悔。

人生就是一个不断尝试的过程，不跨出勇敢的第一步，一切美好的梦想都只不过是虚无缥缈的幻想。有的事情只有自己去做了，才能真正明白其中的道理，靠想象是没有用的。经历是人生的宝贵财富，唯有经历才会让你成长，也唯有经历才会让你成熟。

人生就是这样：和阳光的人在一起，心里就不会晦暗；和快乐的人在一起，嘴角就常带微笑；和进取的人在一起，行动就不会落后；和大方的人在一起，处事就不小气；和睿智的人在一起，遇事就不会迷茫；和聪明的人在一起，做事就会变机敏。借人之智，完善自己。学最好的别人，做最好的自己。

人生就是一条莫测征途，我们总是忙着赶路，忙于迷路，总是在失望中追求偶尔的满足，却无法改变人生的长度。

人生就是一场盛大演出，一路上演出总是难得糊涂，一路上回顾总是难得麻木，总是在梦中解脱清醒的苦，停下脚步却不知身在何处，只能流浪在灯火阑珊处。生存比命运还要残酷，又有几人愿意认输？

人生是一种平衡，你拥有了这样，必然会错过那样；你什么都想得到，结果往往会失去更多。不要奢望人生中有绝对的公平，公平就如天平的两端，一端的付出越多，另一端才能承载更多的希冀。所以，在我们处于波谷的时候，不必太过悲观，总有一天会朝上走；置身波峰的时候，不要忘乎所以，总有一天还要下来。

人生是一条有无限多岔口的长路，每个人都要不停地作选择，而不同的选择也必定造就不同的人生。其实每一个岔口的选择并没有真正的好与坏，因为每一段人生都是我们自己独一无二的选择。

人生就是一个经典的菜谱。童年：菠萝烧肉，香甜可口，人见人爱。上学：凉拌苦瓜丝，苦中带甜。上班：油炸花生米，淡淡的香。金钱：红烧肉，异香扑鼻，肥而不腻。机遇：水煮鱼片，色香味俱全。初恋：醋熘白菜，耐人寻味。特长：拔丝苹果，香甜松脆，外观精美。处事：糖醋鲤鱼，有酸有甜。

人生就是一个大舞台，每个人从出场到谢幕，都在不断地扮演各种角色。有的角色只是一个面具、一身行头，卸了妆还是自己；有的角色却是和自己的灵魂长在一起的，不可能从身体里剥离出去。对于功名利禄方面的角色，不要演得太过投入，要知道是在演戏；而对于情感责任方面的角色，入戏一定要深。

一列单向行驶的火车，中途会有许多大大小小的站点停靠，但是永远不售返程车票。在这列火车上，有些事情可以做，有些事情必须做，有些事情可做可不做，有些事情坚决不能做。做与不做的选择，决定了人生的方向；做多做少的差别，决定了人生的高度；做好做坏的结果，决定了人生的质量。

人生就是投资和收益。如果你有钱，就投入金钱；如果你没有金钱，而有经验和才能，就投入经验和能力；如果你既没有金钱，也没有经验和才能，但是你有热忱、勤恳和尽力；那就投入热心、勤恳和尽力；如果你既没有金钱，也没有经验和才能，连热忱、勤恳和尽力也不拿出来，那你就想着去吃“低保”吧。

人生就是一场旅行，不在乎目的地，在乎的应该是沿途的风景以及看风景的心情。

人生只不过是一杯水而已。上天给了每个人一杯水，杯子的华丽与否显示了一个人的贫与富。杯子只是容器，杯子里的水，清澈透明，无色无味，对任何人都一样。在喝这杯水的过程中，每个人都有权利添加自己喜欢的调料。用出世的心做入世的事，才能充分品味水的真味。

人生不是一条平坦的道路，只有走过崎岖、遇过困境、经历过挫败、跨越过仇恨，而仍然能够昂首阔步迈向人生，才能锻炼出一颗坚毅不屈的心，看尽人间真善美。做一个坚强的人很难，做一个坚强的女人更难。

人的一生不是父母一生的续集，也不是儿女一生的前传，更不是朋友一生的外篇。只有你自己对自己的一生负责，别人无法也负不起这个责任。自己做的决定，至少到最后，自己没什么可后悔。对于大多数正常智力的人来说，所做的决定没有大的对错，无论怎么样的选择，都是可以尝试的。

人生就像一万米长跑，如果有人非议你，那你就要跑得快一点，这样，那些声音就会在你的身后，你就再也听不见了。人生就像是一道多项选择题，困扰你的，往往是众多的选项，而不是题目本身。人生好似一条曲线，起点和终点是无可选择的，而起点和终点之间充满着无数个选择的机会。

人生如酒：童年就像鸡尾酒，色彩斑斓，甜美之味令人回味；青年就像冰镇的啤酒，色彩浓黑，清凉的同时又让人觉得苦涩；中年就像烈性酒，纯净无色，辛辣之味使你五脏六腑都会灼热；老年就像葡萄酒，久存弥香，滴滴让你感受到香中之甜。

人的一生，就像一趟旅行，沿途会有数不尽的坎坷泥泞，也会有看不完的春花秋月。如果我们的一颗心总是被灰暗的风尘所覆盖，干涸了心泉、黯淡了目光、失去了生机、丧失了斗志，那么人生旅途岂能美好？而如果我们能保持一种健康向上的心态，即使身处逆境、四面楚歌，也一定会有柳暗花明的那一天。

人生就像旅行，旅行有多种，或许不停前进，享受忽略身旁美丽的奢侈；或许停止脚步，为了捉住能够怀念一辈子的事；或许收藏和珍爱的人共度的时光；或许一个人用孤独换取快乐的方式；或许是标记一段故事的休止；或许是遇见下一章诗篇的开始。

人的一生就像乘坐一辆公交车，有的人行程长，有的人行程短；有的人很从容，可以欣赏窗外的景色；有的人很幸运，一上车就能落座；有的人很倒霉，即使全车的人都坐下，他还站着；有时别处的座位不断空出来，唯独身边的这个毫无动静；而当你下定决心走向别处，刚才那个座位的人却正好离开。

人生不过是一张单程车票，所有走过的、经历过的都会成为不可更改的历史；所有欢欣的、悲伤的，都是生活呈现出来的真相。不要抱怨上天的不公，也不要抱怨命运的坎坷，真正勇敢的人，敢于直面惨淡的人生。只有敢于接受真相，不和过去的任何事情较劲，才有精力去改变自己不尽如人意的命运。

人生是一趟有来无往的列车，我们每个人一生下来就买了单程票，过去就过去了，走过来就走过来了。无论你多么后悔，都不能追回以前的时光。

人生像一壶水，一开始，茶壶中空空，就像人生之水，需要慢慢蓄积。随后壶中水不断注入，有水来则有水去，满是为了不满，只有不断给人解渴，自身才能永远新鲜。随着岁月增长，壶中积垢，就要及时清洗，否则就会使容量变小，甚至堵塞壶口。人生像一壶水，只有永不自满，不懈付出，经常清洗自己，才能永葆清澈透明。

人生就像一张白纸，任你在上边挥毫泼墨，最后画在纸上的就是你的人生。不管是好是坏，它展示出来的都是你的现实生活。

人生就像饺子，岁月是皮，经历是馅，酸甜苦辣皆为滋味，毅力和信心正是饺子皮上的褶皱。人生中难免被狠狠挤一下，被开水煮一下，被人咬一下。倘若没有经历，硬装成熟，总会有露馅的时候。

人生就像一杯没有加糖的咖啡，喝起来是苦涩的，回味起来却有久久不会退去的余香。

人生就像一杯茶，不会苦一辈子，但总会苦一阵子，没有开始的苦，就没有后来的甜。苦苦甜甜就像一部交响曲，汇成我们的一生。拒绝“苦”就等于关上了“甜”的门，须知，攀登得越高，走过的荆棘就越多。既如此，与其忧伤地接受，不如快乐地迎接。两种姿态，两种人生，我的人生我做主。

人生如茶，第一道苦如生命，第二道香如爱情，第三道淡如清风。人生这盏茶，或浓烈或者清淡，都要细细去品味。人生在世，总想争个高低上下，总想论个成败得失，殊不知高与低，上与下，成与败，得与失，都是人生的滋味。功名利禄来来往往，炎凉荣辱浮浮沉沉。

人生似一杯苦涩的茶，品尝苦涩的味道，而回味却是甘甜的微笑。就似在努力中默默所承受的煎熬，历经磨难之后却是无比灿烂的微笑。人生，不要给自己留下什么遗憾，用最真的微笑去面对世界上所有的一切。其实，我们会发现，世界并非那么残酷，只要有微笑的心，世界的一切依然美好。

人生就像一个球，无论如何滚来滚去，总有在一个点上停止的时候。人生就要受得了折磨，耐得住寂寞，抵得了诱惑，守得住底线。人生，不求活得完美，但求活得实在。

人生就像孩子手中的铅笔，看起来好像很长，可是用起来不知不觉就嫌短了。曾经有很多事情，我们总想等到将来的某一天，或是某一段时间再去做，到最后却始终没有做成。人这一辈子，其实做不了几件事，所以想做的事就赶紧去做，并且尽量把它做到最好，这样才不会留下太多的遗憾和悔恨。

人生就像一场戏，我们每个人一生，甚至每一天都会扮演各种不同的角色。面对各种角色，不能沉醉于其中而难以自拔，不能换了一个角色，仍沉浸于上一个角色。无论你过去多么风光，现在有多么不如意，人生要学会“面对、提起、转身、放下”，不断迎接、演好新的角色，这也就叫“活在当下”。

人生如戏，戏如人生。只不过，人生如现场直播，而戏，则是经过彩排的。拍戏可以重来，人生则无重来的机会。认定自己的方向，勇敢走下去，只要问心无愧，到这出人生戏结束的时候，就不会后悔。回望一生，无愧于心，对得起别人，也对得起自己。

人生如梦，岁月无情。蓦然回首，才发现人活着是一种心情。穷也好，富也好，得也好，失也好，一切都是过眼云烟。想想，不管昨天、今天、明天，能豁然开朗就是美好的一天。不管亲情、友情、爱情，永远珍惜就是好心情。

人生如水，有激越，就有舒缓；有高亢，必有低沉；不论是绚丽还是缤纷、是淡雅还是清新，每个生命必定有其独自的风韵。一个人的一生，有轰轰烈烈的辉煌，但更多的是平平淡淡的柔美。人需要一种平淡，这种平淡无声无息，但又无处不在。

人生如棋，我们每个人都是棋子，在社会大舞台上扮演不同角色，在各条战线担当着车、马、炮使命。在人生的路上，有时需要历经艰辛，吃尽苦头，拼死沙场，舍车保帅；有时需要做兵卒，其最为艰辛，赴汤蹈火，粉身碎骨，在所不惜，可谓是冲到底线，拼至身亡，赡养老人，抚养子女，呕心沥血，奉献一生。

人生如棋，有进就有退，有退就有进，有得就有失，有失就有得。退一步是为了进一步，让一步是为了下一步，失一步是为了得一步。丢卒才能保车，失小才可获大。棋盘虽小，但退一步海阔天空。

人生如一本厚重的书，扉页是我们的梦想，目录是我们的脚印，内容是我们的精彩，后记是我们的回望。有些书是没有主角的，因为我们忽视了自我；有些书是没有线索的，因为我们迷失了自我；有些书是没有内容的，因为我们埋没了自我。唯有把自己当成主角和主线，我们才能写出属于自己的东西。

人生好比一口大锅，当你走到了锅底时，只要你肯努力，无论朝哪个方向，都是向上的。

人生就跟打扑克牌一样，拿到一手好牌的人，不一定能赢，拿到一手烂牌的人，也不一定会输。人生的牌局也需要胆识，需要技巧，即使是烂牌，也要打出好结果的精神和行动。如果不幸拿到一手烂牌，就要充分发挥每张牌的最大作用，尽量打出自己最好的结果。如果不能赢得整个人生，少输就是赢。

人生像是一个苦瓜，即使在水中浸泡，在圣殿中供养，可放入口中，苦味依然不减，这是人生苦的本质；也有人说，人生像是一杯白开水，放入蜂蜜就是甜的，放入盐就是咸的。其实，人生的痛苦和快乐，都是来源于自己的内心。心是苦的，人生便如苦海无边；心是甜的，人生处处都是曼妙风景。

人生如赛场，上半场按学历、权力、职位、业绩、薪金，比上升；下半场按血压、血脂、血糖、尿酸、胆固醇，比下降。上半场顺势而为，听命；下半场事在人为，认命。记住：没病也要体检，不渴也要喝水，再烦也要微笑，再累也要坚持。人生赛场上最好的结局，就是上下兼顾，两场都赢！

人生的光彩在哪里？一生犹如“早午晚”。早上醒来，光彩在脸上，充满笑容地迎接未来；到了中午，光彩在腰上，挺直腰杆地活在当下；到了晚上，光彩在脚上，脚踏实地地做好自己。原来人生也很简单，只要能懂得“珍惜、知足、感恩”你就拥有了生命的光彩。

自信的人生，懂得拥抱春天，心里洒满阳光；自信的人生，懂得从逆境走出，在平凡中突显美丽；自信的人生，能接受赞美，也能承受批评；自信的人生，懂得宽容和赞美他人；自信的人生，懂得珍惜与感恩拥有，自信的人生，在智慧的天空，淡定感知全然的快乐。学会自信，让生活更精彩。

生命从一开始就在倒计时，不要让无谓的琐事耗费有限的生命燃料。不值得做的事情，最好不做或尽量少做。因为那样不仅浪费时间和精力，还会给自己释放“忙碌”的错误信号，让你得到表面的自我慰藉和虚幻的满足。等你清醒过来，就会发现该做的事情都还没有做，而岁月的沧桑早已爬满脸颊。

人生成功的定义，要自己去找寻；人生快乐的感觉，要自己去诠释；人的一生，是一连串决定交织而成的过程，其关键在于自己如何选择。千万不要迷失在别人的看法中。

朋友是一面镜子，恋人是一面镜子，情人是一面镜子，爱人同样是一面镜子，你是什么样的人就有“似你”什么样的人相伴，其实我们的一生就是镜中的一生。

现实难免会有很多的不如意，但有得必有失，事事不可要求圆满，也不能强求完美。即使一切重新来过，我们依然是当初的自己，依然会做出当初的选择。所以，不妨坦然接受现在，努力改善现在。无需为错过的、未曾得到的而悔恨。你总有值得呵护和珍惜的，再远的地方也总有值得你去追求和期待的！

任何选择都有缺陷，没有什么决定是两全齐美的。如果你总是希望样样占全，那么你永远也做不出什么决定。当你最终按照自己的心意，而不是遵循原有的生活习惯，自己选择了方向与路途时，就不要抱怨，更不要后悔。一个人只有能够勇敢地承担起自己的责任，才能在人生道路上留下无悔的足迹。

忘记是一种能力，也是一种智慧。只有学会忘记，生命才能洒脱自在。人生快乐常在的秘诀就是善于忘记。只有懂得适时卸下包袱，才能轻装前行，才能从容面对一切。人生不如意事常八九，要想让自己快乐，就必须学会忘记。忘记某些人和事，记住某些人和事。

睿智的人，看得透，故不争；豁达的人，想得开，故不斗；得道的人，晓天意，故不急；厚德的人，重谦和，故不躁；明理的人，放得下，故不痴；自信的人，肯努力，故不误；重义的人，交天下，故不孤；浓情的人，淡名利，故不独；宁静的人，行深远，故不折；知足的人，常快乐，故不老。

一个苦者对和尚说："我放不下一些事，放不下一些人。"和尚说："没有什么东西是放不下的。"他说："可我就偏偏放不下。"和尚让他拿着一个茶杯，然后就往里面倒热水，一直倒到水溢出来。苦者被烫到马上松开了手。和尚说："这个世界上没有什么事是放不下的，痛了，你自然就会放下。"

一位禅师在旅途中，碰到一个不喜欢他的人。连续好几天，那人用尽各种方法污蔑他。最后，禅师转身问那人："若有人送你一份礼物，但你拒绝接受，那么这份礼物属于谁呢?"那人回答："属于原本送礼的那个人。"禅师笑着说："没错。若我不接受你的谩骂，那你就是在骂自己。"

人年轻时都是在用加法生活，但是到一定层次时，要学会用减法生活。你的心灵如果被所得堆满，最后就会累于得。

狼的生存智慧：众狼一心，抱团取食；自知之明，不幻想称王；隐忍待时，弱小落单不妄动；同进同退，不抛弃同伴；目标明确，只想吃肉；自信坚忍，出击必获；负责重情，守护怀孕母狼；父爱深沉，授狼以渔；崇尚自由，铮铮傲骨，从不乞怜。

人生最遗憾的，莫过于轻易地放弃了不该放弃的；固执地坚持了不该坚持的。人生最大的痛苦，是“想得到”和“怕失去”；人生最大的践行，是“管住嘴”和“迈开腿”；人生最大的见地，是“没什么”和“算了吧”；人生最大的彻悟，是“怎么来”和“怎么去”；人生最大的幸福，是“己身安”和“心亦宽”。

人生最纷扰的一个字就是“争”。权钱争到手了，幸福不见了；名声争到手了，快乐不见了；非分的东西争到手了，心安不见了。到头来，都不知道自己所做的一切，究竟是为了什么。其实，不争才是人生的理想境界，只有在那些被欲望迷乱了心性的人心中，生命才要分出尊卑高下。

一个人最大的破产是绝望，最大的资产是希望。机会面前人人平等，但机会并不能平均分配。创造机会的是勇者，等待机会的是常人，放弃机会的是蠢人。有的机会一旦错过，便再也不可能出现。

(三) 人生的规律 (怎么样?)

放纵自己的欲望是最大的祸害；谈论别人的隐私是最大的罪恶；不知自己过失是最大的病痛。——亚里士多德

生命是一团欲望，欲望不满足便痛苦，满足便无聊。人生就在痛苦和无聊之间摇摆。——亚瑟·叔本华

生活总是让我们遍体鳞伤，但到后来，那些受伤的地方一定会变成我们最强壮的地方。——海明威

世上最累人的事，莫过于虚伪的过日子。——李嘉诚

世上有两件事不能等：孝顺和行善。人生抉择很多时候比努力更重要。每天都是一年中最美好的日子，一个今天胜过两个明天。

人生要迈两道坎：情与钱。人生要会两件事：挣钱，思考。人生的两个基本点：糊涂点，潇洒点。人生的两种状态：谋生，乐生。人生要做两件事：感恩，结缘。

人生有两大幸运，一是做自己喜欢做的事，二是和自己喜欢的人在一起。实现这两大愿望，一半靠运气，一半靠努力。运气再好的人，自己不努力，好运也会渐渐走远；运气不好的人，只要够努力，总有一天会打动幸运女神。

人生有三苦楚：一是得不到而痛苦；二是得到后感觉不过如此；三是轻易放弃。

人生三错：追求完美、责备求全、苛求圆满。人生三为：和为贵、善为本、诚为先。人生三幸：衣食无忧、身心健康、亲情无限。人生三有：真心爱人、知心朋友、自己财富。人生三历：少年争学历、中年争经历、老年争病历。人生三处：发现长处、理解难处、不忘好处。人生三乐：助人为乐、知足常乐、自得其乐。

人生会遭遇到完全不同的“三种人”：第一种是能够理解、欣赏和器重自己的人。第二种是曲解、中伤甚至排斥自己的人。第三种是与自己毫无关系、无关痛痒的人。第一种人对自己有知遇之恩，应当尊为师友，滴水之恩当涌泉相报。第二种人需要智慧地远离，而不是烦恼和计较。第三种人要以礼相待、和平共处。

人生三大幸运：上学时遇到一位好老师，工作时遇到一位好领导，成家时遇到一个好伴侣。人生就是这样，和不一样的人在一起，就会有不一样的人生。

人生四大定律：一是地位定律：有人站在山脚下，有人站在山顶上，所处的位置不一样，但在两人眼里对方同样大小。二是错误定律：人人都会有过失，但只有在重复这些过失时你才真正犯了错误。三是动力定律：动力往往源于两种原因，希望或绝望。四是愚蠢定律：愚蠢的事，大多是手脚或嘴巴行动得比大脑还快。

人在下列六种情况时最糊涂：一是春风得意时；二是来钱容易时；三是得权专横时；四是迷恋情爱时；五是想占便宜时；六是老年痴呆时。

人生六舍得：人生在世，功败垂成，皆在取舍之间。舍得守护，才有爱情；舍得花钱，才有财富；舍得小利，才有朋友；舍得计较，才有幸福；舍得酒色，才有健康；舍得世俗，才有洒脱；有舍才有得，不舍则不得。

喜怒哀乐悲恐惊，七种情感，品之不尽。如果一生无挫折，未免太单调，太无趣，太乏味。没有失败的尴尬和忍辱，即使成功了，你也感觉不到非一般的喜悦，也不会珍惜来之平淡的幸福，世上没有一帆风顺的人生。

人生无能为力的十件事：一是不请自来的灾难；二是毅然决然地离你而去的人；三是不断流逝的时间和岁月；四是无法选择的出生与出身；五是经常袭来的莫名其妙的孤独；六是随年纪增长无可奈何的遗忘；七是再也回不去的过去与已经走过的历史；八是不可救药地喜欢；九是世人的嘲弄与嘲笑；十是无法挽留的死亡。

人生的十大困惑：有些事，我们总是弄不懂；有些人，我们总是猜不透；有些道，我们总是悟不尽；有些理，我们总是想不通；有些坎，我们总是跨不过；有些伤，我们总是治不好；有些天，我们总是睡不着；有些地，我们总是去不了；有些情，我们总是说不出；有些爱，我们总是得不到。

人生十九项事情最难做：最难解释的是幸福；最难留住的是光阴；最难处理的是关系；最难把握的是机遇；最难分配的是利益；最难控制的是情绪；最难战胜的是自己；最难说的话是真话；最难找到的是知音；最难抵挡的是诱惑；最难提高的是素质；最难改变的是习惯；最难统一的是行动；最难做好的是细节；最难得到的是人心；最难实现的是理想；最难平衡的是心态；最难得到的是知己；最难遇到的是伯乐。

人最快乐的，并不是别人给你带来了快乐，而是你给别人带去了快乐。

当人生不再有痛苦，也就不会有快乐。假如不再对任何事、任何人付出真心，或许真的就不会再感到痛苦。

一杯清水因滴入一滴污水而变污浊，一杯污水却不会因一滴清水的存在而变清澈。

每个人的一生，难免都会遭受挫折和失败。所不同的是，失败者总是把挫折当失败，勇气消失殆尽；成功者则是从不言败，在困难面前越挫越勇。一个暂时失利的人，如果继续努力，打算赢回来，那么今天的失利，就不是真正的失败；相反的，如果一个人失去了继续战斗的勇气，那就是真的输了。

行云流水是人生的理想境界，当起则起，当止则止，看似漫不经心，实则坚定不移。如果没有目标，生活就会陷入迷茫颓废的泥淖，白白浪费掉许多宝贵的时光；如果为达目的不择手段，不计成本，就算实现了目标，人生也索然无味。要在追求理想和自在洒脱之间，找到那个交叉路口，这样我们的人生才会优雅从容。

人的一生，关键在于选择。选对老师，智慧一生；选对伴侣，甜蜜一生；选对环境，快乐一生；选对行业，成就一生；选对爱好，健康一生；选对朋友，安全一生。

人生的轨迹不一定是按你喜欢的方式运行。有些事你可以不喜欢，但不得不做；有些人你可以不喜欢，但不得不交往。当遇到那些自己不喜欢却又无力改变的事情时，我们唯一能做的，就是忍耐。忍过寂寞的黑夜，天就亮了；耐过寒冷的冬天，春天就到了。练就波澜不惊的忍耐，再艰难的岁月，也只不过是浮云。

人生许多道理不是听到、看到的，是靠亲自体验感悟出来的，有过生死经历的人，看一切都不会想不开，心是被无数磨难撑大的，人到垂暮之年的想法一定不会和现在一样，多和经历多的人在一起，世界观就会慢慢改变！

人生最重要的事，不是您现在站在何处，而是您今后要朝哪个方向。只要方向对，找到路，就不怕路远。但可悲的是：有的人一生原地不动；有的人一辈子没有方向；还有的人大半辈子是在找那条路；总有些人，终于找到了路，却又困惑地退了回来。

最宝贵的东西不是你拥有的物质，而是陪伴在你身边的人；一时的错误可能导致一辈子的伤痛；控制自己的态度和情绪，不然你就会被它们控制；光让别人原谅你是不够的，有时候还要自己原谅自己；不能强迫别人来爱自己，只能努力让自己成为值得爱的人，其余的事情则靠缘分。

人生最可怕的，就是一无梦想，二无兴趣，三无活力，成为“三无人生”。没有梦想，就不会有信念；没有信念，就不会有计划；没有计划，就不会有行动；没有行动，就不会有结果；没有结果，就不会有幸福。人生因梦想而伟大！

一日之计在于晨，一年之计在于春，一生之计在于勤，一事之计在于人。该珍惜的须珍惜，该抓住的须抓住，宁可错过事情，不可错过人生！

人生活在这个世界上，其实就是人与人、人与困难的心理较量的过程，当一个人内心足够强大时，就会战胜一切，所有成功的人莫过如此！

人活着总是需要一点精神的，如果没有精神支撑我们的灵魂，那就和行尸走肉没有什么区别。理想、信念、目标、追求、情感、责任……都是这样一种精神。人生短短几十年，要让有限的生命最大限度地燃烧，发挥出最大的能量。就算不能轰轰烈烈，也不能窝窝囊囊。这样，才无愧于生命之赐。

人的一生没有经过大灾大难，心智不会成熟，内心不会强大，为什么大学生屡屡犯一些低级错误，就是经历太少，心智不成熟，不敢承担责任。

那些生命中已经经历、正在经历和即将经历的事，我们自以为很了解，但事实上我们所了解的，或许并不深入、不透彻、不全面，甚至是对真相的误解。很多时候，耳朵并不可靠，眼睛也会欺骗你自己。所以，遇事不要忙于下结论，如果非要说出来，也不要把话说满、说死、说绝对，免得将来为自己的言行后悔。

聪明的人选容易做的事，智慧的人选难做的事。聪明，是上天的恩宠，也是上天的陷阱，它让你少了执着、坚忍；聪明的人，没有耐性，等不到春暖花开，有的人易成事，但难成大局；智慧的人一点一滴，坚忍待时，终能成就不凡的格局。最后，成事的聪明人帮智慧的人建立成就。

忙碌是一种幸福，让我们没时间体会痛苦；奔波是一种快乐，让我们真实地感受生活；疲惫是一种享受，让我们无暇空虚。人生的冷暖取决于心灵的温度，当大部分人都在关注你飞得高不高时，只有少部分人关心你飞得累不累，这就是友情。

有些时候，我们需要一种危机，来激发我们的潜能，唤醒我们内心深处掩藏已久的人生激情，来实现人生的最大价值。人的平庸，多数不是因为自身能力不够，而是因为安于现状、不思进取，没有激发自己的潜能，在平淡机械的生活中埋没了自己。不要总羡慕别人头上的光环，其实你也有能力给自己戴上美丽的花冠。

人生有天长地久，为什么许多人不相信，因为他们没有找到人生中最适合自己，也就是冥冥中注定的那一个。人海茫茫，要找到最合适自己的那个很不容易。你或许可以在40岁时找到上天注定的人，可是你能等到40岁吗？在20多岁时找不到，却不得不结婚，在三四十岁时找到却不得不放弃。这就是人生的悲哀。

烦恼和快乐是人生的两颗种子，在心田播下哪颗种子，哪颗就会发芽长大。

一个人的胸怀决定了他的人生高度。一个人立身处世，拥有什么样的胸怀，直接决定了其拥有什么样的人生。心有多大，世界就有多大。如果不能打碎心中的壁垒，即使给你整个世界，你也找不到自由的感觉。一个人只有最大限度地扩大自己的胸怀，才能比别人看到更多更精彩的事物，收获更多的美丽。

人生只有经历才会懂得，只有懂得才会去珍惜。一生中总会有一个人让你笑得最甜，也总会有一个人让你痛得最深。忘记一切，就是最好的善待自己，许多事情还是看淡的好。人非圣人，谁能无错，看淡一切，一切也就如过眼云烟。如果真的忘不了，就默默地藏到连岁月的烟尘也触及不到的地方。

人生没有如果，但有许多但是。人生的真理，总是藏在平淡无味之中。人生只有一次，它提醒自己珍惜这易逝的时光。人生只有走出来的美丽，没有等出来的辉煌。

人生需要激情。激情是成功的强大动力，世界上所有伟大的事物都由激情来成就的；激情是一种潜在的力量，就像火石，在发出灿烂的火花前需要铁的撞击；激情每个人都有，关键在于挖掘和激发；激情也许会随着时间等因素隐忍，但它永远不会消失；激情要以理性为方向，理性也需要激情助燃。

人生需要激情。没有激情，就不会对未来抱有希望；没有激情，就不能发挥出最大的能量。没有激情的太阳，会让天空陷入灰暗；没有激情的人生，会让生命黯淡无光。有了激情，生活才会更加丰富多彩；有了激情，工作才会更有可能成为事业。让激情点燃希望之光，照亮自己，也照亮别人。

儿童时代，只想待在家里，生怕走出去找不到回家的路；少年时代，走得尽量离家远一点，只是想多玩一会儿再回家；青年时代，一天到晚幻想自己浪迹天涯，仿佛没有流浪就虚度此生；中年时代，家就是一切，每天拼命工作赚钱养家；老年时代，哪儿也不想去，只想待在家里，扶着老伴儿，看着满堂儿孙。

人生难免会遇到低谷。命运在折磨你的同时，也会把成功之门的钥匙悄悄放到你手中。面对厄运，如果你选择逃避，它就会像条疯狗一样一直追着你咬；如果你站直身子，勇敢地向它挥舞你的拳头，它就会夹着尾巴灰溜溜地逃走。只要始终能保持战胜困难的勇气，苦难就永远奈何不了你。

人生最痛苦的事，莫过于坚持了不该坚持的事；人生最后悔的事，莫过于轻易地放弃了不该放弃的事；人生最遗憾的事，莫过于错过了不该错过的人。人生最珍贵的东西，不是得不到的东西，而是眼前所拥有的东西；人生最美好的东西，不是已失去的东西，而是现在所把握的东西。

人生的许多痛苦，都是因为分不清需要和渴望造成的。需要得越少，就越容易满足；而渴望越多，失望也就越多。我们的太多失望和不满，都是源于对生命的过度索求。如果能够分清需要和渴望，合理规划自己的需要，适当抑制自己的渴望，我们的满足感就会更强烈，快乐也会更多。

活得糊涂的人，容易幸福；活得太清醒的人，容易烦恼。清醒的人看得太真切，凡事太过较真，烦恼无处不在；而糊涂的人，不知如何计较，虽然简单粗糙，却因此觅得人生的大境界。我们喜欢仰慕别人的幸福。回首却发现自己也被别人仰望着、羡慕着。只是，你的幸福，常在别人眼里，却不在自己心里。

人生有伤有痛有甜更有苦。每一种创伤都是一种成熟，它使人思索，使人坚强，使人更懂珍惜。如果一个人没有品过苦，就难以知道甜的滋味。勇敢地面对苦难，乐观地克服苦难，也是一种修行。没有永恒的夜晚，没有永恒的冬天。苦难终会过去，而阳光总在风雨后！

难字歌：柔弱立身难，让人知解难；刚直变通难，自知之明难；分辨事非难，主动认错难；处事合理难，交友落好难；开口求人难，往来公平难；谗言不惑难，赊账收回难；规劝愚人难，无业落脚难；改变本性难，无钱做人难。

再深的痛，伤口总会痊愈。人生，没有过不去的坎，你不可以坐在坎边等它消失，你只能想办法穿过它。

人生没有永远的伤痛，没有过不去的坎。还是让我们学学杨柳，看似柔弱却坚韧，狂风吹不断；太刚强的树干，却在风中折枝。学会放弃，学会承受，学会坚强，学会微笑，那是一种别样的美丽！适当的放弃，是人生优雅的转身。

人生悲哀的不是昨天失去太多，而是今天沉浸于昨天的悲哀之中，错失很多现在的机会。

人生是一趟有来无往的列车，过去就过去了，无论你多么后悔，无论你多么向往，都不可能追回以前度过的时光。光阴不能倒流，我们尽可能的不去缅怀往事，因为来时的路不能重走。人非常明智而有理性的做法是，向过去的一切不快挥手，忘却尘封昔日的苦与愁，将自己的人生写满美丽与快乐。

人生之舟不可能一帆风顺，面对生的挑战，你无法逃避，只有珍惜自己，才能相信自己，在竞争中自强自立。只有珍惜自己，你才能把握自我，在执着的追求中创造生命的价值。只有珍惜自己，你才能欣赏自己的工作，拥有一个美好的精神世界。

受挫一次，对成功的内涵则透彻一遍；失误一次，对生活的醒悟就增添一阶；不幸一次，对世间的认识能成熟一级；磨难一次，对人生的理解会加深一层。要读懂人生，就要把失败、不幸、挫折和痛苦读懂。

两个不同的人：有两人死后到阴曹地府，阎王说："你俩可投胎为人。现在有两种选择：付出和索取的人。一个过给予的人生，一个过索取的人生。"甲想：索取就是坐享其成，太舒服了！他抢先道："我要过索取、接受的人生。"乙别无选择就过给予的人生。甲投胎后，成了乞丐，每天在索取接受。乙转世后变成了富人，每天都在给予付出。

小时候我们拼命想长大，长大后才发现还是童年最无瑕；读书时我们做梦都想工作，工作后才明白还是寒窗时光最留恋；单身时羡慕别人出双入对，结婚后才懂得单身的自由也是一种无比的幸福……我们是一路向前走的，走过了也就错过了，唯有珍惜即时的拥有，生命的记忆里才会少一些悔恨。

人，其实和鱼一样，在一个透明的鱼缸里生活，看别人，也被别人看着，擦身而过的时候，全都小心翼翼，怕伤着自己。

人总是这样，很多时候，不知道自己到底想要什么，有房了还想住得更宽敞，有车了还想开得更高档……得到了还想得到的更多，失去时，却从来没有想过，还有比失去更糟糕的事情。心中的沟壑不断地被各种欲望填满，压得喘不过气来，甚至停不下脚步，看一下周围的风景。

人这一辈子，有些事情坚决不能做，有些事情必须做，有些事情可做可不做。不同的选择，成就不同的人生。上帝不会告诉你该做什么，不该做什么，只是把选择的权利交到你手上，然后看着你怎样去对待自己的生命。

我们的生活中不缺少竞争，缺少的是优雅、从容、心平气和、舒缓的节奏。什么都要争，什么都要抢，什么都要比别人快，不管到底有没有必要，一律地争先恐后。实际上，人生用不着那样赶，慢一点，不仅体现了你对别人的尊重和体谅，更体现了你内在的涵养和从容不迫的气度。

活一世重要的是经历。苦也好，乐也好，过去的不再重提，追忆过去，只能徒增伤悲，当你掩面叹息的时候，时光已逝，幸福也从你的指缝悄悄地溜走。世上没有不平的事，只有不平的心。不去怨，不去恨，淡然一切，往事如烟。

2 比 8 黄金法则：20% 的人用脖子以上来挣钱，80% 的人用脖子以下赚钱；20% 的人买时间，80% 的人卖时间；20% 的人做事业，80% 的人做事情；20% 的人计划未来，80% 的人早上才想今天干什么；20% 的人改变自己，80% 的人改变别人；20% 的人是富人，80% 的人是穷人。

愚者把自己当做人生的观众，在别人的故事里旅行，成为生命的匆匆过客；弱者把自己当做人生的配角，总认为自己微乎其微，终生都活在别人的阴影中；强者把自己当做人生的主角，感觉自己神圣的存在，努力去演出；智者把自己当做人生的编导，人生态势由自己操控，故事情节由自己安排，演绎出精彩的篇章。

在奔赴人生下一个目的地的过程中，我们总是背负着太多的负荷，导致体力严重透支，在通往前方的道路上脚步蹒跚。如果我们能扔掉一件件看似重要实则没有必要的包袱，学会轻装上阵，就能更加悠闲地品味生活的滋味，更加洒脱地到达自己想要到达的地方。

人生其实就是这样，得到不一定就那么重要，人们往往对得不到的东西过于期待，而对已拥有的视而不见，真有一天成名人、当大官、特有钱时，可能烦恼不比现在少！

人的一生中，无论怎样东奔西走，最终用来谋生的还是你的长处。长处是人生的一片沃土，成功的种子就埋在这里。如果你在这里辛勤地耕耘，把你的长处发挥得淋漓尽致，你就会获得成功。人生的诀窍，成功的秘密，就是发挥长处。在人生的坐标系里，一个人如果用他的短处来谋生的话，那是非常可怕的事情。

路是大地一道难愈的伤痕，因此，人生每一步都是隐隐的痛。生活中没有什么是容易的，如果人生是一片坦途，那么我们也不会一生下来就啼哭。

奋斗人生的诀窍就是经营自己的长处，经营自己的短处只会使人生贬值。多么忙不重要，忙什么才重要，人生最大的麻烦和问题，就是不知道自己的目标。

在你跌入人生谷底的时候，你身旁所有的人都告诉你：要坚强，而且要快乐。坚强是绝对需要的，但是快乐？在这种情形下，恐怕是太为难你了。毕竟，谁能在跌得头破血流的时候还觉得高兴？但是至少可以做到平静。平静地看待这件事，平静地把其他该处理的事处理好。

我们总在感慨和喟叹，人生不如意十之八九，总有很多梦想终成梦幻，总有很多迎面而来变为擦肩而过。有些人，不是我们不珍惜；有些事，不是我们不努力，只是我们的心里装不下那么多，曾经很多的拥有或者失去都违背了自己的初衷。要知道，生命本身就是一种不完美，或许只因有了裂缝，阳光才能照得进来。

没有坎坷的生活是幼稚的，缺少思考的生活是平庸的，失去追求的生活是空虚的，缺乏朝气的生活是贫乏的，毫无远见的生活是浅薄的。

把任何磨难看成是人都会受伤，受伤就会疼痛，伤口在愈合之时会更疼，忍过去，伤口就会慢慢变痒，最后伤口愈合，留下一块疤痕。人的成长也是如此，伤痕累累的人，在生活中就会更加坚强，内心会变得更强大，对突发事件就会沉着应对。我们许多年青的大学生缺的正是这一课，上大学之前先服两年兵役，对成长是有好处的。

对自我的挑战，看成是人生的必经阶段，看成是成长的过程，人的内心就会变得更加强大，凡是住过监狱的人一般会走两个极端，要么成功、要么继续犯罪，都是经历所致。其实人生最宝贵的财富就是经历过大灾大难的痛苦磨炼而取得的深刻感悟，这样的人，只要没被击倒，绝大多数都会成功！

凡是走过的路，都会留下痕迹。时间就像一块橡皮擦，可以轻易抹去你曾经那些有心无心错过的事情，但它却不能擦去那些因过错而烙在你心头的印痕。错过与过错往往就在一念之间。不要因为错过的事情而耿耿于怀，也不要因为过错而郁郁寡欢，人生本来短暂，没必要再把时间浪费在过去的事情上。

一生当中，真正属于自己的时光就那么几次。大多数时光里，我们不是在重复自己的生活，就是在重复别人的生活。有时候干脆把自己的生存目标确定为追求别人那样的生活。一生中最美好的时光，成就了别人的复制品。其实，真正的幸福，不是活成别人那样，而是能够按照自己的意愿去生活。

人生里面总会有所缺失，你想得到一些，就要失去一些，重要的是你应该知道自己到底要什么。想同时追两只兔子的人，难免会一无所获。

人生没有十全十美，不要指望什么都能让自己满意。要敢于为自己的人生负责，错了就是错了，“知错能改，善莫大焉”，千万不要用一个错误去掩盖另一个错误！

人生的艺术在有度：虚心过头就成为虚伪，自信过头就成为傲慢，原则过头就成为僵化，开放过头就成为放纵，威严过头就成为摆架，谦逊过头就成为懦弱，胆大过头就成为张狂，精明过头就成为自私，直率过头就成为草率。人生有度，误在失度，惜在过度，佳在适度。因坚韧而挺拔，因不屈而精彩！

人只有两只手，能抓多少东西？抓住一样东西，就意味着放弃了更多的东西。放弃和失去，其实始终是人生的大局。不要以为得到了什么，其实人时时刻刻都是在失去，失去时间，失去生命，失去更多的财富，失去更多的机会。不要抓得太紧，抓得越紧，丢失的会越多。

越是不能放下，越容易失去；越想牢牢抓住，越消失得快。越想拥有的，常不属于你；越想把握的，越易失去。越是看重的，越得不到；越是在乎的，越抓不住。那些想要的东西，大都不在你身边。人生总是在得失中不断循环，随遇而安是一种生活态度。只有懂得放下，才能掌握当下。

运气永远不可能持续一辈子，能帮助你持续一辈子的东西只有你个人的能力。为了不让生活留下遗憾和后悔，我们应该尽可能抓住一切改变生活的机会。生活中其实没有绝境，绝境在于你自己的心没有打开。人生最重要的价值是心灵的幸福，而不是任何身外之物。

世间没有一样东西是永远属于你的，包括你最爱的人，养大的孩子，包括你的财富，你的身体，最后也会回归尘土。世间的一切我们只有使用权而非永久拥有权。世间的一切都是借给我们用的。所以，凡事都有缘起缘灭，强求不得。人生如过客，欢欢喜喜地来，高高兴兴地走。最重要的是，把握当下！

人生有所失才会有所得。为了得到这“一半”，你必须放弃另外“一半”。若过多地权衡，患得患失，到头来将两手空空，一无所得。放弃是一种智慧，一种豪气，也是一种更深层面的进取。学会放弃，才能卸下人生的种种包袱，轻装上阵，快乐生活；懂得放弃，才能拥有一份成熟，才会更加充实、坦然和轻松。

人生收获的大小，除了能力、性格、环境、机遇等因素外，还和一个人的心胸和善良有关。胸襟宽阔的，能容人所不能容，忍人所不能忍，因为简单，所以快乐；本性善良的，从不会想到去伤害别人，尽可能多地考虑别人的感受和利益。而这些，都在无形中决定了人生的走向。无为而为，往往胜过刻意为之。

人的一生中，最光辉的一天并非是功成名就的那一天，而是从悲叹与绝望中奋起、勇往直前的那一天。

一条锁链，最脆弱的一环决定其强度；一只木桶，最短的一块木板决定其容量；一个人，素质最差的一面决定其发展的失败。

世界没有悲剧和喜剧之分，如果你能从悲剧中走出来，那就是喜剧，如果你沉湎于喜剧之中，那它就是悲剧。

有人把自己当做人生的主角，便感觉自己神圣的存在，努力去演出；有人把自己当做配角，总认为自己微乎其微，殊不知缺少了自己的故事就会单调乏味；也有人把自己当做观众，在别人的故事里旅行，而不知道挖掘自己的能量；而有人会把自己当做编导，人生态势由自己操控，故事情节由自己安排，去演绎灿烂的人生。

把弯路走直是聪明的，因为找到了捷径；把直路走弯是豁达的，因为多看了几道风景；让别人快乐是慈悲，让自己快乐是智慧。

平凡并不可怕，可怕的是在平凡中自甘堕落，虚度光阴。平凡人有平凡的快乐，平凡人有平凡的幸福。只要诚心做人，用心做事，平凡的人生一样可以绽放自己的光彩！

今天的优势会被明天的趋势代替，把握趋势，把握未来。聪明的人看得懂，精明的人看得准，高明的人看得远。人生能走多远，看与谁同行；有多大成就，看有谁指点。

年轻时只想离开父母，走得越远越好，要跟他们隔着千山万水。有一天你猛一回头，发现不管走了多远，始终有一根线连着你和他们，而父母已经变老，腿脚不再利索。于是又得折回头，重回他们身边，跟过去不同的是你变成大人，他们成了孩子。大多都是这种轨迹：离开、再回来、分离、再团聚，这就是家。

（四）人生的智慧（要……）

人生需要结交两种人：一是良师，二是益友。人生需要练就两项本领：一是做事让人感动，二是说话让人喜欢。人生需要能吃得下两样东西：一是吃苦，二是吃亏。人生需要自觉培养两种习惯：一是看好书，二是听演讲。人生需要把握两个原则：一是微观上问心无愧，二是宏观上遵纪守法。人生需要争取两个极致：一是把潜能发挥到最大，二是把生命延续到最长。

人生三大抉择：一是信仰，因为他指引你一辈子；二是配偶，因为他陪伴你一辈子；三是事业，因为他照顾你一辈子。

人生“三立”：立功、立德、立言。人生三大原则：实力、思维、机遇。人生三大修炼：看得透想得开、拿得起放得下、立得正行得稳。

人生要有“三得”：一是沉得住气，二是弯得下腰，三是抬得起头。沉得住气，是睿智的彰显，是理智的沉淀，是成熟的标志。弯得下腰，就是做人要低调谦卑，海纳百川，能屈能伸。抬得起头，无论身处逆境还是顺境中，都是保持一种乐观进取的心态。

人生学说三句话：第一句“算了”，即指对于一个无法改变的事实的最好办法就是接受这个事实。第二句“不要紧”，即不管发生什么事，哪怕天大的事情，也要对自己说，积极乐观的态度是解决任何问题和战胜任何困难的第一步。第三句“会过去的”，不管雨下得多大下多少天，要对天晴充满信心，因为天不会总是阴的，生活也是这样。

人一定要想清三个问题：第一你有什么，第二你要什么，第三你能放弃什么。对于多数人而言，有什么，要什么，不难判断。最难的是，不知道或不敢放弃什么，这点恰能决定你想要的东西能否真正实现，没有人可以不放弃就得到一切。

人生有三个必须承受：一是承受痛苦，当我们承受了痛苦，磨砺了意志，变得坚强自信，痛苦就成了一笔财富。二是承受平淡，承受淡淡的孤寂与失落，承受挥之不去的枯燥与沉寂，承受遥遥无期的等待与无奈。三是承受孤独，为了驱散孤独，我们倍加珍惜友谊，体味亲情，珍惜家庭，享受爱情，孤独让我们的心灵更加丰盈。

人生三种关系：人和自然，人和人，人和内心。现在我们把所有时间都花在了人的关系上，导致心灵迷茫苦闷。回想自己的生活，确实把所有时间花在了人际关系上，没时间融入自然，更没时间和内心对话，内心的宁静感、幸福感无迹可寻。应该争取把时间分成三份：一份给自然，一份给内心，一份和人相处。

人生三步曲：第一步拜师。读万卷书不如行万里路，行万里路不如阅人无数，阅人无数不如名师指路。经师易得，人师难求。第二步修炼。师父领进门修行在个人。在修炼过程中，要经得起诱惑，耐得住寂寞。第三步顿悟。生命不在于活得长与短，而在于顿悟的早与晚。顿悟是修炼的结果，是思想成熟后的升华，三分来源于天赋，七分来源于不懈地修炼。

人生三毒：贪、痴、嗔。贪是三毒之首，也是三毒之源，人有了贪念，才会去痴迷，如果自己喜欢的东西得不到，就会苦恼，悲伤，这就是嗔。要除三毒，需要用戒、定、慧。精进持戒，时常得定，不因事物大起大落，而大喜大悲。要沉着稳定，能够忍耐，修习禅定。这样就可以生起大智慧，就比较容易断除三毒。

人生三件宝：知识、粮食、友谊。人生三步曲：立志、工作、成功。生活三箴言：谦虚、勤奋、思考。人生三大陷阱：大意、轻信、贪婪。人生的三大暗礁：自满、自高自大、轻信。人生三大痛苦：得不到想要的东西、得到后觉得也不过如此、失去后才懂得珍惜。人生三阶段：比才华、比财力，最后比心态。

人生三必备：有三种东西必须控制——情绪、语气和行为；有三种东西必须思考——生命、死亡和永恒；有三种东西必须摒弃——罪恶、贪婪和背叛；有三种东西必须避免——懒惰、野蛮和嘲讽；有三种东西必须挽救——圣洁、和平和快乐；有三种东西必须尊敬——坚毅、自尊和仁慈。

人生买不到的三种药：一是后悔药，有钱难买后悔药，说出去的话是泼出去的水，做过的事是流淌的河，慎言谨行。二是长生药，长生不老只是一种目前无法达到的美好愿望，请注意养身，珍惜你正拥有的时光。三是心病药，心病还需心药医，心药处方：了解自己的心 3 钱，积极的心态 4 钱，心理学知识 3 钱。

人生四项基本原则：一是懂得选择，趋利避害而不失大义，随心而动又不违背良心，追求卓越却不痴心妄想。选择是一种智慧，是一种原则。二是学会放弃，放弃不好的、不要的、不该得到的、不可能的，放弃是一种勇气，是一种解脱。三是耐得住寂寞，寂寞是净化心灵的最好方法。四是经得起诱惑，无欲则刚。

人生成熟的四个重要标志：一是善对异性，能够用一种平和、健康、冷静的心态理解和交往异性。二是否定自己，最需要改变的往往就是我们坚持的东西。三是学会宽容，宽容不是容忍，宽容别人，也是宽容自己。四是重视简单，能够从简单处寻找和发现真理，你就得到了最深刻的真理。

人生四大境界：一是自律境界——无功不受大禄，无助不受大礼，无胆不挣大钱。二是生活境界——常与高人交往，闲与雅人相会，乐与亲人分享。三是事业境界——尽心负责无憾，养家小康无忧，自己开心无悔。四是感情境界——风流别下流，喜新别厌旧，互帮别拖后。

人生要修炼四种境界：一是得意不忘形，身处顺境必须格外谨慎，否则容易乐极生悲，人生得意的时候容易忘形，忘形就不知自己姓什么，恶念和恶行就会趁隙而入。二是失意不失态，身处逆境必须格外忍耐，否则容易早早夭折，人生失意的时候容易失态，失态就不知自己的未来，于是消极和绝望就趁隙而入。三是痛而不言，人生在世，往往会因这样或那样的伤害而心痛不已，痛而不言是一种智慧，对坚强的人来说，累累伤痕是生命赐予的最好礼物。四是笑而不语，笑而不语是一种豁达，朋友间的戏谑，遭人误解后的无奈，过多的言辞申辩反让人觉得华而不实，莫不如留下一抹微笑，任他人作评。

人生要保管好四张存折：第一张存折是健康，没有健康，其他的一切便毫无意义。第二张存折是情感，爱是我们生命中最为神圣的感情，需要我们用一生去珍藏。第三张存折是事业，如果想让自己的事业存折储满，就需要付诸行动。第四张存折是金钱，积极地以一颗平常心去赚钱，绝不做金钱的奴隶。

人生要养成四个好习惯：准时、正确、恒心、迅速。缺了准时，光阴就被浪费；失去正确，会错误百出；少了恒心，无法获得成功；没有迅速，往往错失良机。

人生的奋斗可以分五个阶段：第一阶段是为了生存下来，立足社会。第二阶段是改善生活，提高品质。第三阶段是有点成就，需要炫耀，让更多人知道自己的成功。第四阶段是阅历多了，开始追求感觉上的东西。第五阶段是返璞归真，上升到精神的境界。

人生“五识”：一是常识，懂得常识是科学处事、做好工作的前提。二是知识，积累知识是个人成长、事业发展的核心。三是见识，增长见识是开阔视野、提升层次的途径。四是胆识，拥有胆识是攻坚克难、开拓创新的关键。五是赏识，善于赏识别人是融入团队、提升修养的保障。

一生中要珍惜的五个人：一辈子守候在你身边的人，即父母；总喜欢和你争嘴抢东西，但却默默地爱护着你，你们有最亲密的关系，即手足；他是你最甜蜜的负荷，即恋人；无处不在，关心你、给你帮助的人，即朋友；在人生道路中渐渐学会释然，懂得感恩，真诚待人的人，即自己。

人生的五项修炼：一是承受孤独，实力不够强大的时候，人人都离你是远的。二是面对危机，危机是不可预料的，你不知道明天和失败哪个先来。三是懂得感恩，生不容易，活不容易，生活更不容易。四是应对嫉妒，遭遇嫉妒是因为你对别人有威胁，或者有价值，是值得欣慰的。五是强化自信，没有人可以打倒你，打倒你的只有你自己。

人生五靠五不靠：第一人生不是靠时间，而是靠珍惜；第二时间不是靠虚度，而是靠使用；第三感情不是靠缘分，而是靠珍惜；第四金钱不是靠使用，而是靠分配；第五事业不是靠满足，而是靠踏实。

人生要保留的七张底牌：一是“忍”，有容方为大，忍者无敌。二是“藏”，藏锋藏巧，胜者总是笑到最后。三是“防”，强者都是

“漏洞”最少的人。四是“稳”，稳扎稳打，不走弯路便是捷径。五是“变”，变则通，通则久，求变就是赢。六是“牵”，暗中牵制胜过明面的强制。七是“退”，胜败无常，给自己留有后路。

人生的六个关键定位：一是知道你是谁，最难了解你的人是你自己。二是知道你所处的方位，把握方位才能掌握起步的层阶、时机和方向。三是知道你要去哪里，毫无头绪地乱闯，走得再远再久也是无谓的游荡。四是知道去干什么，去做你应该做的事情。五是知道谁能和你一起走，选择上好的伙伴至关重要。六是知道在什么时候止步，有限的目标往往是成功的捷径。

人生六样东西不必太在乎：一是成败，感情上失恋一次，事业上失败一次，选择上失误一次，才能真正长大。二是名利，快乐需要选择，能放下才能拿得起。三是财富，争取但不攫取，向往但不神往。四是人言，沉默是最好的疫苗。五是宠辱，为人须达观，宠也泰然，辱也淡然。六是孤独，这是人生的必然部分。

人生最值得的“七笑”：一是被人误解的时候微微一笑，是一种素养。二是受委屈的时候坦然一笑，是一种大度。三是吃亏的时候开心一笑，是一种豁达。四是无奈的时候达观一笑，是一种境界。五是危难的时候泰然一笑，是一种大气。六是被轻蔑的时候平静一笑，是一种自信。七是失恋的时候轻轻一笑，是一种洒脱。

人生就八个字，喜怒哀乐忧愁烦恼，八个字里头喜和乐只占两个，看透就好了。蓝天下便是阳光，艰苦后便是甘甜，失败了就当经验。

人生八味良药：第一味是放弃完美，多一份轻松；第二味是面对现实，多一份自在；第三味是欣赏自己，多一份自信；第四味是做好选择，多一份从容；第五味是寻找快乐，多一份追求；第六味是善待他人，多一份爱心；第七味是相信成功，多一份欣喜；第八味是不畏失败，多一份执着。

人生需要放下的八件东西：放下压力，累与不累，取决于心态；放下烦恼，快乐其实很简单；放下自卑，把自卑从你的字典里删去；放下懒惰，奋斗改变命运；放下消极，绝望向左，希望向右；放下抱怨，与其抱怨，不如努力；放下犹豫，立即行动，成功无限；放下狭隘，心宽天地宽。

人生八原则：做事原则——博学一点，诚信一点，负责一点。交友原则——真诚一点，大度一点，热情一点。处事原则——谦恭一点，礼貌一点，淡泊一点。饮食原则——均衡一点，节制一点，清淡一点。得意原则——低调一点，收敛一点，感怀一点。抗挫原则——忍耐一点，豁达一点，参透一点。修养原则——安静一点，慈善一点，沉稳一点。家庭原则——高兴一点，幽默一点，体贴一点。

人生八件雅事：琴、棋、书、画、诗、酒、花、茶。善琴者通达从容，善棋者筹谋睿智，善书者至情至性，善画者至善至美，善诗者韵至心声，善酒者情逢知己，善花者品性怡然，善茶者陶冶情操。

人生九常：常想两件事情——别人的好处，他人的难处。常吃两样食物——吃亏，吃苦。常穿两件外衣——文明，礼貌。常练两种技能——谦卑，真诚。常积两种财富——慈爱，善良。常施两样哀矜——怜悯，宽恕。常忌两种毒品——狂傲，贪婪。常除两种病灶——自私，虚荣。常备两剂良药——自我反省，悔过自新。

人生有“九度”：工作方面，能力不敌态度；事业方面，才华不敌韧度；知识方面，广博不敌深度；思想方面，敏锐不敌高度；做人方面，精明不敌气度；做事方面，速度不敌精度；看人方面，外貌不敌风度；写作方面，文采不敌角度；方法方面，创意不敌适度。

人生十大点：微笑露一点；说话轻一点；脾气小一点；做事多一点；理由少一点；脑筋活一点；效率高一点；行动快一点；嘴巴甜一点；肚量大一点。这样的生活就会美一点。

人生十点：工作用心点；下班轻松点；做人简单点；凡事看开点；朋友多一点；过得开心点；吃得好一点；睡得香一点；多爱自己点；每天多笑点。

人生需记住十个字：“忍”能养福；“忠”能养禄；“乐”能养寿；“动”能养身；“学”能养识；“静”能养心；“勤”能养财；“爱”能养家；“诚”能养友；“善”能养德。

人生十淡：淡名——有则珍惜无不强求。淡利——金钱乃身外之物，适度就好。淡誉——公道自在人心。淡辱——荣辱常常与共。淡得——得不狂喜，心之怡然。淡失——塞翁失马焉知非福。淡友——君子之交淡如水。淡饮——嗜酒伤身。淡食——脂肪多为百病之源。淡定——心态决定并改变命运。

人生要具备的十五个度：胸怀要大度；说话要适度；工作有力度；事业有高度；家庭有温度；读书有厚度；思考有深度；视野有宽度；思想有远度；交往有弧度；办事有速度；劳累有限度；吃喝勿过度；锻炼为常度；寿命有长度。

人生“十六贵”：人品以正直为贵；心地以善良为贵；情感以真

挚为贵；性格以坚韧为贵；待人以诚恳为贵；处世以谦让为贵；学问以通达为贵；技艺以专精为贵；言语以简明为贵；行动以稳健为贵；衣饰以得体为贵；饮食以素淡为贵；养身以寡言为贵；治家以勤俭为贵；做人以信仰为贵；做事以尽心为贵。

幸福人生，只需一点点。处事：谦恭一点，礼貌一点，淡泊一点；修养：安静一点，慈善一点，沉稳一点；交友：真诚一点，大度一点，热情一点；饮食：均衡一点，节制一点，清淡一点；得意：低调一点，收敛一点，感怀一点；失意：忍耐一点，豁达一点，看透一点；生活：潇洒一点，糊涂一点，乐观一点。

人生需要把握，机会需要掌握，不要犹犹豫豫，不要彷徨徘徊。机遇不会在原地等待，错过就难以再现；好运不会在身边徘徊，错过就难以重现。面对困难和挑战，要始终相信，没有不会放晴的雨天，也没有走不完的险途。只要希望之火不灭，前方的道路就不会一直黑暗。

人生要有目标，而不能只有目的。目标是人生的希望，没有它，人生就会陷入迷茫和困惑；目的是某一时、某一事想要达成的心愿。目标的实现是以目的的达到为基础的，但是如果目的性太强，人生就会减少许多趣味，甚至掩盖了目标的本来面目。实现目的，只是"技"；追求目标，才是"道"。

人生没有彩排，好好珍惜现在，把握生命中的一分一秒。没有过不去的坎，只有过不去的人。慢慢地，不再流泪；慢慢地，一切都会过去。

人生学会随缘，才能活得潇洒自在。随缘是一种胸怀，一种成熟，也是对自我内心的一种自信和把握。随缘的人，总能在逆境中，找寻到前行的方向，保持坦然愉快的心情。拥有一份随缘之心，你就会发现，天空中无论是阴云密布，还是阳光灿烂；生活的道路上无论是坎坷还是畅达，心中总会拥有一份平静和恬淡。

人生应当看清看透不看破。看清需要智慧，看透需要阅历，不看破则需要一种胸襟。有这种胸襟的人，精神世界一定是丰富的、安详的。一个人，倘若能够通过自己的体悟，看清这个世界；并且能够通过自己的细致拿捏，不将事物看破说破，他的人生，定将达到超凡脱俗的境界。

人生要学会沉淀。沉淀经验，沉淀心情，沉淀自己！让生命在运动中得以沉静，让心灵在浮躁中得以片刻宁静。把那些烦心的事当做每天必落的灰尘，慢慢地、静静地让它们沉淀下来，用宽广的胸怀容纳它们，我们的灵魂兴许会变得更加纯净，我们的心胸会变得更加豁达，我们的人生会更加快乐。

“空”是人生的最高境界。只有空的杯子才可以装水，空的房子才可以住人。每一个容器的利用价值在于它的空。空是一种度量和胸怀，空是有的可能和前提，空是有的机遇和因缘。佛经里有“一空万有”和“真空妙有”的禅理。人生如茶，空杯以对，才有喝不完的好茶，才有装不完的欢喜和感动。

洒脱是人生的一种境界。洒脱不是无所事事、不思进取，也不是看破红尘、心灰意冷，更不是声色犬马、纸醉金迷。洒脱是一种世事洞明的豁达，一种淡泊名利的超脱，一种有所为有所不为的风度。洒脱不是放弃，而是放下，放下不切实际的幻想，放下无法更改的过去，行云流水，任其所之。

人生是一种选择，亦是一种放弃。能自由选择是种幸福，能适度放弃是种洒脱。可惜，有时我们的选择，只有等待，没有结果，只能黯然离开；有时我们的放弃，迫于无奈，含泪转身，却心有不甘。

人生没有死胡同，就看你如何去寻找出路。正视困境，不在困难面前退缩，才不会无路可走。成功，不仅是一种结果，更是一种不怕失败、在磨难中永不屈服的过程。只有勇敢地面对不幸、超越痛苦，用理智去战胜不幸，用坚持去战胜失败，我们才能真正成为命运的主宰，成为掌握自身命运的强者。

人生难得糊涂，所谓糊涂，不是脑袋进水，而是表面糊涂、内心清明的大智若愚。想得开、放得下、朝前看，这样才能从琐事的纠纷中超脱出来。糊涂的人，将智慧深埋于心中，面对过于复杂的世事，简单做人、简单做事，逢人不急、遇事不恼，用难得糊涂的随遇而安，酿造生活的醇厚佳酿。

人生路上，首须看远，人无远虑，近忧必扰。看远不是舍近，不是目空一切，而是紧盯远方，走好脚下，知道取舍，拒绝诱惑，笃意前行；次须看透，不被乱象迷惑，不为浮言困袭，修炼洞世事之慧眼、识人之秀心，凡事由表及里，入木三分；然后看淡，花开自然落，云卷有时舒，郁郁寡欢使人累，耿耿于怀心易碎。

人的一生总是在忙忙碌碌，总是在和时间赛跑。生活中的人们也总是在追逐，追逐爱情，追逐金钱，追逐地位，追逐名利；贫穷的追逐富有，富有的追逐快乐，快乐的追逐长生不老。

人生很多时候需要勇敢地放弃。当一切已成为过眼云烟，放弃已经是最好的诠释，也是一种最好的幸福。放弃了恨，留下的就是爱。在落泪以前转身离去，留下华丽的背影，让心灵的负荷轻松，心中留下的应该是那种淡然。当时间静悄悄地滑过，那种感觉已随时间慢慢走远，心中只留下一种叫做“爱”的东西。

人生途中，有些是无法逃避的，比如命运；有些是无法更改的，比如情缘；有些是难以磨灭的，比如记忆；有些是难以搁置的，比如爱恋……与其被动地承受，不如勇敢地面对；与其鸟宿檐下，不如搏击风雨；与其在沉默中孤寂，不如在抗争中爆发。路越艰险，阻碍越大，只要走过去了，人生就会更精彩。

人生的起点不一样并不可怕，可怕的是输在人生的跑道上，人生很漫长，人生的跑道也漫长，人生只要没有到尽头，人生的跑道就没有到终点。不要放弃自己年少时的梦想，在人生的跑道上还有很多的机会，有心有志就会有道。我们没有把握好自己的起点，那就要相信自己，努力地在跑道上加油！

人生的这条长路，每个人走起来的方式都不尽相同，在到达下一站前，谁也不知道等在前面的是怎样的风景。没有目标，会让人无所适从；目标太明确了，又会少了许多意外和惊喜。漫漫人生路，我们心中要明了自己的目的地，但是行走的方式应当优雅从容，大可不必连滚带爬地去达到目的地。

人生道路，不是每一天都会阳光灿烂，也不是每一次跌倒都会有人扶；不是所有的付出都有回报，也不是每一个梦想都会成真，这就需要我们用一颗平常的心去面对生活，从而才会热爱生活！

人生之路，不会笔直向前的，总有崎岖泥泞，总有坎坷艰辛；我们前进的方向不会永远是正确的，总会做一些错事，总会走一些弯道。做错了事，我们会明白很多道理；走错了路，我们会经受别样磨砺。让我们在错误中寻觅，寻觅能够温暖心灵的真理；让我们在弯道里探求，探求能够延长人生的风景。

人的前半生要做到“不犹豫”，后半生要做到“不后悔”。面对人生的诸多抉择，既要有当机立断的决心，更要有永不后悔的气魄。把握当下，勇于去追寻自己的梦想，努力去尝试那些人生的“第一次”。对于已经发生的事情，要有担当的勇气。既然当初“不犹豫”，现在就该“不后悔”！

人生有很多事，需要忍；人生有很多话，需要忍；人生有很多气，需要忍；人生有很多苦，需要忍；人生有很多欲，需要忍；人生有很多情，需要忍。忍，有时是怯懦的表现，有时则完全是刚强的外衣。懂得忍，才会知道何为不忍。

只有一条路不能选择，那就是放弃的路；只有一条路不能拒绝，那就是成长的路。再长的路也能走完，再短的路，不迈开双脚就无法到达目的地，人生最大的成就是从失败中站起来。

生命最大的悲哀不在于贫穷，不在于卑微，而在于失去了价值感和方向感，怎么找都找不到理由和哪怕一点一滴、一丝一毫的事物引以为荣。一个人，倘若彻底失去了骄傲的资本，他就真的趴下了。我们要随时检点自己的心灵，找到灵魂深处的闪光之处，并把它尽可能地放大，这样才能照亮自己的人生。

站在人生的十字路口，我们也许会徘徊不定、犹豫不决。影响我们下决心的因素，往往既不是事情过于复杂，也不是我们的判断力不够，而是对于自己即将放弃的选择心有不甘，既想要鱼，又想要熊掌。这时候我们就要明白，没有舍就没有得，今天所放弃的，明天可能会加倍回报给你。

认真总结自己的昨天，策划自己的今天和明天，找出人生中的亮点；让每一天都充满希望，不再大起大落，大悲大喜。把人生中的打击看成走向成功的契机，把令人烦恼的事件作为激发才智的良药，把逆耳的忠言和意见作为行动的指南。

在平凡的人生之旅默然前行，从从容容的步履中，领略人生追求之乐趣。我们迎狂风战恶浪，用生命去战胜困难；我们学会宽容豁达，珍重别人，学会请求别人原谅自己也原谅别人；我们重事业、重友情，陶醉于高山流水，迷恋于四季风景，活出的是唯一的自己，潇洒的自己，真实的自己。

快乐和痛苦都是人生的财富，与其消极的逃避，不如勇敢一些面对，其实能够回忆也是一种幸福。

人的品德看言行，人的思想看行为，人的内心看做事，人的心术看眼神，人的知识看谈吐，人的内涵看表现，人的修养看性格，人的能力看业绩，人的身手看对手，人的为人看朋友，人的本质看历史。

人一生，没有来世。所以让我们从微笑开始！人活一辈子，开心最重要。拥有健康的体魄，在快乐的心境中做自己喜欢做的事情，完全地实现自身价值，是人生最大的幸福。

人生的道路其实很不平坦，靠你一个人是绝对走不完的，只有你跟别人一起，为同一个目标努力，才能把事情完成。一个人的力量是很有限的，但是一群人的力量是无限的。当五个手指头伸出来的时候，它是五个手指头，但当你把五个手指头握起来的时候，就是一个拳头。未来的成功，需要跟别人团结在一起，形成合力。

身安，不如心安；屋宽，不如心宽。以自然之道，养自然之身；以喜悦之身，养喜悦之神。有所畏惧，是做人最基本的良心准则。所谓快乐，不是财富多而是欲望少。做人，人品为先，才能为次；做事，明理为先，勤奋为次。人生要学会不抱怨，不等待，不盲从。

人的一生，需要我们去努力。年轻时，我们要努力锻炼自己的能力，掌握知识、掌握技能、掌握必要的社会经验。机会，需要我们去寻找。让我们鼓起勇气，运用智慧，把握我们生命的每一分钟，创造出一个更加精彩的人生。

（五）人生的忠告（不要……）

你的时间有限，所以不要为别人而活。不要被教条所限，不要活在别人的观念里，不要让别人的意见左右自己内心的声音。最重要的是，勇敢地去追随自己的心灵和直觉，只有自己的心灵和直觉才知道你自己的真实想法，其他一切都是次要。

——史蒂夫·乔布斯

人生两大错误：一是生活给人看，二是看别人生活。似乎因为自己无法证明自己的幸福，所以才需要用别人的眼光来证明，其实这是一种虚荣和自卑心理在作怪。不要活得太被动，因为这样会让你很辛苦。只要自己觉得幸福就行，用不着向别人证明什么。不要光顾着看别人而走错了自己脚下的路。

人生三大陷阱：一是大意，意外和明天不知道哪个先来，没有危机意识是最大的危机，满足现状是人生最大陷阱。二是轻信，轻易相信别人，就像一只傻狗，别人随便扔了一块石头就急忙跑去捡，因此不要把生命浪费在容易后悔的地方。三是贪婪，贪婪与恐惧是同一问题的两面，过度贪婪是邪念的土壤和卑鄙的桥梁。

人生三损：言语三损——单调、刻板、尖酸；入世三损——多疑、臆测、观望；兴趣三损——横财、权力、痴念；饮食三损——无度、偏爱、杂乱；身体三损——小气、怨气、戾气；交友三损——利己、重物、自恋；心态三损——妒忌、冲动、狭隘；生活三损——无律、无度、无为。

人生三不能：不能等——孝老，行善，健身；不能怕——年龄，孤独，未来；不能改——亲人，机遇，出身；不能省——学习，旅游，锻炼。

人生三大遗憾：一是不会选择，二是不坚持选择，三是不断地选择。人生三大悲哀：遇良师不学、遇良友不交、遇良机不握。

人生的五个最不能：最不能忘记的是在你困难时拉你一把的人；最不能结交的是在你失败时藐视你的人；最不能相信的是在你成功时吹捧你的人；最不能抛弃的是和你同创业共患难的人；最不能爱的是不看重你人格的人。

人生六不可：有一种东西不可欺骗，那就是感情；有一种东西不可愚弄，那就是真诚；有一种东西不可缺少，那就是友情；有一种东西不可言传，那就是思念；有一种东西不可原谅，那就是背叛；有一种东西不可拯救，那就是绝望。

人生八忠告：一是倾听内心的声音，那是命运在敲门。二是最大的成本是自己的身体。三是拒绝学习的同时也是在拒绝人生。四是成长是一个实验的过程，没有错误，只有教训。五是不要在同一块石头上绊倒两次。六是你永远不可能主宰你的全部人生。七是经常用别人伤痕累累的镜子照照自己。八是别相信结局，那只是又一个开始。

人生的八个关键词：一是“忍耐”，不是胆怯懦弱。二是“放弃”，除了生命，没有什么是不能割舍的。三是“压力”，想开了就是天堂。四是“豁达”，生命本身就是幸福。五是“执着”，在枯叶凋零的时候等待春天。六是“放纵”，驾驭自己是一生的功课。七是“感恩”，懂得回报是可贵的品格。八是“释怀”，将心事交给清风。

一生不可少的八种朋友：一是成就你的；二是支持你的；三是志同道合的；四是牵线搭桥的；五是给你打气的；六是开阔眼界的；七是给你引路的；八是陪伴你的。

人生不可少的八个朋友：一是推手：擅长鼓励。二是支柱：支持你的信念。三是同好：兴趣相近的朋友。四是伙伴：有需要时会站在身边。五是中介：有办法帮你搭起桥梁。六是开心果：有办法让你精神大振、心情大好。七是开路者：拓展你的视野；八是导师：给你建议并指引方向。

人生九不违：钱不可贪；文不可抄；师不可骂；友不可卖；官不可讨；上不可媚；下不可慢；风不可追；天不可欺。

人生九戒：戒躁，别轻易发脾气；戒卑，别认为处处不及旁人；戒傲，别总是自鸣得意；戒妒，别妒忌别人，总希望别人栽跟头；戒愁，不要生活在忧虑中；戒慎，不要提心吊胆；戒悲，别让不幸的事常浮现；戒疑，别总以为别人暗算自己；戒怒，别人的玩笑不要生气。

人生十点需牢记：知人不必言尽，留些口德；责人不必苛刻，留些肚量；才能不必傲尽，留些内涵；锋芒不必露尽，留些收敛；有功不必邀尽，留些谦让；得理不必争尽，留些宽容；得宠不必恃尽，留些后路；气势不必倚尽，留些厚道；富贵不必享尽，留些福泽；凡事不必做尽，留些余德。

人生十不：不自恋，恰当评估自己；不偏执，剑走偏锋伤人害己；不自卑，自信的人生最美丽；不自我，自如地融入社会；不邋遢，邋遢难成大事；不懒惰，勤奋、勤劳、勤勉；不张扬，低调做人做事；不依附，保持独立人格；不贪婪，知足常乐；不放弃，坚忍、坚强、坚毅。

人生的十个不要等：想要得到爱时才学会付出；孤单时才想念起你的朋友；有了职位时才去努力工作；失败时才记起他人的忠告；生病时才意识到生命脆弱；分离时后悔没有珍惜感情；有人赞赏你时才相信自己；别人指出才知道自己错了；腰缠万贯才准备帮助穷人；临死时才发现要热爱生活。

一生中不可错过的十种贵人：一是愿意无条件力挺你的人；二是愿意唠叨你的人；三是愿意和你分担分享的人；四是教导及提拔你的人；五是愿意欣赏你的长处的人；六是愿意成为你的榜样的人；七是愿意遵守承诺的人；八是愿意不放弃而相信你的人；九是愿意生你气的人；十是愿意为你默默付出的人。

人生需要懂得十个方面：第一方面言语，谦虚、亲切、赞许。第二方面处世，乐观、合群、互助。第三方面兴趣，读书、音乐、旅行。第四方面待人，轻松、幽默、体贴。第五方面饮食，均衡、营养、节制。第六方面祛病，静心、动体、养气。第七方面智慧，广闻、觉悟、活用。第八方面学问，倾听、记忆、思辨。第九方面交友，喜欢、投缘、关爱。第十方面幸福，吃香、睡实、如愿。

人生不可丢的十种东西：一是洒脱，微笑地挥手说再见；二是童心，你的心不能变老；三是音乐，没有音乐，人生将会乏味无比；

四是浪漫，偶尔浪漫一下；五是优雅，优雅一点总是好的；六是沉思，说话前给自己十分钟沉思；七是驰骋，不要让自己太累；八是纯洁，纯洁不容易；九是可爱，因可爱而美丽；十是勇敢，做个勇敢的精灵。

十个人生忠告：不要像玻璃那样脆弱，要像水晶一样透明；行事的动机首先是追求快乐；走运时要做好倒霉准备；眼高手低将一事无成；管住自己嘴巴；好人缘是成功的铺路石；忍受孤独是必修课；机会不会从天而降，时光也从不会等你；懒惰和不守时是最大的绊脚石；不是环境适应你，而是你要学会适应环境。

人生“十可十不可”：你可以缺钱，但不能缺德；你可以失言，但不能失信；你可以倒下，但不能跪下；你可以求名，但不能盗名；你可以低落，但不能堕落；你可以放松，但不能放纵；你可以虚荣，但不能虚伪；你可以平凡，但不能平庸；你可以浪漫，但不能浪荡；你可以生气，但不能生事。

可能毁掉我们的十样东西：一是没有责任感的享乐；二是不劳而获的财富；三是没有是非观念的知识；四是不道德的生意；五是没有人性的科学；六是没有牺牲的崇拜；七是随性而出的暴躁；八是没有理性的盲从；九是没有克制的喜欢；十是恣意付出的恋爱。

人生十二个自我警示：最贵的东西是信仰；最好的美德是忠诚；最利的武器是知识；最大的敌人是私欲；最美的成就是善功；最深的快乐是知足；最实的悲哀是心死；最厚的福利是淡泊；最强的恶源是贪婪；最真的愚蠢是自欺；最丑的恶德是嫉妒；最善的准则是谨言。

人生十二个忠告：自己的心痛只能自己疗；最重要的是今天开

心；好心情是自身发明的；安心做本身该做的事；别总是自己跟自己过不去；不要追逐世俗的声誉；极端不可取；不要过于计较别人的评价；恶念越多痛苦越深；注意不要活得太累；每个人都有自己的活法；不要做愿望的奴隶。

人生要去除十六种气：去躁气，宁静平和；去浮气，求真务实；去骄气，谦虚谨慎；去娇气，敢闯敢拼；去俗气，坚守原则；去狂气，低调为人；去怯气，勇挑重担；去小气有容乃大；去浊气，清新自然；去暮气，积极进取；去惰气，只争朝夕；去唳气，与人为善；去僵气，灵活求变；去愚气，明理豁达；去虚气，实在做事；去奢气，节俭朴素。

人生没有十全十美，如果你发现错了，就重新再来；没有机会重新来过的，就让它永远沉入时间的大海。别人不原谅你，你可以自己原谅自己。千万不要用一个错误去掩盖另一个错误。总是浸泡在注满过错的池子里，只会让自己越来越虚弱。改变自己会痛苦，但不改变自己会吃苦。一个人的性格和习惯是很难改变的，如果想改变，那肯定是一件很痛苦的事。虽然是这样，但在很多时候，我们必须要改变自己。只有放过曾经的自己，才能享受今天的快乐。

人生需要结算，错误的过去最终都需要自己来买单。有些债一旦欠下，就再也没有机会偿还，深深的遗憾，会成为埋藏在心中永远的痛。生活的投入与产出都是成正比的，今天的行为，往往会影响你明天的生活；眼前的放纵，将来总要付出代价。不要把今天的账留到明天去结，因为明天还会有明天的账。

人生如奔驰的列车，车窗外不断闪动着变幻不定的景色，错过观览窗外的美景并不是多么不得了的事，关键是我们不能错过预定的到站。回顾过去，我们错过了许多，别再为错过了什么而懊悔。

人人都会错过，人人都曾经错过，相信真正属于你的，永远不会错过。

人生活在世界上，都是在自觉不自觉地写书。写得好写得坏，写得厚写得薄，写得平庸写得精彩，全看你自己如何运笔。

人生途中，不如意十有八九，成功总是寥若晨星，平凡却似暗夜繁星。我们生命中5%的精彩，是用95%的平淡作铺垫的。尽管生活差强人意，尽管处境波澜不惊，都不要去计较什么，去抱怨什么，那样只能暴露你的无知、无能。要知道，黑夜再长，总会天明；守得云开，终见日出。只要不停下脚步，前面就有风光。

不为失败找理由，要为成功找方法；世上没有绝望的处境，只有对处境绝望的人。没有一种不通过蔑视、忍受和奋斗就可以征服的命运。

曾国藩的人生智慧：按本色做人，按角色办事；做人一定要像人，做官不可像官；把所有人都得罪了，也就谁都不得罪了；有油水的地方常常最滑，爬起来站稳都难；沉默是一种态度，拖也是一种方法；不怕群众骂你，就怕群众不找你；可以得罪忙人，但不可得罪闲人；小胜靠智，大胜靠德。

我们要学会珍惜和把握，老天给我们两个耳朵一张嘴，就是要我们多听听别人的善言，做事之前，三思而后行。做了就别后悔。还要做一个处事圆滑之人，古人讲究外圆内方，处理事情要掌握尺度。但是我们的内心一定要诚实忠厚，做人要保持诚信。该坚持的事一定要坚持，该放弃的绝对不挽留。

人从一出生就开始走向死亡，开始了人生倒计时，能健康活在人世间，就是上辈子积了大德，感谢上帝吧！周期性的情绪低落，是每个人都会发生的事情。因为每个人都有一个生物钟，每个人的生理、心理活动都有其周期节律性的反应，这种节律性的变化纯属正常，不影响健康。

人生需要深思熟虑，也需要一时的冲动。当你特别想做某件事时，最好能付诸行动，不要总是和那些人生的美好擦肩而过。冲动也许会付出代价，但错过也会付出遗憾的代价。

人生就像一场戏，因为有缘才相聚，为了小事发脾气，回头想想又何必，别人生气我不气，气出病来无人替，怒火中烧损肚肠，怒发冲冠裂心肺，我若气死谁如意，况且伤神又费力，纵是他人有负我，何苦自己罚自己？吃苦享乐由它去，神仙羡慕好脾气。

宁可装傻，也不要自作聪明；宁可辛苦，也不要贪图享乐；宁可装穷，也不要炫耀财富；宁可光输，也不要只赢不输；宁可吃亏，也不要占小便宜；宁可平庸，也不要沽名钓誉；宁可自信，也不要盲目悲观；宁可勤奋，也不能无所事事；宁可偏执，也不能放弃理想。

（六）人生的告白（对你说）

欲望是无止境的，但我们实现欲望的能力却有限。当欲望得不到满足时，我们会痛苦；当欲望得到了满足，而满足感消失时，我们又会痛苦。只有学会感恩，学会知足，才能真正地破除欲望与贪念！不要追求那些自己能力很难达到的事物，那样会让自己很疲惫，量力而为，更容易拥有轻松而淡定的人生。——加措活佛

人生最重要的事，不是您现在站在何处，而是您今后要朝哪个

方向。只要方向对，找到路，就不怕路远。但可悲的是，有的人一生原地不动；有的人一辈子没有方向；还有的人大半辈子是在找那条路；总有些人，终于找到了路，却又困惑地退了回来。

人生不是绝对的公平，而是相对的公平。在一个天平上，你得到越多，势必要承受的更多，每一个看似低的起点，都是通往更高峰的必经之路。让自己心情更平和一点、更豁达一点，对身边的过错淡然一点，幸福不是得到的多，而是计较的少。

人生重要的：不是他所购买到的，而是他所创造的；不是他所得到的，而是他所付出的；不是他所学到的，而是他所传授的；不是能力而是性格；不是成功而是价值；不是你认识多少人，而是在你离开人世时，有多少人认识了你！

人生是一笔最大的投资，这笔投资的最初出发点不是金钱，而是时间。金钱是人生的手段，人要生存不能没有钱。贫穷会使你感到恐惧和孤独，会使你寸步难行。但追求超过自己的人生需求之外的钱财，就会牺牲一些更有价值的东西。金钱应该是人生中更有意义的工作副产品，而不是人生本身。

人的一生，没有谁能代替你，一时的可怜，可以得到别人的同情，但长期的可怜则遭受别人的唾弃。永远要依靠自己，自力更生，自强不息，靠自己的能力去争取、获得。只有对自己负责，你才能成功。

生活不要过分追求档次，只要心里踏实就最真实。正如穷人吃豆腐和富人吃海鲜一样美，大款穿貂皮和百姓穿棉衣一样暖，富人驾轿车和市民踏单车一样悠闲，在林荫大道漫步和乡间小道穿梭一样快乐。

累了，就休息下吧，何必把自己逼得那么紧呢；累了，就让自己的心停下吧，它也需要时间去整理；累了，就停下吧，哪怕是驻足拍拍灰尘，让心灵重归洁净；累了，就停下吧，这不是懦弱的逃避，而是自我的释放；累了，就停下吧，哪怕只是轻轻抬头，也许会有更好的风景。

人只能活一次，千万别活得太累。如果我们能持有一颗平常心，坐看云卷云舒，花开花谢，一任沧桑，就能获得一份云水悠悠的好心情。做平常事，做平凡人，保持健康的心态，保持平衡的心理，如果我们能以这种最美好的心情来对待每一天，那每一天都会充满阳光，洋溢着希望。

当你说累的时候，或许是心累了，或许是人累了，便很想安静，试着除去一天的浮躁，找一块安静的净土，给心灵放一个假，来静静地聆听净化心灵的音乐。佛家说，净化心灵，贵在自我。只有敞开心扉，才能看见污垢，有效地清理污垢。若总是用双手遮住自己的心灵深处，那么，污垢是永远也洗涤不净的。

从今天起，做一个简单的人，踏实而务实。不沉溺幻想，不庸人自扰。要快乐，要开朗，要坚韧，要温暖，对人要真诚。要诚恳，要坦然，要慷慨，要宽容，要有平常心。永远对生活充满希望，对于困境与磨难，微笑面对。多看书，看好书。少吃点，吃好的。要有梦想，即使遥远。

我怀揣一颗最真的心，发誓从今天起做一个最真实的自己。我要每天在凌晨醒来，饱含热情地面向太阳呼出所有污浊之气，换来每一天的奋发。我要把每件不开心的事扔在思维的垃圾堆里等待处理，我要把每一个冷漠的面孔当做一座座高山，然后依次踩在脚下。这个世界是大家的。即使蹒跚，我也只用我的姿势前进。

生命有无数种形式，人总会慢慢地长大，可惜的是，生命属于自己的只有一次，有时恍然的明白，其实已经是痛过以后的感悟升华了。单独的做些什么、想些什么，喜欢独处，并不意味着孤单。在忙碌的生活中，去寻找一点空隙，虽然有点落寞，但是很美好。

心宽一寸，受益三分。心宽路就宽，心窄路就窄。不争，自然能得到人们的尊崇；能忍则忍，一忍百安。爱你的敌人，最高贵的复仇是宽容；学会适应他人，不要奢望他人适应自己；不显山不露水，把聪明收藏起来。对人友善，别人也能友善地对待你；帮助他人的人，也会获得他人的相助。

上帝从不埋怨人们的愚昧，人们却埋怨上帝的不公平。在纠正别人之前，要先反省自己有没有犯错。

生活常和我们开着玩笑，你期待什么，什么就会离你越远；你执着谁，就会被谁伤害得最深。所以，做事不必太期待，坚持不必太执着；要学会放下，放下不切实际的期待，放下没有结果的执着。所以，凡事要看开一些，看透一些，什么都在失去，什么都留不住，唯有当下的快乐与幸福最给力。

以眼看世界，世界是很小的；以心看世界，世界是很大的。有些人，有些事，只有用心去体味，才能了解得更真实。

做一个简单的人，踏实而务实。不沉溺幻想，不庸人自扰。要快乐，要开朗，要坚韧，要温暖，对人要真诚。要诚恳，要坦然，要慷慨，要宽容，要有平常心。永远对生活充满希望，对于困境与磨难，微笑面对。多看书，看好书。少吃点，多吃素。要有梦想，即使遥远。

逃避不一定躲得过，面对不一定最难受；孤单不一定不快乐，得到不一定能长久；失去不一定不再有，转身不一定最软弱；别急着说别无选择，以为世上只有对与错；许多事情的答案都不是只有一个，所以我们永远有路可以走！

活法不止一种。别人看着自然，自己活得别扭是一种；自己活得自然，别人看着别扭又是一种。过自己喜欢的日子，是最好的日子，活自己喜欢的活法，是最好的活法。人生路上，学会享受生命，避免拖着生命往前走，是人生最好的选择；习惯于无人欣赏，不把自己活给别人看，是人生的智慧。

用别人的标准来苛求自己的人生，只会作茧自缚。我们被社会的滚滚洪流裹挟，渐渐地远离了自己的岸。我们迷失了自己，只剩下一具按部就班的躯壳。只有做真实的自己，你的感情、生活、工作，你的一切，才是你所期望的。只有丢掉那些虚伪的面具，勇敢地面对真实的自我，你才能创造属于自己的人生。

岁月静好，只有那些能够停下来按自己的意志享受精神生活的人，才能获得自由，活得逍遥自在。人生如此宝贵，不要把全部时间都放在工作或者追求物质财富上。人类最大的悲哀，莫过于把自己变成上了发条的机器，每天在发条的驱使下疲于奔命，等到不得不停下来的时候，才发现这辈子已经过去了。

无论如何选择，只要是自己的选择，就不存在对错，只有后悔和不后悔。过去的你不会让现在的你满意，现在的你也不会让未来的你满意。当初有胆量去选，同样该有勇气把后果承受。所谓一个人的长大，也便是敢于惨烈地面对自己：在选择前，有一张真诚坚定的脸；在选择后，有一颗绝不改变的心。

世上有千种拥有，但有一种拥有最珍贵，你也许丝毫觉察不到这种拥有，感觉不到它的价值。随着悠悠岁月的流逝，无数个春夏秋冬的更迭，在你生命的某一天，当你蓦然回首时，才发现自己不再拥有。它不是地位，也不是金钱，而是瑰丽的青春。

曾经拥有的不要忘记，已经得到的更加珍惜；属于自己的不要放弃，已经失去的留作回忆，想要得到的一定要努力；累了把心靠岸，选择了就不要后悔；但最重要的，是好好爱惜自己！苦了才懂得满足，痛了才享受生活，伤了才明白坚强；总有起风的清晨，总有绚烂的黄昏，总有流星的夜晚；不管昨天、今天、明天，能豁然开朗就是美好的一天。

我们身上所发生的一切，都是自己的内心意念及行为的结果。不要把挫折和失败都推给命运，自己的人生只有自己能负责。人生的篇章是由自己写就的，能够改变命运的，不是别人，也不是上天，而是我们自己。

人什么都可以没有，却不能没有希望。只要希望在，人就可能拥有一切。如失去希望，那么所拥有的也可能会失去。希望是一种强大的力量，给予我们最坚定的激励和鼓舞。最大的希望来自于我们那颗永不言败的心，当面临困境而仍能满怀希望时，上天将会给予我们特别的眷顾。

无论在什么时候，无论在什么地方，我们都不要抱怨自己的人生。人生中没有假设、没有如果、没有可能。人生中充满了机会，也充满了平平常常的小事情。假如你没有惊天动地的大事情可以做，那么就做一个小人物，给一个可爱的小孩做父母，给一对老人做孝顺的子女，给你的另一半一个简单而幸福的人生。

天地间，人是多么的渺小，所有的计划，所有我们以为可以把握的东西，转眼成空。如果可以，谁不想把时钟上的指针拨回到那些幸福安稳岁月如歌的日子？甚至永远定格在那儿，再也不走了；可惜，时间从来不为任何人的痛苦倒退，也不为任何人的快乐停留。

有的人，你看了一辈子却忽视了一辈子；有的人，你看了一眼却影响到你一生；有的人，热情地为你快乐却被你悄悄冷落；有的人，让你拥有短暂的开心却得到你思绪的连锁；有的人，一厢情愿了n年却被你拒绝了n年；有的人，无心的一个表情却成了永恒的思念，这就是人生。

生命中，不断地有人离开或进入。于是，看见的，看不见了；记住的，遗忘了。生命中，不断地有得到和失落。于是，看不见的，看见了；遗忘的，记住了。然而，看不见的，是不是就等于不存在？记住的，是不是永远不会消失？

命里有时终须有，命里无时莫强求，不要去强求那些不属于自己的东西，要学会适时的放弃。在生活中，一个好的心态，可以使你乐观豁达；一个好的心态，可以使你战胜面临的苦难；一个好的心态，可以使你淡泊名利，过上真正快乐的生活。

在这个世界上，最珍贵的东西都是免费的，你发现了吗？阳光、空气、亲情、友情、真爱、目标，还有信念、希望、意志、梦想……送上拜伦的一句话：悲观的人虽生犹死，乐观的人永葆青春。

快乐不是因为拥有得多，而是计较得少。你可以用爱得到全世界，你也可以用恨失去全世界。用最少的悔恨面对过去，用最少的浪费面对现在，用最多的梦想面对未来。一切伟大的行动和思想都有一个微不足道的开始。只有心里有阳光的人，才能感受到现实的阳光。

生活里，有很多转瞬即逝，像在机场的告别，刚刚还相互拥抱，转眼已各自天涯。很多时候，你不懂，我也不懂，就这样，说着说着就变了，听着听着就倦了，看着看着就厌了，跟着跟着就慢了，走着走着就散了，爱着爱着就淡了，想着想着就算了。

如果改变自己，对方也改变；对方有了改变，心境也会改变；心境有了改变，言词也会改变；言词一有改变，态度也会改变；态度一有改变，习惯就会改变；习惯一有改变，运气就会改变；运气一有改变，人生随之改变。

许多时候，我们不是跌倒在自己的缺陷上，而是跌倒在自己的优势上，因为缺陷常常给我们以提醒，而优势却常常使我们忘乎所以。

有些人很坚强，喜欢在流泪的人面前，开导逗笑；又无所不能，总是轻而易举地帮助别人解决难题；为了理想，再苦再累也心甘情愿。但面对自己的创伤，他们只会躲在角落里看着伤口变大；只有面对最信赖的人时，才会丢盔弃甲，委屈地流下眼泪。在哭过之后，笑着擦干眼泪，说，没关系，我可以做得很好。

生活，从来不曾如人所愿。那些黑暗的人，黑暗的事，总是不经意地打破了所有的期盼与仅存的希望，所以才说绝望。但绝望可以轻易地说出却难真正地做到，因为我们都不是决绝的女子，做不到决绝，也就做不到彻底。我不想再说绝望，只想平静地带着我的坚持，坚定不移。

生命中的刺。每个人都有一副与生俱来的刺：个性，那是一种发自内心的力量，当遭遇到痛苦、失望和打击时，自然会产生出的一种对抗。没有谁会认为自己是平凡的，所以每个人都在尽力舒展着锋芒。即使是刺，也要将它抹上刀剑的寒光，一则抵御外来的侵袭，二则掩饰自己的脆弱。

只有使自己自卑的心灵自信起来，弯曲的身躯才能挺直；只有使自己懦弱的体魄健壮起来，束缚的脚步才能迈开；只有使自己狭隘的心胸开阔起来，短视的眼光才能放远；只有使自己愚昧的头脑聪明起来，愚昧的幻想才能抛弃！

有一天，当我年老，有人问我，人生的哪一段时光最快乐，也许，我会毫不犹豫地说，是十多岁的时候。那个时候，爱情还没有来到，日子是无忧无虑的；最痛苦的，也不过是测验和考试。当时觉得很大压力，后来回望，不过是多么的微小。

别为小小的委屈难过：人生在世，注定要受许多委屈，而一个人越是成功，他所遭受的委屈也越多。要使自己的生命获得极值和炫彩，就不能太在乎委屈，不能让它们揪紧你的心灵、扰乱你的生活。你要学会一笑置之，你要学会超然待之，你要学会转化势能。智者懂得隐忍，原谅周围的那些人，让我们在宽容中壮大。

如果你认为自己会被击倒，你就会被击倒。如果你认为自己没有勇气，你就不会有勇气。如果你想赢，可是你认为自己不会赢，那么，你几乎不可能会赢！如果你认为自己与众不同，你就是！好的暗示对我们很重要。

你要尽全力保护你的梦想。那些嘲笑你梦想的人，他们必定会失败，因为他们想把你变成和他们一样的人。我坚信，只要心中有梦想，就会与众不同。

人生是一段旅途，快乐与悲伤就是那两条长长的铁轨，在我身后紧紧跟随。选择都有不同的结局，就如走不同的路就会有不同的风景。如果想看灿烂的风景，不妨沉思片刻再做选择。爱其实是一种习惯，你习惯生活中有他，他习惯生活中有你。拥有的时候不觉得什么，一旦失去，却仿佛失去了所有。

人人都是过客，我是你的过客，你是我的过客，你我都是时间的过客。当你回头寻找时，那人早已淹没在茫茫人海中，所以我们没有理由不珍惜身边的人。

曾经的我们一起欢笑和打闹，一起苦恼和傻笑，一起迷茫和彷徨。也许在那第一年我们是最好的朋友，第二年是很好的朋友，再下一年是不常说话的朋友，第四年可能是连话都不想说的朋友。即使这样，也想对曾经在生命中出现过的朋友说：你是特别的，因为你的出现让我的生命更精彩。

当明天变成了今天成为了昨天，最后成为记忆里不再重要的某一天，我们突然发现自己在不知不觉中已被时间推着向前走，这不是在静止的火车里，与相邻列车交错时，仿佛自己在前进的错觉，而是我们真实的在成长，在这件事里成了另一个自己。

用心对待我们身边的每一个人：不管我们曾经遇见还是错过，总有些人和事让我们难以忘却。我们生命中的每一个过客，不管是一面之缘，还是文字之缘，总有些东西在我们的印象里定格。一句祝福一个微笑的距离，远远大于人与人之间的模糊。相识便是缘，相知更是一生的福分。

生命中终将会错过一些人，我们应该感谢那些错过的人，他们让我们明白了幸福的珍贵。不要相信该是自己的终该是自己的，不去争取不去把握的话，永远都不会有机会。缘分是什么，缘分就是给了你一次遇到的机会，幸福全靠去争取。

人生路上，我们经历的每一次感动、每一丝快乐、每一点幸福、每一份忧伤，都是我们人生旅途中的点点收获。人和人的不同在于收获的多少，在于是否会用心去体验这点点收获，成熟的人总是能从每一点收获中感悟到成功的真谛、幸福的永恒。

以眼看世界，世界是很小的；以心看世界，世界是很大的。有些人，有些事，只有用心去体味，才能了解得更真实。正是这种感觉，年轻的我们，在成长的过程中，少不了磕磕绊绊，风风雨雨。可是人生路上，总会有盏心灵的明灯照耀我们，一步步向前进。

懂得欣赏自己的生活，才能让自己活得随心所欲。如果能用“和自己赛跑，不要和别人比较”的态度来面对生活，我们就会轻松许多，也更容易找到幸福的入口。生命是自己的，生活也是自己的，不要把太多的时间浪费在和别人的对比上。每个人都有令人羡慕的东西，也有自己缺憾的东西，没有谁能事事如意。

悠闲是一种恪守我心的生活，一个人是否能真正享受悠闲的时光，关键看他的内心是否宁静，如果他有一颗淡泊宁静的心，住在哪儿他都可以享受悠闲的时光；如果他的内心充满世俗的焦躁，无论是大海边的别墅，还是森林中的小木屋，都无济于事。不让悠闲与富贵共生，不让安逸与权力同在，自古至今都是如此。

生活就是理解，生活就是面对现实微笑。生活就是越过心灵的障碍，平静心性，淡泊名利。生活，就是越过障碍注视将来。生活，就是自己身上有一架天平，在那上面衡量善与恶。生活，就是知道自己的价值，自己所能做到的与自己所应该做到的。生活，就是通过辛勤的双手，创造给力的幸福。

人会迷惘，是因为内心有所躲藏。面对成熟我们躲藏青涩，面对安分我们躲藏冲动，面对权威我们躲藏常识，面对生人我们躲藏自己……最后发现连自己都找不到自己，于是就迷失了。也许某天在清晨在午后在深夜，突然想起寻找，寻找那样叫做“自己”的东西。世上最欣慰的事，可能就是重逢了曾经走失的自己。

能耐得住寂寞的人，肯定是有思想的人；能忍受孤独的人，肯定是有理想的人；遇事能屈能伸的人，肯定是有胸怀的人；处事从容不迫的人，肯定是个淡定的人；经常微笑的人，肯定是有头脑的人；看透天下事的人，肯定是个有智慧的人。

别人拥有的，你不必羡慕，只要努力，你也会拥有；自己拥有的，你不必炫耀，因为别人也在奋斗，也会拥有。多一点快乐，少一点烦恼，不论富或穷，地位高或低，每天开心笑；累了就睡觉，醒了就微笑，生活怎么样，自己放调料！

做最单纯的人，走最幸福的路。我们时常会感觉到心累，只是自己想得太多。我们总说生活繁琐，其实是自己不懂得品味。我们时常业务繁忙，只是自己得不到满足。我们也总是争强好胜，其实是自己虚荣心太强。其实，人生就那么简单。

生活中总有风雨，我们总有许多委屈需要诉说，总有许多抱怨需要释放。关键的是，你的委屈有谁在听，你的抱怨又有谁理会。如果没有，那就只能咽下泪水，露出笑容，让自己坚强，给别人快乐。如此你会发现，许多委屈可以让你成长，许多抱怨可以自己化解。

当你登上人生的某座山峰，尽情享受成功的喜悦时，千万不要忘了那些在路上曾经给你端上一碗水、递过一个面包、上坡时伸手拉过你一把的人；当你跌至人生的谷底，伤痕累累，羸弱不堪，几乎陷入绝境时，既不要怨天尤人，更不要丧失了向上攀爬的勇气，因为幸运女神从来就不会被软弱者的眼泪所打动。

太多的选择，等于没有选择。选择的可能性越多，越容易对自己的选择持怀疑态度。当你面前只有一条道路时，你会坚定不移地走下去；当你面前有多条道路时，你就会无所适从，甚至做出错误的选择。机会越多，越容易迷惑自己，越容易让真正的机会在你犹豫不决的时候悄悄溜走。

上帝是公平的，有付出就会有收获。可能收获的东西不是我们当初所设想的，也可能收获的时间不是我们当初所希望的，但是一定会有收获。我们付出汗水，得到酬劳；付出时间，得到知识；付出真心，得到爱情；付出代价，得到经验；付出艰辛，得到成长。人生不是等价交换，凡事不要斤斤计较。

人生的路程，只有精神的脚步才最重要。精神是生命的内容，躯体是生命的形式。形式是内容的附属物，内容决定了形式存在的意义。无论外在形式多美，没有精神内容来支撑，也只会成为时装支架；一个人即使外在形式有缺陷，在他用内容弥补了缺陷后，他的精神内容反而会比常人展示得更为丰满。

人生总会保持一种微妙的平衡，这个方面你得到的多些，另一方面就会得到的少些。对待人生的态度，就像挑橘子，一枚橘子大而酸，一枚橘子小而甜，一些人拿到大的就会抱怨酸，一些人拿到甜的又会抱怨小。为什么不倒过来看待人生呢？拿到小橘子，你应当庆幸它是甜的，拿到酸橘子，你应当感谢它是大的。

生命中的许多东西是可遇不可求的，那些刻意强求的东西或许我们一辈子都得不到，而不曾被期待的东西往往会在淡泊从容中不期而至。生命放达，内心自由，首先就要拥有一颗安闲自在的心，一切随缘，顺其自然，不怨怒，不躁进，不过度，不强求，不悲观，不刻板，不慌乱，不得意忘形，不以物喜，不以己悲。

我们无法改变别人，但我们可做三件事：一是自己改变；二是做些事让对方产生想改变的感觉；三是为自己做些安排，以至无论对方是否改变，都不影响自己的成功快乐。

人一生中最大的限制，就是你内心的限制。只要你真实地付出，就会发现许多成功之门都是虚掩着的，勇敢地伸出你的双手，推开它并没有你想象的那样难。很多时候，困难和阻力被我们在心中不自觉地放大了。一个人只要突破了自己内心的限制，就能够登上人生的最高峰。

人生百味，浓缩到最后，就是一个“淡”字。奋斗是盐，少了它，再好的人生佳肴，皆是食而寡味。可很多时候，我们的追逐，竟是无穷的欲壑，最终让我们丢失了曾经，让物质埋葬了梦想，让诱惑左右了方向。我们真正需要的，其实很简单，或许就是一缕清风，几片白云，数处风景，唯有淡，才能找到我们生命的本真。

人生这笔账，最后总要结算。如果钱虽不多，官也不大，但开心的日子远远多于烦恼的日子，那你这一生就是赚了；反之，如果钱虽多，官虽大，但提心吊胆的日子多于轻松愉快的日子，那你这一生还是亏了。做人要把眼光放大，把目标放远，万不可为了虚名浮利斤斤计较。

人生如果错了方向，停止就是进步。人总是很难改正自己的缺点，也总是很难发现自己的错误，有时明知错了，却欲罢不能，一错再错，把握正确的方向，坚守自己的原则。世界上的诱惑很多，天上永远不会掉馅饼，不要因为贪图一时的快乐而付出惨痛的代价，如果发现错了，就一定要止步。

人生在世，要与无数的“不可能”遭遇。若一味胆怯退缩，你就无法战胜“不可能”。永远不要让“我不行”消磨自己的斗志、不要让“不可能”束缚自己的手脚，有时只要再向前迈进一步，再坚持一下，“不可能”就会变为“可能”。很多人之所以能成功，就是因为他们对“不可能”的事有一股不肯低头的韧劲。

也许你30岁了还在犹豫不决，40岁了还一事无成，50岁了仍是一文不名，但只要你梦想还在，热情不减，矢志不移，朝着自己的理想只争朝夕，奋斗不止，你就依然没有愧对自己的生命。不要认为现在已经太迟，不要以任何借口苟且偷安于现状，只要有决心改变，就什么时候都不晚！

人生就是不断选择的结果，没有人会事先知道结局。别人只会尊重你的选择，而不会承认你的牺牲。没有人为你的选择负责，不要怨天尤人，不要和别人一起感伤你的不幸，你需要做的，应当是冷静地面对目前的状况，用心并且负责地去解决你现在的问题。只要能对自己的现在负责，那么你的未来一定是光明的。

人生有高潮，也就会有低潮。有时候危机会成为一种打击，将你击倒在地，但是你千万不要就此一蹶不振。相反，你应该勇敢地站起来，因为当你站起来之后，你会发现危机已经走远。如果你不站起来的话，那么危机将永远压在你的身上。

人生之路是逼着走出来的，不逼自己一把，你永远不知道自己能做多大的事。切断了退路，你自然会想办法寻找出路；掐断了幻想，你才会埋头苦干。逼着自己走出第一步，第二步、第三步就容易多了。如果不逼自己，懒惰就会逐渐锈蚀你的心，曾经的豪情万丈也会灰飞烟灭，生命的价值将会大打折扣！

人生就是如此：被小石子打中，如果不能及时醒悟，一味置之不理，就会被砖块打中；如果仍然执迷不悟，就会被大石头狠狠击中。只要老老实实扪心自问，我们都可以找到出现预警的地方，但我们还是会无知无畏地说："为什么老是我倒霉?"那么那位"倒霉"先生就会告诉你："更大的石头还会来的!"

人生在世，难免要受些委屈，有的委屈不算委屈，有的委屈真得很委屈。很多时候，对待委屈的态度，直接影响着你的生存环境甚至是你的未来。小不忍则乱大谋，当你遇到委屈时，千万别泄气，适当控制自己的情绪，多一些忍让，少一点牢骚。记住一句话：宁可忍一时之气，不去受一世之灾。

生活是一件艺术品，每个人都有自己认为最美的一笔，每个人也都有认为不尽如人意的一笔，关键在于你怎样看待。与其整日被愁闷所困扰，不如以一种顺其自然的态度淡看一切。接受已经发生的事实，是克服随之而来的任何困难的第一步。我们需要的只是一点豁达，让一切都顺其自然吧。

感悟人生，就是感悟自己。要想读懂人生，就得先读懂自己。受挫一次，对成功的内涵则透彻一遍；失误一次，对生活的醒悟就增添一阶；不幸一次，对世间的认识能成熟一级；磨难一次，对人生的理解会加深一层。要读懂人生，就要把失败、不幸、挫折和痛苦读懂。

迷茫，让我们的生活像水一样平乏无味却又无处不在，久而久之，渗透出汩汩水流汇成海，并且只有自己才能将自己摆渡到彼岸。所以擦亮你的眼睛，别让迷茫蛊惑了自己。只有心中有岸，才会有渡口，才会有船只，才会有明天。

人总会遇到挫折，会有低潮，会有不被人理解的时候，会有要低声下气的时候，这些时候恰恰是人生最关键的时候。在这样的时刻，我们需要耐心地等待，满怀信心地去等待，相信生活不会放弃你，命运不会抛弃你。如果耐不住寂寞，那么你就看不到繁华。

很多人总是这样，用放大镜看生活中不如意的 10%，却忽略了幸福满满的 90%。我们总想让快乐更快乐，但苛求的结果却让我们离快乐越来越远。

某杂志对全国 60 岁以上的老人抽样调查：第一名：75% 的人后悔年轻时努力不够，导致一事无成。第二名：70% 的人后悔在年轻的时候选错了职业。第三名：62% 的人后悔对子女教育不当。第四名：57% 的人后悔没有好好珍惜自己的伴侣。第五名：49% 的人后悔没有善待自己的身体。

时间真是一个了不起的魔术师，他可以把一个丑小鸭变成白天鹅，也可以把一个骄傲的公主变成皱巴巴的老太婆；他可以把两个毫不相干的人捏在一块形影不离，也可以把原本亲密无间的情侣变成老死不相往来的仇人。其实，并非时间有多大魔力，而是做托儿的太卖力，这个托儿不是别人，正是我们自己。

品格不由你占有的东西决定，而是由你匮乏的东西塑造。因此，了解了一个人的品格后，就可以知晓他缺乏的东西了。

最使人疲惫的往往不是道路的遥远，而是心中的郁闷；最使人颓废的往往不是前途的坎坷，而是自信的丧失；最使人痛苦的往往不是生活的不幸，而是希望的破灭；最使人绝望的往往不是挫折的打击，而是心灵的死亡。

有些时候，在路上走了很久，突然发现自己竟然不知道从哪儿来，要到哪儿去，恍如梦境。不是迷路的迷茫，才是最可怕的。脚下迷路容易找到出口，心中迷路却难以察觉。当我们背离来时的目标，一路高歌猛进而不自知的时候，才是真的悲哀、真的可怜！陷入心的迷宫，除了自己，再没有第二个人能救自己。

逆境，是上帝帮你淘汰竞争者的地方。要知道，你不好受，别人也不好受，你坚持不下去了，别人也一样，千万不要告诉别人你坚持不住了，那只能让别人获得坚持的信心，让竞争者看着你微笑的面孔失去信心退出比赛。要知道，胜利属于那些有耐心的人。

学习力是一个人终生需要掌握的能力，只有不断地学习才是获得成功的原动力。很多成功者并不是一开始就找到了金矿，而是在遭遇到挫败后，始终没有放弃寻找。

很多时候，我们富了口袋，但穷了脑袋；我们有梦想，但缺少了思想。我们沉湎于物质中纠缠，沉浸在欲望中挣扎，到头来身心俱疲，精神迷惘，恍如梦境。我们是不能忽视心灵的需求的，它能让我们在困境里坚韧，在挫折前奋起，在颓废中振作，在迷途上清醒。只要拥有敢于向前的心，我们就无所畏惧。

得不到的东西最好，够不着的果子最甜。我们对那些得不到的东西念念不忘，主要是过分高估了它的价值。那些因为得不到而被自己神话了的东西，实际上和自己想象中的样子往往差距很大。所以，不要高估自己所没有的东西的价值，你自己手中的可能才是真正的宝贝。吃不到的葡萄，也许真是酸的。

欣赏别人是一种境界；善待别人是一种胸怀；理解别人是一种涵养；帮助别人是一种快乐；学习别人是一种智慧。

最无情的不是人，是时间；最珍贵的不是金钱，是情感；最有力的不是老板，是大自然；最可怕的不是灾难，是灾后无援；最拿手的不是专业，是旁观；最可怕的不是失恋，是心身不全；最舒适的不是酒店，是自家；最难听的不是脏话，是无言；最宽广的不是大海，是人心；最美好的不是未来，是今天。

结交两个好友——运动场，图书馆；配备两个医生——运动，乐观；练好两项本事——做人，做事；多吃两样东西——吃亏，吃苦；构建两个支柱——人文知识，科学素养；追求两个一致——兴趣和事业一致，爱情与婚姻一致；掌握两个秘诀——健康在于早上，成功在于晚上；发挥两个极致——把潜力发挥到极致，把生命延续到极致。

人世间，有一种感动叫理解，理解是一种素养，一种姿态，更是一种美德。理解是一盏灯，黑暗之中引你走向光明；理解是一扇门，打开它会有另一片天地。学会理解，才能消除隔阂与歧见；学会理解，才能走向沟通和团结。理解多了，抱怨少了，爱也就浓了。让我们学会理解吧，即使是乌云满天，我们也会见到光明。

奋斗是一种乐趣，追求是一种动力，助人是一种储蓄，吃亏是一种积累，谦和是一种修养，宽容是一种境界，忍让是一招妙棋，冷静是一服良药，美色是一口陷阱，嫉妒是一支毒箭，急躁是一种隐患，冲动是一个魔鬼，寡欲是一种享受，挫折是一种磨炼，违心是一种欺骗，私欲是一条祸根。

失败是常有的，成功是偶然的；付出是应该的，得到是暂时的；幸福是相对的，痛苦是经常的；生命是倒计时的，日子是往前看的；未来是说不清的，生活是道不尽的；辉煌总会来的，霉头总会过去的；命是要信的，运是要开的；人生是需要悟的，生命是需要爱的。

二 命运

每个人的命运，有各自的不同，有的人糟糕透顶，有的人一生幸运，更多的人是时好时坏。命运到底是什么？命运是由什么决定的？人能否主宰自己的命运？人能否改变自己的命运？如果答案是肯定的，那又该怎样去实现呢？

（一）命运的解读（是什么?）

没有所谓命运这个东西，一切无非是考验、惩罚或补偿。

——伏尔泰

命运是一件很不可思议的东西。虽人各有志，但往往在实现理想时，会遭遇到许多困难，反而会使自己走向与志趣相反的路，而一举成功。 ——松下幸之助

命运就是对一个人的才能考验的偶然。 ——蓬皮杜

命运，这是暴君作恶的权力，也是傻瓜失败的借口。

——安·比尔斯

命运并不是中国人的事前指导，乃是事后的一种不费心思的解释。梦想家的缺点是害怕命运。以过去和现在的铁铸一般的事实来测将来，洞若观火！ ——鲁迅

命运女神不仅自己盲目，而且还使自己所偏爱的人也变得盲目。

——西塞罗

命运，不过是失败者无聊的自慰，不过是懦怯者的解嘲。人们的前途只能靠自己的意志、自己的努力来决定。——茅盾

愚蠢给人的痛苦远胜于命运。——爱·扬格

一个人的性格决定他的际遇。如果你喜欢保持你的性格，那么，你就无权拒绝你的际遇。——罗曼·罗兰

命运并不存在于一小时的决定中，而是建筑在长时间的努力、考验和默默无闻的工作基础上。——罗曼·罗兰

宿命论是那些缺乏意志力的弱者的借口。——罗曼·罗兰

命运的意义，就是没有人可以预知。不相信命运的人，无法了解历史。然而，命运是一个残忍无情而又诡谲无常的女神，你必须相信她存在，但你千万不可相信她会爱上你，也千万不可相信她会憎恨你！绝对不可以把自己全部都交付给她，任何一个把自己全部都交付给她的人，一定会被她撕碎。——柏杨

力足者取乎人，力不足者取乎神。——柳宗元

个性即人的命运。——夫鲁德

所谓命，其实就是规律，看不见，摸不着，却时时刻刻发生作用！不要和命运抗争就是不要违背规律做事，量入为出、适可而止！

“命”是失败者的借口，“运”是成功者的谦辞。人的命运就操在人的手里。命运是自己决定的。每个人都是自己命运的锻造者。

命，是注定的，代表无法改变的一切既成事实。它是你的家庭出身，父母双亲，贫富贵贱，家乡人群。包括先天的智商、血型、人种、国籍和外貌的美丑，是否健康健全，还有身边环境怎样，经济状况如何。出生了，这些都没得选择，仿佛你就是一株禾苗，命就是你足下的土壤。它是你的根系，它是你人生的底色。好坏你都得承认，这就是认命，此时的你不可能不是理智的现实主义。

“运”，是“云”“走”，天空流云水汽冰晶聚拢而成，浩荡长天里却表现为轻盈。千姿百态自由自在，不知道自己的下一站，不想未来。表现为机缘的随意和不可操作性。“运”是走的，所以它是一种不确定的机会主义者。走红运时春风得意，走霉运时垂头丧气。走桃花运时意气风发，走厄运时哭天抹泪。走在人生之路上，天灾人祸，不可避免。人其实就是走在你自己的未知里，不可预知的一切也称为缘分。

坏命碰上好运，即百折不挠的胜利者；坏命也没好运，就是庸常或者顽劣的众生。“命”可以影响“运”，“运”又可以左右“命”，“命”与“运”，其实是相辅相成的。

（二）命运的特征（像什么?）

命运是一个瞎眼的、喜怒无常的养娘，她对她所抚养的孩子常常是毫无选择地随意慷慨施恩。 ——塞缪尔·巴特勒

命运如娼妓，贫贱遭遗弃。 ——莎士比亚

命运像玻璃，越明亮，越闪亮，越容易破碎。 ——贺拉斯

向命运大声叫骂又有什么用？命运是个聋子。 ——欧里庇得斯

对于命运的变化无常，我们慨叹得太多了。发不了财的，升不了官的，都要埋怨命运不好。然而，仔细想想吧！过失还是在于你自己。

——克雷洛夫

凡是追逐不靠自身而依赖外界才能获得幸福的人，命运总是和他作对。 ——莫罗阿

没有准备向命运抗争，命运便会显示其威力。 ——马基雅弗利

所谓天命：一种非理性因素，它注定一个人要从民众、从民众的陈腐之路中解脱出来。真正的人格永远是一种天命，它信任天命犹如信任上帝。而天命就像上帝的训诫，它无可逃避。人必须服从自身的法则，它犹如守护神，向人耳语出新的妙奇之路。享有天命的人听到这个内在本性的吐露：冥冥中，在召唤他。 ——荣格

人们在被命运眷宠的时候，勇、怯、强、弱、智、愚、贤、不肖，都看不出什么分别来；可是一旦为幸运所抛弃，开始涉猎惊涛骇浪的时候，就好像有一把有力的大扇子，把他们扇开了，柔弱无用的都被扇去，有毅力、有操守的却会卓立不动。 ——莎士比亚

命运是一个乔装打扮的人物。没有比这张脸更会欺骗人的了。

——雨果

所谓活着的人，就是不断挑战的人，不断攀登命运峻峰的人。

——雨果

你们认为我是命运之子，实际上，我却在创造着自己的命运。

——爱默生

命运很像撒娇任性的女人，只喜爱泼辣果敢的人，对于他们才百依百顺，唯命是从。 ——库普林

天决不助不愿作为的人。 ——索福克勒斯

正像一个年轻的老婆不愿意搂抱那年老的丈夫一样，幸运女神也不搂抱那迟疑不决、懒惰、相信命运的懦夫。 ——泰戈尔

我未曾见过一个早起、勤奋、谨慎、诚实的人抱怨命运不好；良好的品格，优良的习惯，坚强的意志，是不会被假设所谓的命运击败的。 ——富兰克林

一个各方面都很成功的人，他强迫性地重复的东西，都是那些好的、令人愉快的体验。他总是教会别人喜欢自己，教会自己把那些必须办好的事情办好。我们的周围当然也有这样一些人，你不断地可以听到关于他们的好消息。每一个好消息传来，我们都会赞叹地说：他就是这样的命，他的命好，命好比什么都好。 ——曾奇峰

伟大的音乐家贝多芬在经历了一系列惨痛的事件之后说：我要扼住命运的咽喉。这句话也可以说成：我要打破强迫性重复的怪圈。他的史诗般的交响曲，就是他的心灵与坏的强迫性重复的力量作顽强斗争的写照。 ——曾奇峰

任何一个人，不管他过去和现在有什么痛苦的或失败的经历，只要他打败了曾经控制了他的强迫性重复的力量，或者说命运的力量，那他的未来也会是一部讲述英雄故事的史诗。 ——曾奇峰

命运是个欺软怕硬的家伙，碰到意志坚定、敢跟他叫板的人，他就会乖乖地服软；碰到缺乏自信、软弱可欺的人，他就会想着法

子捉弄你。只有真正让自己强大起来，命运才会对你和颜悦色。

漫长的一生中，每个人的命运看似变化莫测，但实际上，我们今天所走的每一步，都已为明天埋下了伏笔。每个人的明天，是由今天的所作所为决定的。在岁月的长河中，我们所做的每一件事，都如同我们随手撒下的一粒种子，在时光的滋润下，那些种子慢慢地生根、发芽、开花，最终结出属于自己的果实。

人和人的命运，就像同时种在一块地里的种子，生长的速度和收获的果实是不可能完全一样的。

人的命运就像打牌，发牌的是上帝，出牌的却是你自己。

命运不是机遇，而是一种选择。命运从来都不是一种可以等到的东西，而是一件需要去完成的事情。

不要把自己所有的不如意都推给命运，因为命运没有那么可恶，他只不过是忠实地记录了你努力的程度而已。

命运是一个伟大的雕塑家，它举起人生的凿斧，在我们身上敲敲打打。她偏爱那些经过她精雕细刻的人。

命运似乎总是令人难以捉摸，但其实他也有自己的性格，即喜欢和胆小怕事的倒霉鬼开玩笑。你越怕、越担心、越不敢迈步，厄运就越会降临；你越乐观、越积极、越是勇敢面对，好运就会来到。所以，当你感叹命运多舛，时运不济时，不妨多从自己身上找找原因。记住：你越努力，你的运气就会越好。

当人们放荡不羁的时候，衰败的命运就要临头了；当公牛发疯斗殴的时候，被骗的日子也就不远了。

人生难免会遇到低谷。命运在折磨你的同时，也会把成功之门的钥匙悄悄放到你手中。面对厄运，如果你选择逃避，它就会像条疯狗一样一直追着你咬；如果你站直身子，勇敢地向它挥舞你的拳头，它就会夹着尾巴灰溜溜地逃走。只要始终能够保持战胜困难的勇气，挫折就永远奈何不了你。

（三）命运的面对（要……）

自知者不怨人，知命者不怨天。　——荀子

我无法驾驭我的命运，只能与它合作，从而在某种程度上使它朝我引导的方向发展。我不是心灵的船长，只是它闹闹嚷嚷的乘客。

——奥尔德斯·赫胥黎

与其整天抱怨命运，不如用这些时间去创造梦想。苦难是一所魔鬼训练学校，能从这个学校毕业，才有跟命运叫板的资本。面对命运的作弄，坚强的人会把苦痛转化成奋斗的动力；而懦弱的人则浸泡在无休无止的抱怨里，丧失了改变生活的勇气。对于那些只知抱怨的人，成功永远不会去敲响他的家门。

在命运的棋局中，我们常常陷入进退两难的境地。走棋需谨慎，一着不慎满盘皆输，人生忌儿戏，有时一步走错，百步难回。人生如棋，有输就有赢，有赢就有输。有时，怕输偏偏输，想赢偏不赢。只有不计较输赢，只管走好自己的每一步，这样才能真正赢得自己的人生。

很多时候，我们慨叹命运的不公，生活的维艰，渴望有舞台去展示，有天空去翱翔。没有舞台的时候，我们要勤学舞技，除了你自己，没有人能够阻挡你走上舞台的脚步；没有天空的时候，我们要苦练展翅，别等到有了天空，我们只会望空兴叹，或者茫然无措。

人们似乎每天在接受命运的安排，实际上人们每天在安排着自己的命运。与其哀叹自己的命运，不如相信自己的力量。

世上从没有被命运抛弃的人，只有被命运捆住手脚的人。任何人的一生都不可能一帆风顺，难免会有坎坷和失意，关键是我们怎样去面对。如果把坎坷看成是一种调味品，你就会感到坎坷的生活也有滋味；如果把失意看做是一笔宝贵的财富，你就会感到失意的人生也有价值。学会笑对生活，让生活照亮自己的人生。

挫折是难免的，低潮是必然的，孤独与寂寞是如影随形的；总有被人误解的时候，总有寄人篱下的时候，总有遭人诽谤与暗算的时候。要知道潮涨潮落、波谷波峰的道理，只要你能够耐心等待，受得了折磨，守得住底线，一切都会证明，生活不会抛弃你，命运不会舍弃你。

叶子的离开，不是风的追求，也不是树的不挽留，而是命运的安排，自然的选择；该来的会来，该走的会走，有时候离开并不意味着结束，而是另一种开始！

需要批判的宿命观：“乌鸦站着是乌鸦，飞起来还是乌鸦”；“心比天高，命比纸薄”；“横财不富命穷人”；“万般皆是命，半点不由人”；“万事不由人计较，一生都是命安排”；“阎王决定三更死，并不留人到四更”；“命若穷，拣着黄金变成铜；命若富，拾着白纸变成布”；“命里该有什么，匙里就有什么”；“万事命已定，浮生空自忙”；“生死由命，富贵在天”；“命中若有终须有，命里无时莫强求”；“无福路断肠，有福不在忙”；“是福不是祸，是祸躲不过”。

（四）命运的把握（要……）

聪明的人造就机会多于碰机会。一个人的命运主要掌握在自己手中。
——培根

在灰暗的日子中，不要让冷酷的命运窃喜；命运既然来凌辱我们，我们就应该用处之泰然的态度予以报复。——莎士比亚

每个人都是自己命运的建筑师。——沙拉斯特

每个人都主宰自己的命运。——斯梯尔

自己的命运应由自己创造，而且应该绝对排除虚伪和坏事。
——契诃夫

记住并相信这么一条真理：未来不在命运中，而在我们自己手中。
——茹泽朗

决不要安于现状，任何人都可以创造自己的命运。
——李·雅科卡

个人怎样把握自己的命运比他的命运是怎样更加重要。
——洪保德

命运给予我们的不是失望之酒，而是机遇之杯。因此，让我们毫不畏惧、充满欢愉地把握命运。——尼克松

我要扼住命运的咽喉，它妄想使我屈服，这绝对办不到。生活是这样美好，活它一千辈子吧！　——贝多芬

平凡的人听从命运，只有强者才是自己的主宰。　——维尼

对于凌驾命运之上的人来说，信心就是生命的主宰。
——海伦·凯勒

有勇气承担命运这才是英雄好汉！　——赫塞

命运不能妨碍我们的欢乐，让他来胁迫我们吧！我们还是要欢笑度日，只有傻瓜才不是这样。　——高尔基

连自己的命运都不能主宰的人是没有自由可以享受的。
——爱比克泰德

命运是自己掌握的，无论遇到什么样的困难，只要我们有掌握自己命运的决心，那么再大的艰难险阻也挡不住我们前进的道路。奋不顾身的人，连上帝也会给他让路。上帝不会错判任何一个人，因为他知道，只有勇于攀登、敢于掌握自己命运的人，才配享有丰厚的人生。

思想，无论是积极的还是消极的，一旦在内心树立，便体现在人的行为习惯中。你有美好的思想，就会发现这个世界的一切都很美好；你若总是抱怨世界，就会发现这世界的确有很多不如意的地方。所以，心态决定了你将看到一个怎样的世界。一个人一旦自己树立良好的思想，他总是能在多舛的命运中依然挺立。

哲人说：你的心态就是你真正的主人。伟人说：要么你去驾驭

生命，要么是生命驾驭你。你的心态决定谁是坐骑，谁是骑师。艺术家说：你不能延长生命的长度，但你可以扩展它的宽度；你不能改变天气，但你可以左右自己的心情。佛家说：物随心转，境由心造，烦恼皆由心生。

没有谁能帮你作决定。你征求别人的意见，不是你不知道如何选择，而是你想为自己的选择寻求“同盟”和“理论支持”，以解除自己的心理负担。所以，不要指望别人帮你作决定，你的未来只有你自己能负责。只有自己能做自己的主宰，谁也无权决定别人的命运。

注意你的思想，因为思想将组成你的语言；注意你的语言，因为语言将导致你的行动；注意你的行动，因为行动将形成你的习惯；注意你的习惯，因为习惯将形成你的性格；注意你的性格，因为，性格就是你的命运。

人在命定和运气里行走，难道真的束手无策吗？伸开你的手掌，请仔细端详。生命线，事业线，爱情线清晰可见。当你紧紧握住的时候，就忽然被提醒：命运其实掌握在自己的手中。

见过太多穷人家的孩子出人头地，见过太多豪富变得赤贫。位高权重者瞬间落马，无名小人物却飞黄腾达。人生在命运里行走，每一个选择都掌握在自己手里，只要我们有决心、有毅力、有勇气、有准备。

亚里士多德的“性格决定命运”其实不玄妙。根本就是自我决定自我的命运。而性格就是自我的综合平衡体现。所以，命运可以说是天人合一的综合作用。我们应该承认，我们更要争取，这才是对待命运的科学态度。

命运掌握在自己手中。比如快乐，你不快乐，谁会同情你的悲伤；比如坚强，你不坚强，谁会怜悯你的懦弱；比如努力，你不努力，谁会陪你原地停留；比如珍惜，你不珍惜，谁会和你挥霍青春；比如执着，你不执着，谁会与你共进退……只有把命运掌握在自己手中，我们才能寻找到生命的闪光。

当我们以积极的心态生活，就会发现许多美好的东西；而当我们以消极的心态生活，就会发现许多沮丧的东西；生活的快乐与烦恼，全在于你对生活的态度。乐观向上，好运不断；失落沉沦，厄运陪伴。逆境时，不妨换一个角度来思考，凡事往好处想，因为，好的心态决定好的命运！

只有做强势的女人，才能拥有强势的命运！任何时候，不要把幸福和快乐寄托在他身上。只有具备了足够的获取幸福的能力，你才能收获最现实、最长久的幸福。命运之神是冷酷无情的，他从来不会同情那些无法自拔的弱者，只喜欢和那些敢于挑战他的强者把酒言欢。当你握紧拳头的时候，命运就在你的手中！

在顺境中把握当下是一种功夫，在逆境中活在当下更是一种境界。固执己见，容易进入死角，产生心理压力，增添身心包袱。转变一个念头，容易使人柳暗花明；转变一个角度，则给思维留一点空间；转变一下思维，可使人绝处逢生；转变一下心态，就可使人以心转境。我们的命运，掌握在自己手中！

你的命运，一半在自己手中，另一半在上帝手中。你一生的全部就在于：运用你手里所拥有的，去获取上帝手中所掌握的。你的努力越超常，你手里掌握的那一半就越庞大，你获得的就越丰硕。在你灰心失望时，别忘了自己拥有一半的命运；在你得意忘形时，别忘了上帝手里还有一半的命运。

（五）命运的改变（要……）

当命运递给我一个酸的柠檬时，让我们设法把它制造成甜的柠檬汁。

——雨果

凡人不会因为自己没有成为帝王而痛苦，可是被废黜的帝王却会因为自己成了一个凡人痛苦万分。

——雷纳·克莱尔

灵魂的力量比任何命运都强大。凭着自己的力量，他既能造福于生活，也能给生活带来不幸。

——塞内加

啊，谁能老是依靠着命运呢？一个人跟着忙碌的世途追逐，常常在不警觉之间就被摧毁了。人总有自知之明才是道理。小心谨慎，莫让幸运来谄媚你，她是最善于趁你漫不经心的时候向你袭击的。

——乔叟

命运三女神等待着每一个罪恶：大姐是恐惧，二姐是耻辱，老三是内疚。

——罗·赫里克

播下一个行动，收获一种习惯；播下一种习惯，收获一种性格；播下一种性格，收获一种命运。

——威廉·詹姆士

改变命运的八个观念：一是没有失败，只有暂停成功；二是过去不等于现在，现在才是将来；三是改变世界之前，先改变自己；四是任何决定都要在行动之前做出；五是进入成功人士的“圈子”；六是决心在决定你的命运；七是学会谅解、理解、忍让；八是为自己、家人和社会更好而活着。

改变命运的九个途径：一是比大多数人勤奋认真；二是做好每一件小事；三是以微笑面对任何命运的不公；四是确信时间比金钱重要；五是养成好习惯；六是不断与人性弱点斗争；七是懂得天才都是有心人；八是善于发现和抓住机会；九是坚持不懈地锻炼身体。

每天用你最喜欢的方式做你最喜欢的事情，这是一种莫大的幸福。然后，每天重复这种快乐的做事方式和做事心情，久而久之，形成习惯。所以，要让你的命运出现转机，就要找到自己最喜欢的事情。

所有的人都会跌倒，伟大的人会再站起来。你的意义不在于你和别人相像的地方，而在于你与别人不一样的地方。你未来的秘密隐藏在你的日常生活里。

选择重于努力，态度重于能力；有能力不代表有本事；小成就是大成就的基础；做“对”的事情比把事情做“对”更重要。

今天的付出都是为美好明天而准备的；做你应该做的事，而不是做你想做的事；别人喜欢你，是因为你喜欢自己；人所以能成功，是相信自己能成功。

我们永远无法预知，在命运的十字路口会发生什么，但我们可以选择，是就此放弃，还是忍痛前行，继而奔向梦想的终点。即便没有胜利的奖牌，尊严和骄傲将与我们一路同行。通往成功的跑道上，只有快慢之别，并无胜负之分。战胜对手，只是人生的赢家；战胜自己，才是改变命运的强者！

一滴蜂蜜要比一桶毒药捉住的苍蝇多；别想从后视镜里看清未来的道路；谁不期待机遇的馈赠，谁就征服了命运。

改变自己会痛苦，但不改变自己会吃苦。一个人的性格和习惯是很难改变的，如果要改变，那肯定是件很痛苦的事。虽然是这样，但在很多时候，我们必须改变自己。若想谱写人生精彩篇章，最重要的是要改变自我，改变环境，改变心态，在修正中砥砺品性，在省悟中拓宽心胸，这样才能真正地提升自己去改变命运。

山中有狼，羊改变不了；羊也无法变成狼，但羊不能因为狼的存在，就躲在灌木丛里抱怨上苍的不公平。它必须不停奔跑，不停奋斗，直到强壮了自己，强化了基因。它不能改变自己是羊、注定要被狼吃的宿命，它只能通过改变自己，尽量谋求生存和发展。

三 爱情

爱情是十分美好的，人类有史以来，一代接着一代，追求着完美的爱情。爱情是什么？不同的人对她有不同的解读。我们每个人都向往着获得最美好的爱情，但如何才能称心如意呢？爱情需不需要去经营呢？如果答案是肯定的，那又该如何去经营呢？

（一）爱情的内涵（是什么?）

爱情是什么？眼睛为她下着雨，心却为她打着伞，这就是爱情。

——泰戈尔

爱和喜欢的区别：面对心爱的人，你的心跳会加快，然而面对喜欢的人，你会兴高采烈；面对心爱的人，冬天就像春天，然而面对喜欢的人，冬天是个美丽的冬天；假如你凝视的是心爱的人，你会脸红，但假如你凝视的是喜欢的人，你会微笑；面对心爱的人，你不能说出心中的一切，然而面对喜欢的人，你言无不尽；面对心爱的人，你容易羞涩，然而面对喜欢的人，你能展示真实的自我；心爱的人时刻萦绕在你心头，你不能直视心爱的人的眼睛，而你却能欣然接受喜欢的人的目光；当心爱的人哭泣，你会一同落泪，而当喜欢的人哭泣，你会停下来安慰；爱的感觉源自眼睛，而喜欢的感觉源自耳朵。所以如果你不再喜欢你喜欢的人，你只需堵住耳朵，但是如果你试图闭上眼睛，爱便会化作一滴泪水，永远留在你的心中。

——安娜·思蒂·何迪艳提

炊烟起了，我在门口等你。夕阳下了，我在山边等你。叶子黄了，我在树下等你。月儿弯了，我在十五等你。细雨来了，我在伞下等你。流水冻了，我在河畔等你。生命累了，我在天堂等你。我们老了，我在来生等你。能厮守到老的，不只是爱情，还有责任和习惯。

——余秋雨

爱一个完美的人不难，爱一个有缺陷的人却很难，长久地爱一个这样的人尤其难，而唯其如此，人的感情才显得深沉厚重，感天动地。爱一个人，便意味着全身心地、无条件地接受他的一切，包括他坚强掩盖下的脆弱、诚实背后的虚伪、才华表象下的平庸和勤劳背面的懒。

爱一个人，不是要占据她的每一个角落，而是要找到你在她心里的位置；爱一个人，也不是非要让她把过去都忘记，而是要让她的将来不断有你；爱一个人，更不是非要拥有她的全部，而是要让她相信你的将来，她是你的全部；爱一个人，不是要陪着她笑陪着她落泪，而是无论什么时候，你都会微笑地搂着她！

真爱是一种从内心发出的关心和照顾，没有华丽的言语，没有哗众取宠的行动，只有在点点滴滴一言一行中你才能感受得到，是那样的平实那样的坚定。

真正的感情根本是不需要追的。两个人的默契慢慢将两颗心的距离缩短，在无意识中渐渐靠近彼此。从你喜欢上他（她）的那一刻起，也许他（她）也在那一刻喜欢上了你。同节奏的爱情往往能奏出最和谐最动听的乐章。真正的爱情需要什么？需要两个人在一起轻松快乐而没有压力。

我们每个人都是一个齿轮，都在寻找另一个齿轮一起转动。谁都希望遇到尺寸刻度适宜的对方，可有些齿轮的缝隙可以填补，有些齿轮的缝隙可以磨平，而有些齿轮天生尺寸不对，磨得越久越痛苦，直至两人都磨成不能再和任何齿轮咬合的铁饼。如果两个尺寸不对的齿轮不幸相遇，及早放手才是对彼此最大的爱。

爱是一种难以戒除的瘾。没有尝到爱情滋味的时候，每个人都以为自己的意志很坚强，一旦尝到爱情的甜蜜，就会一天天地上瘾，直至无法戒除。有些人之所以不敢再爱，不是因为真的对爱情绝望，而是因为对自己爱的能力感到绝望。没有谁不需要爱，没有谁不渴望爱情，不管他是上帝还是魔鬼。

爱是一种欣赏，而不是占有和改造。爱情应该像阳光一样时刻围绕着你，让你感到温暖和光明，而不是约束你。别再说你属于我，我属于你，我不是一半，你也不是另一半，我们都是完整的人。爱的双方互相欣赏，才能体会幸福快乐的真意。

爱是一种责任，需要两颗心共同承担；爱是一种默契，需要两个人相互交流；爱是一种付出，需要有接收的对方；爱是一种幸运，需要有时间去感受那份喜怒哀乐。

爱是两个人的事，当爱来临时，两个人要同时打开心门；当爱远离时，也要一起放手，让爱离开。能够倾听自己内在的声音，了解对方的感受，所谓爱的节奏，就是要靠双方共同去调整，才能够共同掌握。

最伟大的爱情不是为你生，为你死，而是牵着你的手，和你一起安静的老去！

爱上一个人，就是爱上一个伤口。每一次爱情，都像一个新鲜的伤口，生长在心里，偶尔疼痛。然而，正是那些疼痛和记忆让我们变得成熟、风情、包容、自制，并且冷静，更懂爱，也更会爱。

喜欢跟爱不同。喜欢比爱浅，比爱淡，所以喜欢没有责任没有负担，你可以同时喜欢好几个人，但真正用身心去爱的只能是一个；你可以喜欢做很多事，但不可能在每一件事上都投入全部的时间、全部的精力和全部的爱。

有些表面富丽堂皇的婚宴，实质是在表明一种交易拍板成交了；倒是那些朴素的婚礼，往往更能证明爱情的果实成熟了。

缘分就是小时候最喜欢的那个玩具，一旦丢失了，也许再也找不回来。错过的，不一定是真爱；失去的，不一定值得拥有。最难以割舍的不是那段感情，而是隐藏在心中的那点可怜的自尊。爱情的烈焰会随着时间的推移渐渐冷却，唯有责任才能维护爱情最起码的尊严。

爱一个人是一种感觉，不爱一个人却是事实。事实容易解释，感觉却难以言喻。有时候，一转身，就是一辈子。曾经以为，只要坚定对你的爱，我们便会不离不弃。可最终还是没能在一起，让我伪装的坚强跌入谷底。我还爱着你，却已无能为力。其实，有时候等待不是为了你能回来，而是让自己找个理由不要离开。

老公，就是那个下雨时将自己外套脱下，用胳膊为你遮风挡雨自己一身湿的“大男人”。老公，就是那个看到别人的脏衣服都觉恶心，却将他穿一星期未换黑不见底的臭袜子洗得雪白而毫无怨言的男人。老公，就是那个让从不懂节约大手大脚的你，变成现在和菜贩子坦然砍价，宁愿多走两站路赶公共汽车的男人。

我们常常在想，爱情要怎么去衡量呢？曾经，我以为是思念，思念便是爱。有人说，是付出和牺牲。也有人说是照顾和关心。说得最多的，是感觉。现在我发现，爱情的量度单位是偏执，你对这个人有多么偏执，你便有多爱他。

真正的爱，是接受，不是忍受；是支持，不是支配；是慰问，不是质问。真正的爱，要道谢也要道歉；要体贴，也要体谅；要认错，也好改错。真正的爱，不是彼此凝视，而是共同沿着同一方向望去。其实，爱不是寻找一个完美的人，而是，要学会用完美的眼光，欣赏一个并不完美的人。

爱是一种诚信，是需要付出代价的，如果不爱，或无法承受，那么就别轻易地将自己的心打开。诱惑和寂寞，本不是爱的理由。

爱神阿佛洛狄忒说“LOVE（爱）”：“L”代表 Listen（倾听），懂得倾听，用心了解对方，并给予帮助；“O”代表 Obligate（感恩），懂得感恩，甘愿付出；“V”代表 Valued（尊重），给对方充分的尊重，真诚地表达你的赞美；“E”代表 Excuse（宽恕），懂得包容对方的缺点和错误，欣赏对方的优点和长处。

爱情是一种习惯，习惯了关心一个人和被一个人关心，习惯了两个人在一起，习惯了有人紧紧地抱着你，习惯了有淡淡的亲吻，习惯了有暖暖的笑脸，习惯了有一个人在你心里，习惯了有一个人哄你睡觉，习惯了有一个人叫你宝贝，爱情就是习惯了另一个人的习惯。

爱情是人生的珍宝，当我们用婚姻这只船运载爱情的珍宝时，我们的使命是尽量绕开暗礁，躲开风浪，安全到达目的地。谁若故意迎着风浪上，固然可以获得冒险的乐趣，但也说明了他（她）对船中的珍宝并不爱惜。好姻缘是要靠珍惜来保护的，珍惜便是缘，缘在珍惜中，珍惜之心消亡则缘尽。

爱情其实就是一种生活。与你爱的人相视一笑，默默牵手走过，无须言语不用承诺。系上围裙，走进厨房，为你爱的人，煲一锅汤。风起的时候为她紧紧衣襟、理理乱发，有雨的日子，拿把伞为她撑起一片晴空。睡醒时，眼波间的体贴温柔、肌肤间的温暖，可以幸福一生！

爱情是一种经过灵魂提纯的情感，她的眼里揉不得沙子。任何虚伪和欺骗，都会给她造成巨大的伤害。爱是人生一场特别的考试，在这个考场上，绝对不允许任何人作弊，一旦作弊败露，轻则影响考试成绩，重则取消考试资格。不爱了还要假装爱，爱着却要装作不爱，都是一件非常痛苦的事。

爱情是一个磁场，而不是一道围墙。与其困住他的身体放走了他的心，倒不如增加自己的魅力去吸引他。一道围墙会让他有突围的欲望，而一个磁场却能给他相对的自由和永恒的诱惑。

爱情是一朵无比金贵的花朵，我们不能只是一味地享受它的甜蜜，而忘记了给它浇水施肥，它需要精心地呵护，需要不断地添加养料，才能永葆爱情之花常开不败。享受爱情甜蜜的同时，记得不要停下脚步，紧紧追随爱情，才能使这份甜蜜更长久。

爱情是一份纯美的情感，有时是甘心情愿的，有时却无能为力。爱久了，成了一种习惯；痛久了，成了一道刻痕；恨久了，成了一种负担。有心的人，再远也会记挂对方；无心的人，咫尺却远似天涯。如果你的爱情停留在曾经，它只属于过去那个时间；如果你的爱情停留在生命里，它就会成为永恒，甚至超越永远。

爱情是人类永恒的主题，但爱的感觉各有各的不同，爱的最高境界是拿得起放得下，如同炒菜，始终能把握最佳火候，年轻时容易过火，年长又常常欠火，能练到炉火纯青，需要不断地尝试，这也正是人格魅力所在。

爱情是一个方程式，需要用一辈子的时间慢慢来解，而不是拿什么东西去砸出答案。当你把爱情当做人生的全部时，最后反而会输掉你的爱情。人的一生，是需要自己来成就的，一旦你放弃了自己生命中最重要的东西，爱情的契约就不再平衡，你的人生，风险系数就不会在你的掌控之中。

爱情应该是一个磁场，而不应该是一条绳子，捆着他，不如吸引他。一条绳子会让男人有挣脱的欲望，而一个磁场却能给男人自由的假象和一个永恒的诱惑。但是有时候，你和他都应该是强磁场的精灵，为什么总走不到一起呢？那是因为，你们总是 N 极对着 N 极，S 极对着 S 极，谁也不肯给姿态换个角度。

爱情就像捧在手心里的沙子，如果你温柔地捧着，它就会长久保持；如果你过分地把它攥在手里，它会用最快的速度流走。它需要用真诚和宽容小心呵护。爱情是自私的，女人爱“吃醋”是一种情感嫉妒的表现。爱“吃醋”的女人大多比较温柔、敏感、细腻，这样的女人容易受伤。而看似不“吃醋”的女人，不是不“吃醋”，而是因为她们时刻都在用内心的忍耐、宽容和大度在稀释它。聪明的女人要做爱情的厨师，知道怎样在生活中把握“醋”量。

真正的爱情，不是花前月下的山盟海誓，而是平凡日子里的细水长流；不是每天用嘴巴说“我爱你”，而是实际行动中的细微之处。

爱，其实就像打计程车。第一，不像公共汽车，只需等待就会自动来到你的面前，而需要你先向它招手才停；第二，如果你碰到的是空车，那就是你的幸运，但往往车上已经有人了；第三，走了多少距离就要付出多少代价；第四，即使上了车，也要为亮红灯、堵路、临时下车付出成本；第五，在车上要陪聊、陪笑。

爱情是零度的冰，友情是零度的水，也许我们是最好的冰水混合物。走到一起后，升温，化为友情的水；降温，结成爱情的冰。不冷不热间，就是爱情与友情间的暧昧。

爱情是坚强与脆弱的结合体。坚强时，爱的种子种在任何贫瘠的土壤里都会生根发芽，在任何寒冷酷热的条件下都能开花结果；脆弱时，哪怕只是一丁点的伤害，一丁点的背叛，都会让爱情之花瞬间凋零。唯有以理解为基石，以宽容为立柱，以珍惜为墙壁，以满足为装饰，两颗心住在里面才会安全。

爱情就像照片，需要大量的暗房时间来培养。生活需要不断地刷新，工作每天都在复制，希望爱情不会只有粘贴。情如鱼水是夫妻双方的最高的追求，但是我们都容易犯一个错误，即总认为自己是水，而对方是鱼。如果你想被别人爱，你首先必须使自己值得爱，不是一天、一个星期，而是永远。

有时候，爱情就像旋转木马，彼此追逐却有永恒的距离。旋转木马是最残忍的游戏，彼此追逐却有永恒的距离。

恋爱就像口香糖，时光长了会平庸无味，感到平庸了就想丢弃，而无论丢在什么地方，都会留下难以抹去的痕迹。在爱的世界里，没有谁对不起谁，只有谁不理解和珍惜谁！

爱是一场输不起的豪赌。押上全部赌注以后，如果赢了，我们将赢得终生幸福；如果输了，留下的只有道道伤痕。明知输不起，偏偏还要赌，劝也劝不了，拦都拦不住，这就是爱情的魅力所在。为了赢得终生幸福，我们都心甘情愿地沦为了爱情的赌徒。要赢，就赢它个轰轰烈烈；要输，就输它个无怨无悔！

情人节爱的启示：爱是每天晨起的梳梳洗洗；爱是夜里和你数星星的安闲舒适；爱是无微不至的耐心呵护；爱是无所不能的承受与付出；爱是轰轰烈烈的爱恨交集；爱是磕磕碰碰中的修修补补；爱是异乡窗前的无边思念；爱是冷冷的冬夜里一杯热腾腾的咖啡；爱是春暖花开时对你满满的笑意；爱是杯中有你的快乐。

女人善变的是脸，而男人善变的却是心。爱情不是游戏，因为我们玩不起。爱，就要真心付出，真诚相待。不要轻易说爱，许下的诺言欠下的债。爱不是缺了就可以找，更不是累了便可以换。爱一个人，不一定要拥有；但拥有了一个人，就一定要好好去爱。爱，不是一个人的独角戏，而是两个人的对手戏！

爱其实是一种习惯，你习惯生活中有他，他习惯生活中有你。拥有的时候不觉得什么，一旦失去，却仿佛失去了所有。

最好最美的爱情，最后都是朴素的，都要回到生活的本真状态。通常人们认为，婚姻是爱情的坟墓，大谬！好的爱情往往也正藏在婚姻中，碰到婚姻就失败的爱情，大概算不上真正的爱情。爱情，总是在琐事中，在一点一滴或大起大落的欢欣与磨难中共同积累的，这样的爱情才是真正的财富。

真正的爱情，不是一见钟情，而是日久生情；真正的缘分，不是上天的安排，而是你的主动；真正的自卑，不是你不优秀，而是你把他（她）想得太优秀；真正的关心，不是你认为好的就要求他（她）改变，而是他（她）的改变你是第一个发现的；真正的矛盾，不是她不理解你，而是你不会宽容他（她）。

完美爱情的组成成分。10%执着+10%想念+10%吃醋+10%疑心+10%甜蜜+10%心疼+10%幸福+10%嫉妒+10%脸红+10%撒娇=100%爱情。

所谓缘分，就是遇见了你想遇见的人；所谓福分，就是能和有缘人共享人生的悲欢。缘分浅的人，有幸相识却又擦肩而过；缘分深的人，相见恨晚从此不离不弃。有的缘分是可遇而不可求的，属上等缘；有的缘分是可遇亦可求的，属中等缘；有的缘分是可遇而无需求的，属下等缘。无论何等缘分，都离不开珍惜二字。

不知道什么样的爱情是最美的：是至死不渝的爱情，是执子之手，与子偕老的爱情？还是曾经轰轰烈烈，经历过风风雨雨，最终走到一起的爱情？一路走过看过那么多人经历爱情，路过爱情，享受爱情，逃避爱情，才发现，世界上只有两种爱情：一种爱叫经不起等待，一种爱叫经不起伤害。

爱第一个人是出于随性，爱第二个人是因为惯性，爱最后一个人是由于惰性。

（二）爱情的规律（怎么样?）

苏格兰心理学家研究发现，女性经济地位越独立，就越想寻觅较年长、更有魅力的男性为伴。女性收入越高，与男性的择偶行为越趋同，但这仅限于对外貌的看法。有一点是不同的：高收入女性喜欢年长男性，而高收入男性则喜欢年轻女人。有些人称之为乔治·克鲁尼效应。

男人是女人的价格，女人是男人的商标；男人的通行证是能力，女人的通行证是面容；女人失去了爱情会觉得空，男人获得了爱情却会觉得累；男人追求女人在一刻，女人追求男人在一生；男人的爱情像闲暇时的散步，女人的爱情像丢失钥匙后的寻找；恋爱中女人学会了说梦话，男人改掉了说脏话。

心理学家判断男女是否适合“牵手”的十个标准：一是彼此是对方的好朋友；二是彼此容易沟通；三是心灵上有共同的理念和价值观；四是认为婚姻是一辈子的事；五是发生冲突或争执时一起来解决；六是相处可以彼此逗趣；七是彼此非常了解；八是从最了解你也是你最信任的对方处得到支持肯定；九是有时会有浪漫；十是有非常理性和成熟的交往。

最适合做夫妻的十类男女：彼此是谈得来的朋友；有共同的人生价值观；彼此能充分了解信任；遇事彼此易沟通；彼此有奉献牺牲精神；彼此宽容大度；志趣要能基本相投；彼此能坚定的支持对方；彼此接受对方的家庭；有基本的物质经济做基础。

八则爱情公式：气你+逗你=喜欢你；学你+跟你=暗恋你；疼你+顺你=想追你；想你+念你=爱上你；追你+顺你=想娶你；疼你+骂你=在乎你；烦你+不理你=想甩你；尊重你+关心你=已分手。

男女恋爱是加减法原则，男生是减法，一开始看每个女孩都100分，发现缺点就慢慢减，直到不及格，就分手了！而女生是加法，一开始看男生都比较低分，经过相处后慢慢加分，越来越爱。所以到最后伤得最深最大的都是女孩子。

爱情的计算公式：如果爱是1，不爱是0。两人都爱：1×1=1就是相爱。两人都不爱：0×0=0就是不爱。有一个人爱，一个人不爱：

1×0=0 就是单方面的爱情，不会有结果。两人都只各爱一半：0.5×0.5=0.25，爱的乘积变成原来的一半。世界那么大，爱上一个人那么容易，被爱也那么容易，但要两情相悦，就这么难。

爱一个人，对方也爱你，甜的居多；爱一个人，对方不知道，酸的居多；爱一个人，对方不爱你，苦的居多。

有这九种感觉才叫做爱情：第一种，美丽的感觉；第二种，亲爱的感觉；第三种，羡慕及尊敬的感觉；第四种，赞许的感觉；第五种，受到尊重的感觉；第六种，占有欲的感觉；第七种，行动自由的感觉；第八种，深深同情的感觉；第九种，生理上的性冲动感觉。

要让爱情简单，最好就是精选适合自己的对象。一个真正值得去爱、也懂得爱的人，自然会让爱情变得简单。这样，两人之间平时不需要猜测心意，不用担心行踪；不害怕在无意之间激怒，不怀疑做任何事情的动机。两人之间，有一点牵挂，却不会纠缠；两人之间，有一点想念，却不会伤心。

新鲜感普遍最长都只有两个月。当两个月过去后，两个人就需不停地进行磨合半年左右，这其间极容易分手。但当半年过后，两人间所产生的就不只是当初所凭借的喜欢与好感，而是真正的爱与在乎。未来的路，靠的就是这份在乎与心里的爱了。所以，若两人已共同走过了半年的磨炼，就请不要轻易放弃！

世上只有两种可以称之为浪漫的感情：一种叫相濡以沫，另一种叫相忘于江湖。我们要争取和最爱的人相濡以沫，和次爱的人相忘于江湖。也许不是不曾心动，不是没有可能，只是有缘无分。能牵手的时候，请别肩并肩；能拥抱的时候，请别手牵手；能相爱的时候，请别说分开；拥有了爱情，请别去碰暧昧。

恋爱会提升人的情商，也会暂时性地降低人的智商，导致热恋中的人出现“傻乎乎”的近乎“眩晕”的症状，对事物的认知力和判断力严重下降，甚至降到如同心智未开的孩童般的水平。但也正是在这“眩晕”的状态中，我们找到了生命中的另一半，完成了一生中最美的绽放，体会到了人世间最美的幸福。

要想为爱情“保鲜”，就要做他心里的那个坏女人：会撒娇、会任性、需要安抚和宠溺，也懂得拒绝。让他时刻都处在危机之中，告诉他，他并不是你唯一的或者最后的选择，他才会害怕失去。不再以他的世界为世界，以他的重心为重心，在两个人的关系里更随心所欲一些，不把他看得太重，不要太过顺从和黏腻。

一个王子爱上一个公主，公主告诉他，如果他愿意连续 100 个晚上守在她的阳台下，她就接受他。于是王子照做了，他等了一天，两天，三天……直到第九十九天，王子离开了。为什么王子不再坚持最后一天？答案很感人——爱情不能只是一个人的付出。王子用 99 天证明爱，用第 100 天证明尊严。

没有尊重，爱会走掉。没有在乎，爱会无聊。没有诚实，爱会不爽。没有信任，爱会不牢。

相爱的人不会因为一句分手话而结束，更不会因为一个错误而真的做到一次不忠百次不容。相爱的人会在感情的曲折里一起成长。只要经过一个曲折熬了过去爱就又增长了点，又一个曲折熬了过去大家学会珍惜对方一点。一路下去，爱越来越深，只会深深地相爱着，懂得对方的好，不会再分开。

现实生活中那些牵手走进围城的男女，其实并不是因为彼此了解，而是因为互相诱惑。适当地保留一点秘密，保持一段距离，才是对爱情最美的期待。

走在熟悉的路上，往往会忽略了细微之处不可多得的美丽；而走在陌生的路上，却又会因为迷恋途中的景致而耽误了行程。身边的人每天都在为自己默默付出，我们往往视而不见；而刚认识的人只要对自己好那么一点点，我们就会受宠若惊！——糖放得太多了就会感觉到苦，爱得太深了就会感觉到平淡。

两个人在一起久了，就像左手和右手，即使不再相爱也会选择相守，因为放弃这么多年的时光需要很大的勇气。也许生命中会出现你爱的人，但那终归是过客，你还是会牵着你的左手或者右手一直走下去……两个人的幸福很多时候和爱情无关。

只有建立在平等基础上的爱情才会长久。任何只顾疯狂爱别人而不顾自己是否被爱，或是只顾享受被爱而不知去爱别人的人，都不会有好的结局。平等，不是生活和情感的 AA 制，而是精神上、人格上的平等，是互相理解、互相尊重、互相包容、互相支持。如果要用尊严去换取怜悯，那么这样的爱情不要也罢。

在一起久了，避免不了争执。有些恋人，每天都吵架，但年复一年，还在一起，尽管每天吵架，但仍然分不开。有些恋人，从来不吵架，外人都羡慕他们的甜蜜，但是却闪电般地分手了。吵架是疯狂地交流，肯留下来争吵的总是爱你的。反而忍耐，渐渐会成为一颗定时炸弹，有一天突然爆炸了，所有感情都会瞬间摧毁。

两个相爱的人最初走在一起的时候，对方为自己做一件很小的事情，我们也会很感动。后来，他（她）要做很多的事情，我们才会感动。再后来，他（她）要付出更多，我们才肯感动。人是多么贪婪的动物，要知足方能品味爱情真谛！

爱情就像摘水果，采得太早，果子还没有成熟，又苦又涩，难以下咽；采得太晚，果子已经完全熟透，要么滑落枝头，要么已被他人占先。在恰当的时候采摘水果，既是一种智慧，也是一种缘分。人这一辈子，摘到一枚可心的水果已属不易，能在水果最丰美的时候捧在手心，纯属一种造化。

爱情不在于说多少次“我爱你”，而在于怎么样去证明你说的是真的。

爱一个人如读一本书：爱上他经常是因为最初相识时他的一个眼神、一个动作或是一句话，使你不知不觉被吸引，忍不住走近他，打开他，开始慢慢地阅读。

爱情在动静之间，缘分在聚散之间。如果说爱情是源源不断的小溪，缘分则是偶尔投到溪水中荡起阵阵涟漪的石子。如果说爱情是一道美丽的风景，那么缘分则是偶尔光顾的浪迹四方的旅人，有缘人自会发现，无缘者任他寻觅千百度也会错过。

爱情不是科学，没那么多的为什么。爱与不爱，不需要任何理由。爱情一旦依附太多的理由，就会成为一种负担，一种痛苦。如果一定要赋予爱情足够的理由，那就不是爱情，而是盗用爱情的名义进行的利益合谋。

在现实社会中，纯真的爱情之所以弥足珍贵，就在于它是纯精神层的，不带任何附加条件的。

爱情生活的五个危险期：一是激情退去后的平淡期；二是孩子降生后的冷落期；三是七年之痒的外界诱惑期；四是金钱地位较量期；五是子女成人后的真空期。

在最有感觉的时候，她没有停下脚步。那么，也不必在一起走完那段路之后，回头去寻找那些散落在地上的感觉，路已经走完。爱情中最伤感的时刻是后期的冷淡，一个曾经爱过你的人，忽然离你很远，咫尺之隔，却是天涯。曾经轰轰烈烈，曾经千回百转，曾经沾沾自喜，曾经柔肠寸断。到了最后，最悲哀的分手竟然是悄无声息。

现实总是无奈，爱情一旦误入歧途，不管你付出多少真爱，也依然无法拯救一段错误的婚姻。

让女人念念不忘的是感情，让男人念念不忘的是感觉。感情随着时间沉淀，感觉随着时间消失。男女终究是不同的物种，所以，谁又能明白谁的深爱，谁又能理解谁的离开。

不爱的时候，心情最为平静，心态最为平稳，性情最为淡泊，与他人最好相处。没有多余的热情，没有多疑的猜忌，没有受伤的敏感，没有变态的恼怒，没有期望的焦虑，没有失望的伤心，没有不着边际的幻想。不爱的时候，才能感觉到彻底的心灵上的自由和解放，有时候，不爱才是最好的状态。

爱，从来就是一件千回百转的事。不曾被离弃，不曾受伤害，怎懂得爱人？经过了沮丧和失望，我们才学会珍惜。你曾经不被人所爱，你才会珍惜将来那个爱你的人。在爱情的世界里，总有一些近乎荒谬的事情发生，当一个人以为可以还清愧疚，无愧地生活的时候，偏偏已经到了结局，如此不堪的不只是爱情，还有人生。

从情感方面来说，人类的进化还是不完全的。男性博爱，女性用情专一，就是一种动物性的残留。男人在潜意识中几乎都有艳遇的幻想，加上各种自然、社会的综合因素，使外遇的产生成为一种可能。要让这种“可能”仅仅停留在理论层面，而不是变成现实，就需要用理智去控制情感，用人性去战胜动物性。

当你真正爱上一个人时，你会发现他的好；当你真正看懂一个人时，你会发现他没有那么好；当你们分手时，他（她）已经坏到了极限。但你该想想，他（她）是怎么坏的，是为了你，还是为了他自己。

一个人容易把对某个人的崇拜和好感当做爱情，人都会有自我期待，当发现生活中出现了满足这些期待的人，就会不自觉地把对方当做偶像来崇拜，把对方的优点当做自己爱他的理由。以为自己爱上了他，其实自己只是被那些优点吸引而已。

爱情，婚姻，家庭，都是扎根在物质之上的，需要空间来储藏，需要经济来支撑，但它们不等同于太大的房子、不尽的票子。此生我们能够相聚，是千年修来的幸福，和相爱的人在一起，蜗居也温暖，清贫亦甘甜。多给老人一点关爱，多给孩子一些童真，别等到离开的时候，才幡然悔悟，除了爱，其他不过是浮云。

过度的爱情追求，必将降低追求者自身价值；饭菜越炒会越熟，但爱情越吵会越淡；工作是一筐萝卜一个坑，结婚是一个萝卜一个坑；幸福的婚姻要靠双方共同努力，但不幸的婚姻一个人就足够了；爱情要经得起谎言，受得起敷衍，忍得住欺骗，忘得了诺言，放得下一切，方能成正果。

爱情中总有一个主角和一个配角，累的永远是主角，伤的永远是配角。想要获得快乐，不是增加财富，而是降低欲望。回首往事，没有什么过不去，只是再也回不去。

世界上根本就不存在永恒不变的爱情。纯度和浓度再高的爱情，放到婚姻的容器里时间长了，也会发生化学反应，其有效成分一部分会自然挥发，一部分会转化成亲情，一部分会转化成友情。如果历经岁月流转，白发苍苍时还能让彼此找到恋爱的感觉，这样的爱情无疑是天下少有的珍品。

缘分这东西，来无影，去无踪，有时候是美好的期盼，有时候却又成了懦弱的借口。“缘”，就是机缘，让你遇见从没想过会遇见的人；“分”，就是福分，让你能够和有缘人一起走过人生的某一段路程。机缘天注定，福分在人为。一段美好的缘分，既要靠机缘，也要靠努力。

请珍惜你身边默默爱你的人。或许，有一天当他真的离开了，你会发现，离不开彼此的是你，不是他。爱情就像两个拉皮筋的人，受伤的总是不愿放手的那一个。

爱情在不同的阶段有不同的表现方式，婚前是激情，婚后多亲情，看起来完全两样，但本质上是一样的，就像蝌蚪与青蛙、毛毛虫与蝴蝶的关系。婚后的爱情不是死了，而是羽化了。

爱的表现：聊天是增进感情；约会是多一点共同的回忆；吵架是多认识对方，并且学会和好；承诺是证明这段感情要经得起考验；痛苦是绝对在乎的表现；珍惜是因为怕失去，所以呵护着，视之为奇遇；思念是因为心里常常有着你，这就是爱的魔力；挂心是因为很爱很爱，心跟着心爱的人跑。

有一种爱很凄迷，有一种爱只能远望，有一种爱注定成传奇；有一种爱，像遥远的大海，即使被酷日蒸干了水分，它仍会化作甘霖，遍洒饥渴的大地；有一种爱叫放弃，明知道许多事情是没有答案的，却想寻找一个答案。

爱情使你忘记时间，时间使你忘记爱情。当时间过去，我们忘记了我们曾经义无反顾地爱过一个人，忘记了他的温柔，忘记了他做的一切。在对的时间，遇见对的人，是一生的幸福；在对的时间，遇见错的人，是一场心伤；在错的时间，遇见错的人，是一段荒唐；在错的时间，遇见对的人，是一阵叹息。

爱的最高境界是什么？不是你死我活，而是习惯。一个女人习惯了一个男人的鼾声，从不适应到适应，再到没有他的鼾声就睡不着觉，这就是爱；一个男人习惯了一个女人的任性、撒娇，甚至无理取闹，这就是爱；一个人会为了另一个人去改变、去迁就，这就是爱。对爱人，迁就多少，就爱了多少。

爱是一种感觉，不爱也是一种感觉，而往往难以抉择的是心中的感觉到底是爱还是不爱。原来握在手里的，不一定就是自己真正拥有的；自己所拥有的，也不一定就是真正铭刻在心的。人生很多时候需要自觉的放弃，因为拥有的时候，也许正在失去，而放弃的时候，也许又在重新获得。

爱情有时像在等公交车，不坐的公交车接二连三频频为你停留，而真正想坐的，却怎么也等不到，像是一场存心的恶作剧。等到公交车终于姗姗来迟时，却像约好似的结伙成行连来两三辆，让人不知如何是好，无论坐上哪辆，都抹不去心头淡淡的怅惘，总担心错过的是否才是最好的选择。

距离能产生美，也能保护爱。没有距离的相处是一种愚蠢，只想着自己不顾及别人是一种自私；当爱最终失去了别人，又因此失去了自己的时候，就能明白距离原来是爱的翅膀；用距离来节制爱是一种明智的选择；爱不必靠太近，因为还有各自的生活；爱不必离太远，只要一个转身的距离。

世间最悲哀的事，莫过于两个人彼此倾心，却因为沉默而错过。幸福不是等来的，爱一个人就要大胆去表白，只要你努力争取过，以后就不会后悔；如果因为你的沉默，而错过了一份美好的爱情，那么你可能会一生耿耿于怀。心里有爱就要大声说出来，只有你勇敢地表达自己的爱，爱情才不会有遗憾。

爱一个人就是在拨通电话时，突然不知道要说什么，才知道此时只是想听听那熟悉的声音，原来真正想拨通的，只是自己心底的一根情弦；爱一个人就是在某一个老时间，企盼电话铃会忽然响起，其他时间感觉嘈杂的铃声突然会觉得悠扬，就像听到的是那轻柔缠绵的喃喃爱语、是他（她）匆匆走来的脚步。

有爱的日子，也许我们很穷，但每一分钱都能带给我们双倍的快乐。也许我们的身体坏了，每况愈下，但我们牵着爱人的手，慢慢老去，旅途就不再孤独。也许我们是平凡和微小的，但我们竭尽所能做着喜欢的事，心中便充溢温暖和安宁。

爱情是女人最好的化妆品。在爱的映衬下，女人就是舞台中最美的女主角，她会得到她最爱的人的掌声和鼓励。被爱的女人是骄傲的，也是幸福的，更是美丽的。如果说自信能够让女人美丽，那么爱情作为女人生命中的养分，则会让女人锦上添花。因为男人的爱与欣赏，使女人变得越来越自信，越来越美丽。

很多幸福的女人都知道，好丈夫并不是最好的那个男人，而是他无论何时，都像她那双穿起来最舒服的鞋子。

这世界上，没有能回去的感情。就算真的回去了，你也会发现，一切已经面目全非。唯一能回去的，只是存于心底的记忆。

有时，爱也是种伤害：残忍的人，选择伤害别人；善良的人，选择伤害自己。有些时候，正是为了爱才悄悄躲开。躲开的是身影，躲不开的却是那份默默的情怀。到分手了才显珍贵，很多人都不懂珍惜拥有。直到失去才看到，其实那最熟悉的才是最珍贵的。

（三）爱情的智慧（要……）

爱情来的时候，打开心门，让她进来；爱情走的时候，打开心门，让她离开。

两个人在一起，更多的不是改变对方，而是接受，这就是包容；如果光想着改变，那不是生活，那是战争。两个人吵架，先说对不起的人并不是认输了，也不是原谅了。他只是比对方更珍惜这份感情。

深爱的两个人，唯有双方都保持对爱情、对对方的忠诚，爱情才有可能继续下去。一旦一方出现不忠与背叛，爱情在每个人的心里，都会留下一道无法弥补的裂痕，就像是破镜一般，即便可以重圆，也永远无法回到最初的亲密无间。当浓情蜜意变成细水长流之后，便需要用爱去维护忠诚，以换取爱情的长久。

不要对一个人太好，因为有一天你会发现，对一个人太好，时间久了，那个人是会习惯的，然后把这一切看做是理所应当，其实本来是可以蠢到不计代价不顾回报的，但现实总是让人寒了心。最卑贱的不过是感情，最凉的不过是人心。

拥有了爱情，就别去碰暧昧：面对弥足珍贵的爱情，我们需要从一而终。经得起诱惑，耐得住寂寞，唯有这样，才能给予彼此最大的安全感，爱情之路走得才会平平坦坦。

在我们已经拥有了一份属于自己的爱情以后，有时候会遇上一个让自己非常心动的人，甚至是彼此仰慕的人。这时候，其实你已经站在了悬崖边上。不管两人是否明白各自的处境，至少你知道自己该干什么、想要的是什么。明白了自己的处境，就千万不要去碰触暧昧，否则，到时候受伤的，可能就不止某一个人。

只有敢于放弃，才会真正得到。不是缺少爱情，而是缺少敢于为爱情买单的人。现代人的爱情都很脆弱，誓言只是一块欲望的遮羞布。在感情的世界里，没有谁比谁更高尚，只有谁比谁更真实。男女那点事大都如此，要么你感到快乐，要么你感到痛苦，体会简单而深刻，爱恨分明，一点都不含糊。

要想走进一个女人的心里，光有喜欢和爱是不够的，你必须要懂她：要懂她逞强里的柔弱，给她精神上的支撑；要懂她快乐里的忧伤，给她心灵上的呵护；要懂她的蛮横不讲理，准确回应她眼中的期盼；要懂她心路走向何方，和她风雨中一起走……她的要求其实也不多，她只是想找一个完全懂他的爱人。

一杯咖啡苦不苦，不在于你放没放糖，而在于你用没用心去搅。一段爱情美不美，不在于你是否开始，而在于你是否忘记过去。不要轻易说爱，也许诺言就会成为伤害，但也不要轻易说不爱，也许幸福就被你关在门外。

爱一个人不一定是要拥有，但拥有一个人就要好好地爱她。话，说着容易，可一旦做时就很难……如果真诚是一种伤害，请选择谎言；如果谎言是一种伤害，请选择沉默；如果沉默是一种伤害，请选择离开；如果爱是一种伤害，请不要靠近。

在爱情的世界里，千万不要做透明人。相爱的两个人，坦诚相见是基本原则，但不是任何事情都要坦诚。有些时候，你误认为坦白可以拯救自己的良心，却忽略了对另一方的伤害。表达对爱的忠诚和呵护，并不需要把自己表露无遗。在现实生活中，善意的、适当的隐瞒，反而是对爱情最好的保护。

爱情需要表达出来：人的一生是一个相互关心、关爱的过程，每个人都有情感的需要，不要让爱人只是用猜想知道你的关爱，而是要让对方时时感受到你的心意，这就是你不但用嘴巴告诉对方你的爱，还需要用行动来表达爱的程度。爱就是打开心扉，让它自由地流淌，让对方看得到、听得到、感受得到。

当你爱一个人的时候，爱到八分绝对刚刚好。所有的期待和希望都只有七八分，剩下两三分用来爱自己。如果你还继续爱得更多，很可能会给对方沉重的压力，让彼此喘不过气来，完全丧失了爱情的乐趣。所以请记住，喝酒不要超过六分醉，吃饭不要超过七分饱，爱一个人不要超过八分量。

喝酒六分醉，吃饭七分饱，爱一个人，八分就够了。爱情可以是生活的主体，却不是生活的唯一。若把所有的爱压在一个人身上，那么爱与被爱的人都会感到疲惫。爱情不是人生的全部，情感不只是由爱情组成的，它还有珍贵的亲情和友情。给爱一点儿空间，让爱自由地呼吸。

爱一个人，要了解也要开解；要道歉也要道谢；要认错也要改错；要体贴也要体谅；是接受而不是忍受；是宽容而不是纵容；是倾诉而不是控诉；是难忘而不是遗忘；是彼此交流而不是凡事交代；是为对方默默祈求而不是向对方诸多要求。不要随便牵手，更不要随便放手。

以宽容之心度他人之过，退一步海阔天空，忍一时风平浪静。对于别人的过失，必要的指责无可厚非，但能以博大的胸怀去宽容别人，就会让世界变得更加精彩。

选择你所爱的，爱你所选择的！永远都不要停止微笑，即使是在你难过的时候，说不定有人会因为你的笑容而爱上你！

“吃饭莫看后堂，恋爱莫问过往。”男女之间，对于彼此的过去，不要太过好奇，也没必要知道得太彻底。过去的经历只属于那段历史，交给对方自己处理就好。尊重对方的过去，也是一种表达爱的方式。

要想在爱的“投资”中有所回报，首先就应该有一个正确的大方向，认准了就不后悔，用心地经营。挑选伴侣，好似挑股票，不一定要挑当前最好的，而是要挑你分析得最透彻的，后劲足的潜力股，做长线经营。有的人热衷短线，买了卖，卖了又买，赚了却又赔了。

如果爱上，就不要轻易放过机会。莽撞，可能使你后悔一阵子；怯懦，却可能使你一辈子后悔。没有经历过爱情的人生是不完整的，没有经历过痛苦的爱情是不深刻的。爱情使人生丰富，痛苦使爱情升华。

能经得起婚后锅碗瓢盆交响曲和生活酸甜苦辣的考验，才是真正的爱情。爱情的绝对“自由”，是幸福之城沦陷的罪魁祸首。真爱，应爱屋及乌，和睦，会使夫妻更加相爱。真爱，应包容，真爱就要严格要求自己而宽容对方，对自己要知错、认错、改错，才会有真正的幸福。其实真爱在婚后。

不要认为后面还有更好的，因为现在拥有的就是最好的。不要认为还年轻可以晚些结婚，爱情是不等年龄的。其实对于爱情，越单纯越幸福。经历的太多了，会麻木；分离多了，会习惯；换恋人多了，会比较；到最后，你不会再相信爱情；你会自暴自弃，就这样过一辈子。

不要因为寂寞去恋爱，时间是个魔鬼，天长日久，如果你是个多情的人，即使不爱对方，到时候也会产生感情，到最后你怎么办？不要为了负责而去结婚。要知道，不爱对方却和对方结婚是最不负责的。即使当时让对方很伤心，但是总比让他几年甚至一辈子伤心强。婚姻不是打牌，重新洗牌要付出巨大的代价。

岁月是爱情的天敌，爱情要战胜岁月。我们要的是宽容而不是占有，要的是温情而不是激情。激情不会长久，浪漫也不会持续一辈子，要经营永恒的幸福，真的需要很大的勇气。所以，没有付出的决心和宽容的胸怀，再美好的爱情也会在岁月中渐渐消逝。

爱一个男人，可以爱他的英俊，爱他的聪明，爱他的才华，但是，请不要只爱这些。他的英俊、他的聪明、他的才华、他的金钱、他的事业，都是属于他的，只有他对你的好，才是他对你的情意。是这份情意让你在他的人生中有了一席之地；是他对你的好，使你变得独一无二，也使他变得独一无二。

真正的爱情，要懂得珍惜。一辈子只爱一个人，并不丢人。没有谁和谁是天生就注定在一起的。一辈子其实不长，能遇心爱的人，是多么幸运的事。为何不紧握着他的手呢。心里明明知道，除了他外还会有更优秀的人出现，可是一个人不能这么贪心的。一颗心需要另一颗心坦诚相待，这样才可以幸福。

一个人的情人节，给自己写一封情书，告诉自己有多可爱；一个人的情人节，给自己放一首老歌，重温那些逝去的岁月；一个人的情人节，陪自己看一部电影，让自己做一回主角；一个人的情人节，给心灵放一天假，告诉自己也要快乐；一个人的情人节，做一回自己的情人，好好爱自己一回。

（四）爱情的忠告（不要……）

再好的东西，都有失去的一天。再深的记忆，也有淡忘的一天。再爱的人，也有远走的一天。再美的梦，也有苏醒的一天。该放弃的决不挽留。该珍惜的决不放手，分手后不可以做朋友，因为彼此伤害过。也不可以做敌人，因为彼此深爱过！ ——莎士比亚

有谁不曾为那暗恋而痛苦？我们总以为那份痴情很重，很重，是世上最重的重量。有一天，蓦然回首，我们才发现，它一直都是很轻，很轻的。我们以为爱得很深，很深，来日岁月，会让你知道，它不过很浅，很浅。最深和最重的爱，必须和时日一起成长。

——《天使爱美丽》

在心理学里有一种叫做“恋爱补偿效应”的说法，指的是人们容易喜欢上喜欢自己的人。所以，那些不主动的人们，在觉得自己喜欢上对方的时候，还是仔细审视一下，是不是因为得知对方喜欢自己，所以才喜欢对方的呢？

爱情都是自私的，有的人哪怕爱情已成陌路，也不愿放“爱”一条生路。宁愿毁灭爱情，甚至不惜两败俱伤，也不愿独自华丽转身，给对方一个永恒的美丽背影。其实，既然不爱了，与其让爱成为更大的伤害，还不如让爱成为美好的回忆，给别人一条爱的生路，也就是给自己寻找下一个幸福的出口。

喜欢一个人，是因为他身上的优点；爱一个人，既要欣赏他的优点，更要包容他的缺点。当昔日的恋人被日常生活收编，如火的激情在柴米油盐酱醋茶的平淡里渐渐冷却，在一个个生鲜无比的日子里，彼此的庐山真面目会一天天显露出来。此时若不能保持一颗宽容的心，美好的爱情就将坠入万劫不复之境。

爱别人，先要学会自爱。自爱不是清高自傲，也不是顾影自怜，而是对自己适当的关怀。只爱自己的人不会有真正的爱，只有自私的占有；不爱自己的人也不会有真正的爱，只有谦卑的奉献。如果说爱是一门艺术，那么，恰如其分的自爱便是一种素质，唯有具备这种素质的人才能成为爱的艺术。

或许，爱就是心甘情愿的付出，甘苦与共的分享。牵了手，就不要随便说分手。不要等到失去了才知道可贵，不要等到伤害了才来乞求原谅，有些东西失去了永远不会再回来。

爱情一点都不复杂，复杂的是人们对一段感情有太多的目的，比如：婚姻、财产、前途、虚荣心，甚至其他。得不到的东西，我们会一直以为他是美好的，那是因为你对他了解太少，没有时间与他相处在一起。当有一天，你深入了解后，你会发现原不是你想象中的那么美好。

决定要不要爱这个人的时候，不妨抛开一切，先问问自己是不是真的被这个人吸引，失去他自己会不会有一辈子的遗憾，如果是，那就勇敢去爱吧，何必为了一些有的没的牺牲掉自己的爱情呢?

女孩须知：即使输掉了一切，也不要输掉微笑；爱笑的女孩子，运气不会太差；即使不开心也不要皱眉，因为你永远不知道谁会爱上你的笑容；你没那么多观众，别那么累；生活坏到一定程度就会好起来，因为它无法更坏；先要学会自爱，然后别人才会爱你。

当所有的爱熄灭，还可以点燃自己，让心亮着。美丽让男人停下，智慧让男人留下。有时候，不是对方不在乎你，而是你把对方看得太重。可以爱，可以恨，不可以漫不经心。想念，滴在左手凝固成寂寞，落在右手化为牵挂。对于世界，你可能只是一个人，但对于某个人，你却是整个世界。

痴情是一种很难治愈的病：爱情来到时，没有人会追究其原因。任何的逻辑推理与科学公式都不适用于爱情，爱的魔力使得无数人常常“明知不能为而为之”。然而，爱情逝去后，刨根问底、穷追不舍或者日省百遍、沉沦自虐几乎成了一种通病，尤其是失爱的女人。其实，痴情是在亏待生命。

很多时候，爱情都不可能圆满。你爱他，他不爱你；他爱你，你却不爱他。即使这样，当有人爱自己的时候，就算你并不爱对方，也要尊重他的感情。被人爱是用金钱也买不来的宝贵财富。尊重别人就是尊重自己，轻视别人的情感就等于蔑视自己。

如果爱情让我们失去理智，那我们就要走向清冷的溪流；如果爱情让我们歇斯底里，那我们就要走向温暖的炉火。无论爱与不爱，我依然是我；无论爱与被爱，他（她）依然是他（她）。爱情改变的，只是我们的生活状态，而不是我们的人生姿态。

爱不一定要永远。曾经拥有的也许会是你一生最美好的回忆。因为爱过，所以不会成为敌人；因为伤过，所以不会做朋友，只能是最熟悉的陌生人。爱过才知情重，醉过方知酒浓。关于爱的记忆，应该好好收藏，只是今后的幸福要靠各自去寻找。

爱情不是短暂的占有，而是永恒的守护。爱上一个人并不难，难的是一辈子都爱一个人。爱情的本性就是追求永恒的，两个人相爱了，就成为了爱情的守护者，尽最大努力去捍卫爱情，成为了双方的神圣使命。如果你爱上了一个人，就要做好终生守护爱情的准备，否则，谁把爱情当游戏，爱情也会把他当游戏。

现在的情况是：恋爱越来越早，结婚越来越晚。恋爱时没有责任意识，为爱而爱，等到结婚的时候，才发现两者的差距是如此之大！而正是曾经疯狂的、不计后果的恋爱，给后来的婚姻生活埋下了深深的隐患。女孩子有必要知道：到目前为止，男人还远远没有进化到你所认为的理想程度！

珍惜当前，永远胜于三心二意。如果你爱的人不爱你，也无须过于痛苦。因为，谁知道你会不会在下一个路口遇见真爱？过去的爱情，就让它过去，那只是我们生命的一部分，只是茫茫大海中的一滴水珠，只是漫漫苍穹中的一粒微尘。没有那些过去，也不会造就现在的你我。

不要把有缘无分当做懦弱的借口。无论想得到什么，都需要自己去努力，爱情也一样。在这个世界上，擦肩而过的爱情实在是太多了。当你对某个人产生了无法忘怀的爱情，请你一定要去尝试，去争取，不要以为只要等待就可以。没有谁注定会是你的，不要等错过了，才埋怨自己为什么不主动一点。

千万不要因为别人的眼光而改变了自己的挚爱，莫要活在别人的眼光里而失去了自己！应该用心来守候属于自己的，并不惊天动地的爱情。没有一份爱是完美的，也没有一份感情是毫无瑕疵的；爱情与爱人，只能是真真切切的。

明白的人懂得放弃，真情的人懂得牺牲，幸福的人懂得超脱。对不爱自己的人，最需要的是理解、放弃和祝福。过多的自作多情是在乞求对方的施舍。爱与被爱，都是让人幸福的事情，不要让这些变成痛苦。既然你们已经经历了，多年以后，偶尔想起，希望都是美好的回忆。

如果真的爱了，不要轻言放弃，即便他让你伤心了，也要试着去牵挂他，倾听他，让他明白你依然关爱他；如果真的爱了，不要轻言放弃，即便他让你失望了，也要试着去包容他，让他知道你依然在乎他。爱情是个很奇妙的东西，具有无穷的魔力，让人为之着迷。爱一个人，就会爱他的所有，不会因为世俗的东西而改变。

茫茫人海中，相遇是缘起，相识是缘续，相知是缘定。世界上最心痛的感觉，不是失恋，而是我把心给你的时候，你却在欺骗我。一个生灵与另一个生灵的相遇是千载一瞬，机缘难得，分手即是万劫不复；好好收拾起心情，继续走吧，错过花，你将收获雨，错过他，你才会遇到属于你的他。

爱不是一个人的事，而是两个人的努力，两个人的奋斗，两个人的共同创造。有些人恋爱是为了逃避现实而衍生的产品，为了逃避现实，寻找恋爱；为了寻找恋爱，失去真情；失去了真情，才发现早已身陷虚情。爱，绝不是缺了就找，更不是累了就换。

不要让那个喜欢你的人，撕心裂肺地为你哭那么一次。因为，你能把他伤害到那个样子的机会，只有一次。那一次以后，你就从不可或缺的人，变成可有可无的人了。即使他还爱你，可是，总有一些真的东西改变了。

在对的时间遇到对的人，这是一种缘分，而这种缘分恰恰需要耐心等待，需要经历种种挫败才能遇见，在你的世界中总会有个人比想象中爱你。

付出真心才会得到真心，却也可能伤得彻底；保持距离就能保护自己，却也注定永远寂寞。有时候不是对方不在乎你，而是你把对方看得太重。为你的难过而快乐的是敌人，为你的快乐而快乐的是朋友，为你的难过而难过的就是那些该放进心里的人。通常愿意留下来跟你争吵的人才是真正爱你的人。

（五）爱情的经营（如何做?）

培养爱情从练习真诚开始，保养爱情从维系真诚着手。当爱不存在的时候，唯有真诚，是尊严和力量最后的栖息地。有人以为伪装的爱，是一剂情感的白药创可贴，虽说解决不了根本的问题，但尚可暂时止血止痛。殊不知，它是爱情的浓硫酸，不但彻底毁了爱的容，更是对他人凶狠的侵犯。——毕淑敏

心理学家给恋爱中男女的六条建议：第一不要轻易说出“分手”两个字；第二不要因为你很生气而不接电话；第三不要相互猜忌，请彼此绝对信任；第四不要小肚鸡肠，请你能够宽容对待彼此；第五不要互揭伤疤，因为那样除了疼痛以外毫无意义；第六不要过于理智。

给热恋中的朋友七个建议：一是向他人介绍女友时请搂着她的

腰；二是在街上注视美女不超过 5 秒，立马指出美女和她比美中不足；三是不要总说“随意”，这表现你不爱搭理她；四是看她的眼神无比专注；五是说话的语气情深意长；六是能客观上看到其他优秀的女孩，但主观上她才是最好的；七是发火面前两人平等，但她先发火了，那你就得熄火。

情侣间做到这几点，永远不会说分手：一是随时能联系到彼此；二是经常谈心，让彼此知道对方的想法；三是吵架要发泄出来，不能隔夜；四是互相尊重；五是不要跟异性朋友没完没了的联系；六是不要吝啬你的甜言蜜语；七是态度决定一切；八是两个人吵架，不管是谁的错，必须有人先低头道歉，哄对方。

什么人适合过一辈子：一是无条件喜欢与对方在一起；二是彼此容易沟通，两人在心灵上有共同的理念和价值观；三是都愿意为彼此而委身在长期婚姻中；四是冲突或争执时愿共同面对并解决；五是彼此逗趣，常有欢笑；六是了解彼此，并接纳对方缺点；七是可从对方那里得到信任、支持、肯定；八是相处非常自在。

女人要知道的十条爱情攻心计：一是保持独立；二是不纠缠对方；三是神秘莫测；四是她会让他心急难堪；五是不让他看见自己的狼狈相；六是自主安排自己的时间；七是保持幽默感；八是相当自信；九是珍爱自己的身体；十是对某些事情的热情超过对他的需要。

关于爱情的十大注意事项：一是少吃醋少流泪；二是一天只打一个电话；三是保持一颗平常心；四是永远不说多爱你；五是尽量不要在经济上有纠葛；六是不要逼婚；七是不要勉强生小孩；八是不要天天厮守；九是对方永远只是一部分；十是迁就太多就成了懦弱。

吵架时缓和气氛的十句话：一是“亲爱的，我收回我说过的话”；二是“宝宝，我们都挺不容易的”；三是“我错了，我反应过激了”；四是“我知道了，我应该倾听”；五是“亲亲，我们歇会”；六是“是我引发了这个误会”；七是“争些没用的干啥，我做饭了”；八是“宝贝，我们跑题了”；九是“我已经被‘猪猪’说服了”；十是“我们观点一样，我表达错了”。

科学恋爱十式：由美国心理学教授罗伯特·爱泼斯坦总结出的“科学恋爱”法：一是情绪激发；二是近水楼台；三是培养共同点；四是培养幽默感；五是保持新鲜感；六是放松心理防线；七是做个包容的好人；八是身体接触；九是自我揭示；十是全心全意。另外还有“灵魂凝视法”、“读心法”和“爱的灵气”三种招式。

让爱情稳固的十个好习惯：一是鼓励和赞美；二是想要什么你就说；三是无伤大雅的癖好可以无视；四是亲密不应该流于形式；五是每天至少联系一次；六是自己创造快乐；七是大胆追求激情；八是爱情也需要检查进度；九是永远彼此尊重；十是没有必要完全透明。

爱情无需刻意把握，一味地去把握爱情，往往会在有意无意之间抹杀爱情原本的滋味。爱情是需要两个人彼此用心去体会的，它不仅需要种子，更不能缺少相互谅解、尊重、谦让等水分。过分的注重种子的优良，而忽略了阳光与水分的重要性，同样不会有好的结果。

完美的爱情不是占有，而是依恋，占有是弱者的表现。没有一个人，是另一个人的私人财产，尊重并依恋，才能到达幸福的彼岸，向完美说“不”！

爱情无须刻意去把握，越是想抓牢自己的爱情，反而越容易失去自我，失去彼此间应该保持的宽容和谅解，爱情也会因此变成毫无美感的形式。每个人都希望自己永远拥有幸福美满的爱情，那么不妨学着像对待一捧沙那样去对待爱情，好好珍惜，好好捧握，爱情必定圆圆满满。

不要以爱的名义，去伤害爱你和你爱的人，因为谁也没有伤害别人的权力！爱你的人如果你不爱，请给他（她）留点尊严；你爱的人如果不爱你，请尊重他（她）的选择。是鸟儿就让它在天空飞翔，是鱼儿就让它在水中欢畅，占有不是爱的本意，伤害也不是爱的目的。不论爱与不爱，产生纠葛已是前世修来的缘分。

爱情拒绝比较，拿自己的爱情和别人比较，拿现在的爱情和曾经比较，都是一件极其愚蠢的事。既然爱了，就把整颗心交给对方，把曾经的过往连同记忆一同葬在岁月深处，把心房全部腾空，用来摆放眼下满满当当的爱情。去年的落叶，养育了今天的果实；撕掉的日历，成就了今天的圆满。

爱一个人，需要勇气。若要爱，就必须经受生活的严刑拷打、接受时间的漫长考验、拒绝身边的各种诱惑。爱情没有保质期，但是会有保鲜期。在捍卫爱情的战斗中，我们也许会伤痕累累、身心疲惫，也许会弹尽粮绝、凄然无助，但是我们还有爱的信仰，她无处不在、无坚不摧。相信爱情，其实就是相信我们自己！

暗恋一个人，一定要让对方知道。也许得不到答案，至少你努力过，不必后悔。

（六）爱情的告白（对你说）

每一次，当他伤害我时，我会用过去那些美好的回忆来原谅他，

然而，再美好的回忆也有用完的一天，到了最后只剩下回忆的残骸，一切都变成了折磨，也许我的确是从来不认识他。——村上春树

你见，或者不见我，我就在那里，不悲不喜；你念，或者不念我，情就在那里，不来不去；你爱，或者不爱我，爱就在那里，不增不减；你跟，或者不跟我，我的手就在你手里，不舍不弃。

——席慕蓉

所有处在恋爱年龄的女孩子，总是分成两派：一派说，爱对方多一点是幸福的；另一派说，对方爱我多一点，才是幸福的。也许，我们都错了。爱的形式与分量从来不是设定在我们心里，你遇上一个怎样的男人，你便会谈一段怎样的恋爱。——张爱玲

某些人的爱情，只是一种“当时的情绪”。如果对方错将这份情绪当做长远的爱情，是本身的幼稚。不要害怕拒绝他人，如果自己的理由出于正当。当一个人开口提出要求的时候，他的心里根本预备好了两种答案。所以，给他任何一个其中的答案，都是意料中的。

——三毛

不管你的条件有多差，总会有个人在爱你；不管你的条件有多好，也总有个人不爱你。——张爱玲

他纵有千个优点，但他不爱你，这是一个你永远无法说服自己去接受的缺点。一个人最大的缺点不是自私、多情、野蛮、任性，而是偏执地爱一个不爱自己的人。暗恋是一种自毁，是一种伟大的牺牲。暗恋，甚至不需要对象，我们不过站在河边看着自己的倒影自怜，却以为自己正爱着别人。——张小娴

从现在开始，你只许对我一个人好，要宠我，不能骗我；答应

我的每一件事情，你都要做到；对我讲的每一句话都要是真心，不许骗我，骂我，要关心我；别人欺负我时，你要在第一时间出来帮我；我开心时，你要陪我开心；我不开心时，你要哄我开心，永远都要觉得我是最漂亮的；梦里你也要见到我，在你心里只有我。

——《河东狮吼》

如果开心和悲伤时，首先想到的都是同一个人，那就最完美，如果开心和悲伤时，首先想到的不是同一个人，你应该选择想和他（她）共度悲伤的那个，人生本来是苦多于乐。开心有太多人可以和你分享，不一定是情人，悲伤却不是很多人可和你分担。你愿意把悲伤告诉他，他才是你最想亲近珍惜的人。——张小娴

在我心底某个角落，还会被某个名字牵动，经过多年后感觉依旧，特别夜深人静时候，从来不知道自己如此的软弱，当我发现不敢爱了，那一刻，才懂，那一颗你指过的遥远星球，像我永远都到达不了的一个梦。——萧亚轩

有一种感觉总在失眠时才承认是“相思”；有一种缘分总在梦醒后才相信是“永恒”；有一种目光总在分手时才看见是“眷恋”；有一种心情总在离别后才明白是“失落”。

有一种路程叫万水千山，有一种情意叫海枯石烂。有一种约定叫天荒地老，有一种记忆叫刻骨铭心。有一种思念叫望穿秋水，有一种爱情叫至死不渝。有一种幸福叫天长地久，有一种拥有叫别无所求。有一种遥远叫天涯海角，有一种向往叫日日相守。有一种思念叫肝肠寸断，有一种感受叫有你真好！

佛祖说，前世五百次的回眸，换来今世的一次擦肩而过；前世五百次的擦肩而过，换来今世的一次相遇；前世五百次的相遇，换

来今世的一次相识；前世五百次的相识，换来今世的一次相知；前世五百次的相知，换来今世的一次相爱……算算，两个有缘人走到一起，上辈子得回眸过多少次，擦肩过多少次？

在乎一个人的时候：你会经常有事没事去查看他的QQ资料，甚至背得滚瓜烂熟；你会喜欢上听他所喜欢的歌，喜欢跟他在一起的感觉；你会把生活中一点点小事都告诉他，你会时不时在他面前耍些小性子然后再等他来哄你；你会因为他无意中对你的好而感到无比的甜蜜，甚至可以让你开心好几天。

爱就是要努力在一起，不要相信日韩肥皂剧中所谓的因为不能让彼此幸福而离开。是否想过，你们正是对方的幸福。爱不是逃避，是努力。不是逃避着给彼此幸福的责任，而是努力的实现让彼此幸福的义务。当你说离开是为了不让对方受到伤害的时候，你已经给对方造成了最大的伤害。

吃醋是因为我喜欢你，生气是因为我在乎你，发呆是因为我想你，伤心只是因为我不想失去你。是不是等我离开了，你才会感动？如果真的到了那一天，我还是希望你有一点点的难过，一点点的失落，一点点的想我，只要有一点点关于我的记忆就好，真的只要一点点就好。

如果有一天你想哭，打电话给我，我不会承诺能让你笑，但会陪你一起哭；如果有一天你想逃离，不要害怕，打电话给我，我不会承诺让你停下来，但我会和你一起跑；如果有一天你不想听任何人说话，打电话给我，我会一直很安静地陪伴你。但如果有一天你打给我，没有回应的话，请你立刻来见我，也许我需要你。

你知不知道，我用所有的勇气走近你，你的好与不好，我都在不断地发现，不停地接收，我心里能够装下的，全是和你有关的东西。你知不知道，我的气力已经为你耗尽，我没有多余的勇气，来作出离开的选择，我已经无法再去走近另一个人，然后去接触他的好与不好。哪怕被你伤害，我也知道，自己真正爱过一回。

以为蒙上了眼睛，就可以看不见这个世界；以为捂住了耳朵，就可以听不到所有的烦恼；以为脚步停了下来，心就可以不再远行；以为我需要的爱情，只是一个拥抱。过于执着的爱情总是让一个人变得傻笨，让自己看不清面前的世界。

当你爱上他（她）时会这样吗？在忙时，却把手机开着等他（她）的短信；喜欢和他（她）两个人单独漫步；在一起时，会假装不注意他（她），但当离开你的视线时，你会急着寻找；当他（她）和别人好时，你会感到不安；当他（她）笑时，你的嘴角会扬起一丝得意的笑。

也许爱情只是因为寂寞，需要找一个人来爱，即使没有任何结局，但自己坚持的幻觉，总让自己一痛再痛，渐渐变得自私，很多人不需要再见，因为只是路过而已，遗忘就是我们给彼此最好的纪念。一个人的一生可以有多少时间给另一个人，爱也许只是在一瞬间，这份爱，却也让人记忆了一辈子。

嫁的那个人不一定要会甜言蜜语，但一定要有好的脾气；嫁的那个人不一定要帅气多金，但一定要有聪明的头脑和上进心；嫁的那个人一定要霸道些，会对你说你是我的，我不许别人走近你；嫁的那个人一定会在过马路时牵你的手，对你说要跟我走；嫁的那个人一定会在你累时伸出手，心疼地说抱抱。

我不是因你而来到这个世界，却是因为你而更加眷恋这个世界！

如果能和你在一起，我会对这个世界满怀感激；如果不能和你在一起，我会默默地走开，却仍然不会失掉对这个世界的爱和感激。生命给了我们无尽的悲哀，也给了我们永远的答案。于是，安然一份放弃，固守一份超脱！

我爱你，不是因为你能带给我什么而爱你，而是因为爱你而准备接受你所带来的一切。真爱就是不指望你让我能在人前夸耀，但在我的内心深处有这样的把握：即使所有的人不与我为伍，你也会依然站在我身边。

我是女孩，希望有人疼爱，有人包容，有人让我撒娇，有人能陪在我身边，有人喜欢带我逛街，有人乐意带我去他去的场合，把我介绍给他的朋友；我是女孩，希望有人记得每天和我说晚安，有人记得我们过去的点滴，有人绝不把承诺作儿戏；我是女孩，希望有人惦记我，在我大哭时把我的头按在胸膛。

我想嫁给一个视我如宝贝的男人。他会宽容我的小毛病，体贴我的不周到，他能照顾我，他能溺爱我，仿佛我是他的小宠物。他能赶走我偶尔冒出来的坏情绪，他能抱着我睡觉，给我做枕头，让我永远有安全感。

一直在等一个人，一个懂得珍惜缘分的人，一个愿和我牵手相伴到老的人，一个跟我一样相信世间有真爱的人；一直在等一个人，一个关心我在意我的人，一个懂得包容体谅我的人，一个也许并不完美但懂得珍惜我的人；一直在等一个人，一个与我相亲相爱的人，一个我们相互都喜欢的人。

太爱一个人，你会太在乎他（她）跟谁在一起，心里是否有你；太爱一个人，你会刚说再见却又心生思念；太爱一个人，你会因为他（她）的温柔而满怀甜蜜，更会因为他（她）的冷漠而郁郁寡欢；太爱一个人，会无原则地忍受他（她），慢慢地他（她）习惯这种纵容，无视你为他（她）的付出，甚至会觉得你很烦。

她是谁：她在你买菜的时候总是说：你不会砍价，会买贵的，我去吧；她在你洗碗的时候总是说：你洗不干净我来吧；她在你苦苦奋斗不能陪伴时总是说：放心忙吧，保重身体；她在你生活失意的时候总是说：回来吧，家里大门永远为你敞开；她在你回家探望时总是说：什么都不要，一切都挺好的。

无论你想不想，愿意不愿意，又到了不得不说浪漫的日子。浪漫是什么？是娇艳的玫瑰？是别致的礼物？是甜蜜的情话？是，但不全是。如果两个人心心相印，即使什么事都不做，安静地待在一起也会感觉到浪漫。否则，即使把世界上最最浪漫的招数全使出来，也只不过是玩儿了一把浪漫而已。

有个懂你的人，是最大的幸福。这个人，不一定十全十美，但他能读懂你，能走进你的心灵深处，能看懂你心里的一切。最懂你的人，总是会一直的在你身边，默默守护你，心疼你，不让你受委屈。真正爱你的人不会说许多爱你的话，却会做很多爱你的事。

女孩子并不在乎你有没有钱，她在乎的是你会不会发奋努力改变现状；女孩子并不在乎与你生活一起会遇到困难，她在乎的是你会不会迎难而上，不逃避；女孩子并不在乎你有多浪漫，她在乎的是能不能从生活的点滴中感受到你的爱；女孩子并不在乎你现在的境况如何，她在乎的是你能不能让她看到你们的未来。

我爱你不是因为你是谁，而是因为我在你面前可以是谁。在感情的世界里，没有谁比谁更高尚，只有谁比谁更真实。如果不快乐请不要皱眉，要保持微笑，因为这个世界上会有个人将爱上你的笑容。对于世界而言，你是一个人；但是对于痴狂地爱着你的人而言，你是他的全世界。

我要有个人和我一起吃饭，只要开心，路边摊一样吃得很满足。我要下班时，有个人在门口等我，然后手牵手一起压马路。我要在我难过时给我个肩膀让我依偎，心里的难过会好很多。我要在我孤单时，有个人给我发短信，让我听你的声音。我要的只是一声乖，一句问候，一句别怕宝贝，我一会就去找你。

我爱你，不光因为你的样子，还因为，和你在一起时，我的样子。我爱你，不光因为你为我而做的事，还因为，为了你，我能做成的事。我爱你，因为你能唤出，我最真的那部分。我爱你，因为你穿越我心灵的旷野，如同阳光穿透水晶般容易。

——罗伊·克里夫特

没有永远的缘分，没有永远的生命，我们所能拥有的，可能只是平凡的一生。然而因为有你，生命便全然不同，不用誓言，不必承诺，我们只需依了爱缘，以目光为媒，印证三生石上的约定，便牵了手，不必紧握，却永不放松，以自已设计的爱的程式，去演绎一种经典的永恒。

我不要你的玫瑰，只要你和我一起种下一株玫瑰，让它和我们的爱情一起成长；我不要你的表白，我只要你和我一起回味那些共同走过的日子，让岁月告诉我们爱情的定义；我不要你的戒指，我只要你把我交给你的心好好保管，永远不要让它受到伤害。在这个情人节，让爱情成为你我共同的信仰！

无论我们现在拥有什么、拥有多少，总有一天我们会失去他

（她它）们，直到有一天失去一切：父亲母亲爱人甚至孩子，更不必说青春美貌金钱还有健康，不管是什么，不管你现在多么实实在在地拥有他（她它），但迟早有一天，你都会失去。不过即使如此，我们也得积极地生活。而且，正因如此，我们必须得珍惜当我们拥有的时候。

我不是你第一个牵手的人；不是你第一个拥抱的人；不是你第一个亲吻的人；不是你第一个拥有的人。可我希望我可以是你遇到痛苦第一个想倾诉的人；是你遇到快乐第一个想分享的人；是你遇到挫折第一个想依靠的人；是你今生以后第一个可以相伴的人。我真的可以是你心中某一个可以第一的人。

当一个男的真正喜欢你的时候，他会主动发信息或者打电话给你，因为他很想你。他会在乎你的一举一动，因为他怕他随时会失去你。他看到你心情不好，就会来安慰你，尽管你对他发脾气，他还是忍了。他会对你说些他的秘密，甚至有些连他最好的朋友也不知道的秘密。爱的最高境界是经得起平淡的流年。

爱，是一种责任，我不是碰不到更好的，而是因为已经有了你，我不想再碰到更好的。我不是不会对别人动心，而是因为已经有了你，我就觉得没必要再对其他人动心。我不是不会爱上别的人，而是我更加懂得珍惜你，能在一起不容易，即使你不是最好的，甚至不是最适合我的，但却是我最珍惜的。

如果我不在乎了，你说的任何话，做的任何事，都触动不了我的神经，你是走在我心门之外的无关之人；如果我不在乎了，伤痛就是一种麻木，伤害就是一种冷漠，再多的伤，我都会轻轻地对你说：没关系；如果我不在乎了，我可以尘封所有的回忆，想想以后的路怎么走。可是我做不到，我竟是那么的在乎你！

我想你了，可是我不能对你说，就像开满梨花的树上，永远不可能结出苹果。我想你了，可是我不能对你说，就像高挂天边的彩虹，永远无人能够触摸。我想你了，可是我不能对你说，就像火车的轨道，永远不会有轮船驶过。我想你了，可我真的不能对你说，怕只怕，说了，对你，也是一种折磨。

当你喜欢我时，我不喜欢你，当你爱上我时，我喜欢上你，当你离开我时，我却爱上你，是你走得太快，还是我跟不上你的脚步，我们错过了一切的惊险与不惊险，我们还要继续错过。我不了解我的寂寞来自何方，但我真的感到寂寞。你也寂寞，世界上每个人都寂寞，只是大家的寂寞都不同。

多少人在说，我会等你，等你回心转意的那一天；我会等你，等你愿意和我在一起的那一天；我会等你，等你离开那个人来到我身边的那一天；我会等你，等你……然而人们可曾知道，世上的爱情，没有几份真的经得起等待。

有一天你能到我的心里去，你会看到那里全是你给的伤悲。你不曾给我一次回眸，我却始终在对你微笑。宁愿笑着流泪也不哭着说后悔。我终生的等待，换不来你刹那的凝眸。你是我编造的童话故事中的王子，而我只是你生命里一个匆匆过客。我的选择是爱你或更爱你，你的选择是爱我或不爱我！

有一种痛叫舍不得，欲要拥有而又不能前进一步，欲要离开而又无法舍弃，生来多情而又无情，左右不得，徘徊不得，只能观望心痛无语，只能聆听心已远离。断根，断念，断不了爱。

有时候我们有些近视，忽略了离我们最真的情感；有时候我们有些远视，模糊了离我们最近的幸福。一辈子真的很短，远没有我们想象的那么长，永远真的没有多远。所以，对爱你的人好一点，对自己好一点，今天是你的枕畔人，明天可能成了陌路人。如果这辈子来不及好好相爱，就更不要指望下一辈子还能遇见。

我想每个人刚刚来到这个世界的时候，都是单纯而善良的。不是我们不能坚守最初的纯净和美好，只是更多时候没有任何掩饰和防护的我们，被伤害了，知道痛了，才发现原来不是所有的微笑都能够换得尊重和拥抱。于是我们学着去适应，或者说学着改变，变得不再单纯，变得学会伪装，变得不再是最初的自己。

我的痛，只有我自己懂。总是喜欢在如此孤独的夜里，翻起过去，那些被自己深埋心底的往事，得到的，拥有的，失去的，有种恍然如梦的感觉。一直都很明白，自己是不该沉迷于过去的。其实，我是害怕深夜的，会有一种无尽的寂寞袭向我；我却又喜欢深夜，因为只有周围漆黑一片，我和我的泪才是安全的。

没有人有耐心听你讲完自己的故事，因为每个人都有自己的话要说，没有人喜欢听你抱怨生活，因为每个人都有自己的苦痛，世人多半寂寞，这世界愿意倾听，习惯沉默的人，难得几个。我再也不想对别人提起自己的过往，那些挣扎在梦魇中的寂寞，荒芜，还是交给时间，慢慢淡漠。

不知道什么时候，自己变得这么伤感，总是不停地问自己，为什么我活得这么累，有时候无法面对这样的自己，每天重复着同样的生活，我常常一个人独自待在屋里，不知道什么时候，才能习惯一个人，是否自己已经变了，也许是时间变了，我一直以为自己是个很坚强的人，但其实我没有想象中的那么坚强吧。

一个人的漠然加上另一个人的苦衷，一个人的忠诚加上另一个人的欺骗，一个人的付出加上另一个人的掠夺，一个人的笃信加上另一个人的敷衍。爱情是一个人加上另一个人，可是，一加一却不等于二，就像你加上我，也并不等于我们。这种叫做爱的情啊……如果你忘了苏醒，那我宁愿先闭上双眼。

月朗星稀的夜晚，谁的忧伤在暗夜里独自徘徊？阳光明媚的午后，谁的叹息在窗台上空守寂寞？为了他，多少诗书才艺埋没岁月，化作一缕青烟；为了他，多少刻骨柔情葬在心底，化作一抔尘土。美玉蒙尘无人赏，兰草幽谷独自香。千年修行，廿载等待，却只换来两行清泪，一己悲欢。

去一个地方，想念一个地方，都是因为那里的人，而不是那里的风景，一个城市会跟自己联系起来，也是因为那里有和自己相同的人，有你放不下的人，很多时候，我喜欢了别人，她却不知道，更多时候，我伤害了别人，我却不知道。

爱之惑？爱之祸？如果一开始，你就不要出现在我的面前，那么，我也许就不会知道幸福的滋味……你何其残忍，把所有的爱满满地那么猝不及防地都给了我，告诉我，你永远喜欢我，永远不会离开我。让我错以为，我可以幸福得像个被宠溺的孩子，让我错以为，只要抱住你，就可以拥有整个世界。

听到哪句“对不起”最让你心碎？对不起，我们永远别见面了；对不起，我是为你好；对不起，我爱他（她）；对不起，我和你玩玩而已；对不起，我给不了你想要的；对不起，我不是要故意伤害你的；对不起，您的余额不足。

爱一个人是很苦的事，为什么我却不能停止付出；爱一个人是很累的事，为什么我却不能拒绝相思；爱一个人是很傻的事，为什么我却依然执迷不悟；爱一个人是很快的事，为什么我却还保留你的影子！

如果某个男人主动替你拎包，把你放在道路的里边走，主动为你拉椅子，不要因此而感激涕零。这只能说明他之前有无数个女朋友教过他这一点。而能让他记住的女人，永远是改变了他的那个女人，而不是你。所以，越是细节完美的男人，对女人而言越是挑战。

人生就是一个轮回，以自己的哭啼和别人的微笑开始，在自己的微笑和别人的哭泣中结束。有时候，爱情也会成为一个轮回：先将陌生人变成最亲密的人，再将最亲密的人变成陌生人；从甜言蜜语开始，在粗言恶语中结束。爱情如果从一开始就入错轨道，那么再怎么走也难以抵达幸福的彼岸。

这个世界上最真挚、最洁净、最让人心酸的情感就是暗恋。默默地关注一个人，静静地期盼可能永远也不会降临的感情，不想让对方知道，也不想对世人公布，在深邃月光下，看得见对方若隐若现的身影，却摸不到对方飘动的衣袂，闻得着对方身上淡淡的烟草味，却不去依偎对方温暖的胸怀，这是怎样的一种情感沧桑？

有一种感觉，总在失眠时才承认是相思；有一种缘分总在梦醒后才相信是永恒；有一种目光总在分手时才看见是眷恋；有一种心情总在离别后才明白是失落。在错的时间，遇见对的人，是一阵叹息；在错的时间，遇见错的人，是一段荒唐；在对的时间，遇见错的人，是一场心伤；在对的时间，遇见对的人，是一生幸福。

有些人一直没机会见，等有机会见了，却又犹豫了，相见不如不见。有些事一直没机会做，等有机会了，却不想再做了。有些话埋藏在心中好久，没机会说，等有机会说的时候，却说不出口了。

有些爱一直没机会爱，等有机会了，已经不爱了。人生有时候，总是很讽刺。一转身可能就是一世。

如果你心里有别人了，讲清楚，我退出；如果你对别人有感觉，讲清楚，我退出；如果你不想爱我了，讲清楚，我放弃；如果你心里还有我，请忘记别人，对我好一点；如果你觉得对不起我，而放弃去爱别人，这样的同情我不要；如果你从来就没爱过我，要么你滚，要么我滚！

爱是一种自由的抉择，相爱的人不是一定要在一起，而是选择在一起罢了。要别人爱你只有一个方法，就是做一个值得爱的人。唯有两个坚强而独立的人，才能建立美满的婚姻。爱是复杂的活动，不但要用心，还要用脑。

我们都希望自己的另一半温柔体贴。可是真的没有哪个男人生下来就懂得怎么照顾女人，多半的好男人，都是女人培养出来的。所以，当我们拥有一个好男人时，就应该知道我们所享受的，是前一个女孩的成果。那么容许你的男人，心里有一个影子，不要去嫉妒，也不要试着破坏，但是仅仅局限于影子而已。

如果不幸福，如果不快乐，那就放手吧；如果舍不得，如果放不下，那就痛苦吧。我现在才知道，不了解一个人，还可以爱他；我现在才了解，不爱一个人，还可以思念他；有些人不经意出现，意外的给你惊喜，曾以为他是你生命中的神，可以拯救心灵的干渴，其实错了，有些人注定只是人生里匆匆行走的过客。

好好爱一个人真的很难，你要牵挂他（她）的冷暖，担心他（她）的安危，关注他（她）的进退，在意他（她）的悲喜……所以，在你选择爱（她）之前，你想好了吗，无论多少祸福、荣辱，都要不离不弃；无论多少诱惑、陷阱，都要不偏不倚。

不要说，离开以后还会想念；不要说，分手以后还是朋友。离开一个地方，风景就不再属于你；错过一个人，那人便与你无关。落花本来有意，流水本也无情。转身的那一秒开始，我的幸福，便与你无关。

一句“我等你”，不知道需要多大的勇气。它远比“我爱你”三个字，更需要勇气。不是每个人你都愿意等待，也不是所有人都值得你去等待。一句“我等你”，包含了很多的无奈，心酸，苦涩。或许是爱不到，或许是不能爱，无论怎样，“我等你”这个承诺，远比“我爱你”更动听。可是有多少的爱情经得起等待？

如果有一天，你要离开我，我不会留你，我知道你有你的理由；如果有一天，你说还爱我，我会告诉你，其实我一直在等你；如果有一天，我们擦肩而过，我会停住脚步，凝视你远去的背影，告诉自己那个人我曾经爱过。或许人一生可以爱很多次，然而总有一个人可以让我们笑得最灿烂，哭得最透彻，想得最深切。

生命里会遇到什么人，是一种机缘巧合；会爱上什么人，是一种不由自主；会和什么人在一起，是一种你情我愿。没遇到那个他（她）之前，等待的过程也许是漫长的，但恰恰因此而可以从容地填充生命的色彩，静静地品尝充满期许的甜蜜。无论怎样，不要因为一时寂寞而去爱，以免因此而寂寞一生。

守护爱情，不要把它变成笼中的小鸟，而要让它成为春天的风筝，不论飞得多高，始终有一根线把彼此牢牢地联系在一起。爱情无需刻意去把握，越是想抓牢它，就越容易失去自我、失去原则和彼此之间应有的宽容和谅解。鸟儿在笼中会向往自由的天空，风筝飞累了，却想回到温暖的家。

如果因为异地恋就轻易分手了，千万不要把罪过怪在距离上，应该庆幸，离开了一个并不真正爱你的人，因为在爱的面前，距离真的什么也不是。所以，如果你的爱人也在遥远的地方，不要觉得寂寞，不要觉得委屈，要庆幸，你用寂寞和思念换来了一份真正的爱，那是别人求之不得的爱。

因为选择，才会错过；因为错过，才会失去；因为失去，才会珍惜；因为珍惜，才会得到；因为得到，才会选择……万事万物，循环如戏，不去刻意强求，终会有因有果。因为心中有爱，才能被人爱。爱，它是创造奇迹的力量源泉！即使没有回报，也能温暖净化我们的心灵！

聚散，好像都是命中注定的事：有些缘分，一开始就注定失去，有些缘分，永远都不会有好结果……当爱情已经消失，就放手吧，不必再苦苦强留，因为那只会加深彼此的痛苦！

有的东西你再喜欢也不会属于你的，有的东西你再留恋也注定要放弃的，爱是人生中一首永远也唱不完的歌。人一生中也许会经历许多种爱，但千万别让爱成为一种伤害。

我爱你，不在乎你是否高大帅气；我爱你，不在乎你是否有房有车；我爱你，只因你的真诚，你的平凡。从遇见你那天起，就认定了你是能够守护我一生的那个人，只要有你在身边，其他什么东西都已不再重要。有些人，总能让我们笑得最灿烂，哭得最彻底。有些人，你说不出哪里好，但就是谁都替代不了。

叶子的离开，不是风的追求，也不是树的挽留，而是命运的安排，自然的选择；该来的会来，该走的会走，有时候离开并不意味着结束，而是另一种开始！

如果能够不爱你，那该多好，我就没有相思的苦，没有守望的累；如果能够不爱你，那该多好，失去你，我怕迷失自己，得到你，我更怕你哪天悄然地离去；如果能够不爱你，那该多好，我就不会有醋意，不会嫉妒你身边的花红柳绿。纵使不爱你有多么的好，我还是毅然决然地爱上你，没有你，再好又有什么意义。

如果你不能对我好一辈子，请你不要对我好，哪怕只是一秒钟；如果你不能骗我一辈子，请你不要骗我，哪怕只是一个字；如果你不能爱我一辈子，请你不要爱我，哪怕只是一瞬间。很多东西，是可遇而不可求的；很多东西，只能拥有一次；很多东西，是我们永远无法明白的。

在一回首间，才忽然发现，原来，我的一生的种种努力，不过只是为了周遭的人都对我满意而已。为了要博得他人的称许与微笑，我战战兢兢地将自己套入所有的模式，所有的桎梏。走到中途，才忽然发现，我只剩下一副模糊的面目，和一条不能回头的路。

明明很想哭，却还在笑；明明很在乎，却装作无所谓；明明很痛苦，却偏偏说自己很幸福；明明忘不掉，却说已经忘了；明明很脆弱，却装作很坚强；明明说的是违心的假话，却说那是自己的真心话；明明已经无法挽回，却依然执着；明明知道说这样的话会受害，却忍着疼轻松说出。

一生至少该有一次，为了某个人而忘了自己，不求有结果，不求同行，不求曾经拥有，甚至不求你爱我。只求在我最美的年华里，遇到你。

喜欢自己，因为你是今生的唯一；善待自己，你将获得对自己的认同和理解；只有爱自己才能更好地给予他人，让别人喜欢自己！

爱，就大声说出来，因为你永远都不知道：明天和意外，哪个会先来；爱，就大声说出来，如果只是把爱藏在心中，时间长了，也会发霉腐败；爱，就大声说出来，人生，就要一吐为快，闷在心中的爱将把自己毁坏；爱，就大声说出来，哪怕这世界从头再来！

在你最美丽的时候，你遇见了谁？在你深爱一个人的时候，谁又陪在你身边？爱情到底给了你多少时间，去相遇与分离，去选择与后悔？谁是谁生命中的过客，谁是谁生命的转轮？

有些人会一直刻在记忆里的，即使忘记了他的声音，忘记了他的笑容，忘记了他的脸，但是每当想起他时的那种感受，是永远都不会改变的。

开始的开始，我为你而执着，因为我爱你。最后的最后，我为你而哭泣，因为我失去了你。只留下中间的中间，我们一起快乐一起幸福，宁愿笑着流泪，也不哭着说后悔，不再因为伤心而哭泣，只会因为感动而流泪。

那一年她爱上了他，她是一个优雅而漂亮的女人，而他是个一无所有且懒惰的男人。朋友都不看好他们，父母也说她这是用自己的幸福在赌。交往后，他像变了个人似的奋发上进，若干年后他有了自己的事业和魅力，她问：你当年怎么会突然像变了个人一样？他回答：你用一生的幸福做赌注，我怎么舍得让你输。

男人对女人的伤害，不一定是他爱上了别人，而是他在她有所期待的时候让她失望，在她脆弱的时候没有扶她一把。

遇到你真正爱的人时：要努力争取和他相伴一生的机会。因为当他离去时，一切都来不及了；遇到可相信的朋友时：要好好和他相处下去。因为在人的一生中，遇到知己真的不易；遇到曾经爱过的人时：记得微笑着向他感激，因为他是让你更懂爱的人。

活得优雅些：也许你的生活并不富裕；也许你的工作不够好；也许你正处在困境中；也许你被情所弃。不论什么原因，请你在出门时，一定要把自己打扮得清清爽爽，漂漂亮亮，昂起头，挺起胸，面带微笑，从容自若地面对生活。只要你自己真正撑起来了，别人无论如何是压不垮你的，内心的强大才是真正的强大。

男孩总会说女孩无理取闹，说女孩没事找事，说女孩不讲道理，说女孩不可理喻。为什么不去想想，她在对待别人的时候，为什么不是这样的态度？如果有一天，她不再对你撒娇，她不再对你任性，她不再缠着你，跟你要这个要那个，她不再因为你的任何事情微笑或者皱眉。那么，你就永远的失去她了！

如果你爱她，请你多陪她；如果你爱她，请你多宠她；如果你爱她，请你多让她；如果你爱她，请你去听听她内心的呐喊，在她柔弱的时候请你拥抱她。只要你爱她，没有什么是你接受不了的；只要你爱她，就爱她的一切。即使是她所有的小性子，所有的坏脾气，所有的臭毛病，在你眼里，都是在向你撒娇。

四　婚姻

男大当婚，女大当嫁。婚姻是人生重要的组成部分，追求婚姻的幸福美满，是年轻男女共同的生活理想之一。每对新婚男女，都期盼着白头偕老、百年好合，然而，离婚率越来越高的现实，与结婚时美好的祝愿形成了鲜明的对比。这是为什么呢？婚姻的本质和内涵究竟是什么，实现婚姻幸福美满的原则、途径和方法又是什么呢？

(一) 婚姻的解读（是什么?）

结婚就其实质而言，既有避风港的一面，同时，它又是一个自我磨炼的沙场。

——国分康孝

没有冲突的婚姻，几乎同没有危机的国家一样难以想象。

——莫鲁瓦

婚姻是两个人精神的结合，目的就是要共同克服人世间的一切艰难、困苦。

——高尔基

婚姻的定义是“终生分享命运”，夫妻叫做命运的分享者。

——维柯

家庭关系建立在婚姻之上，婚姻则植根于两性间天然的相辅相成或互相联系之上。

——康德

婚姻是一本书，第一章写下诗篇，其余则是平淡的散文。

——巴法利·尼克斯

幸福婚姻的前提是：各自努力去满足对方的需要。但是完全满足是不可能的，因此也应该学会明智地承认现实。 ——奥斯本

婚姻最坚韧的纽带不是孩子，不是金钱，而是精神上的共同成长。爱情有时候也是一种义气。 ——杨澜

一桩完美的婚姻，存在于瞎眼妻子和耳聋丈夫之间。

——蒙台涅

世上没有完美的人，却可以有完美的结合。家是女人的梦，女人是男人的梦，能将梦转化为现实的夫妻，才能长久。而在现实中偶尔还能一梦的夫妻就是快乐的神仙眷侣了。 ——蒋子龙

美满的婚姻就好比一笔异常丰厚的退休金：盛年时，你将一切所得放入其中，经年累月，它便会从白银变成黄金，再从黄金变成白金。

——杜威

婚姻是一座桥，相依相拥走上桥头时是青年；手牵着手走在桥上时是中年；相互搀扶走下桥时是老年。

婚姻是一项投资：恋爱相当于注册资金，结婚证相当于营业执照，婚礼相当于开业典礼。至于收益如何，那要看甲乙双方的合作情形了。

婚姻是一个紧箍咒，当一个人和另外一个人走入婚姻，实际上就是自觉自愿地给自己戴上了一个紧箍咒。婚姻其实不是给对方承

诺，也不是约束别人，而是约束自己。只有能够约束自己，才会更好地爱别人，才能够经受住各种诱惑和挑战。如果没有约束自己的勇气和毅力，那么婚姻只不过是一个空壳。

婚姻是一道菜肴：丈夫喜欢吃咸的，于是只管往里面放盐，妻子喜欢吃甜的，于是只管往里边放糖，如此这般，当这道菜出锅后，他们谁也没法吃了。

爱情是花，婚姻是果实。花总是美丽的，果实却不一定都是美好的。

婚姻是一局围棋：双方的段位越近，棋局商讨的时光就越长。这种段位包括了学识、修养、性情乃至出生等因素。

婚姻是一款果品，有的婚姻像橘子，剥开哪一瓣都是甜的；有的婚姻像椰子，挺大的壳，原来里边没有多大甜头。

婚姻是一道方程式，这是一道幸福和痛苦组成的一元二次方程。最理想的得数是幸福大于痛苦，最糟糕的得数是痛苦大于幸福，最普遍的得数是幸福等于痛苦。

婚姻是一面放大镜，既会放大我们的优点，也会毫不留情地放大我们的缺点。因为婚姻是那样的赤裸和无所顾忌，所有的遮挡和礼貌，都会在长久的厮磨中褪色，露出天性粗糙的本色。

婚姻是一座建筑：以恋爱为材料的婚姻是一幢美丽的别墅，以金钱为材料的婚姻是一间用钞票砌成的纸房子，经不起风吹雨打。

婚姻是一部机器，故障在所难免，离不开日常的调适和维护。

婚姻是一间病房，一方精心护理着另一方，另一方怜爱和心疼着对方。

婚姻是一件瓷器，做好它很费事，打破它很简单，而收拾起那些碎片又很麻烦。因此，我们应该牢记包装箱上常有的那种提示："轻拿轻放，切勿倒置。"

婚姻不是1+1=2，而是0.5+0.5=1。即，两人各削去一半自己的个性和缺点，然后凑合在一起才完整。如果没有相互的忍让和包容，那么最终两个人很难成为一体而各分东西。

如果说婚姻是一间屋子，那么爱就是屋子里的那扇窗户。我们待在屋子里，是因为有扇爱的窗户让我们依恋，透过这扇窗户，我们看到了光明与美好，感受到幸福与快乐。而限制爱人的自由，无异于在窗户玻璃上抹上一层黑漆，对方感受到的只是黑暗和牢笼，这样的婚姻又怎么能够长久呢？

婚姻就像一枚新鲜的鸡蛋，看着挺结实，实际上却经不起折腾。"离婚"这两个字，就像国际关系中大国与大国之间的核威慑，仅仅是一种战略上的威慑，说说而已，当不得真，也绝不能当真。所以，为了保护来之不易的"鸡蛋"，婚姻关系中的男女双方尽可能不要使用"核威慑"。

婚姻其实就是一件精美的瓷器，看着挺牢靠的，实则一点儿也不经摔。一旦摔破了，再想复原就难了。人生本没有多少回头路可走，婚姻也不例外。如果你把婚姻当宝贝，那就用心呵护，精心保养，千万不要摔着它！

爱情之所以甜美，在于双方优点与优点的融会；婚后之所以痛苦，在于双方缺点与缺点的碰撞；婚姻之所以不幸，在于双方要求的太多而能满足的却又太少；婚姻之所以持久，在于双方都学会了理解与宽容；婚姻之所以折磨人，在于双方的冲突进入了冷战期。

爱情永远比婚姻圣洁，婚姻永远比爱情实惠。爱情的悲剧源于挑剔；婚姻的完美在于宽容。恋爱需要的是竞争能力，婚姻需要的是管理能力。婚姻就像打牌，但重新洗牌的婚姻要付出巨大代价。

当情感和婚姻逐渐稳定下来，当往日的热情逐渐归于平淡，诱惑就会像伪装得十分完美的陷阱一样，埋伏在我们周围。每天，每夜，诱惑如影随形，无处不在，无时不在。这时候，定力就显得尤为重要。坚定自己对爱的信念，牢记曾经许下的诺言，心无旁骛，诱惑就不再成其为诱惑。

伴侣不是结婚时发誓非你不娶或非你不嫁的那个人，而是发现你身上有许多缺点仍然选择你的那个人；伴侣不是天黑了和你一起手挽手走进饭店的那个人，而是守在门口巴望你回来共进晚餐的那个人；伴侣不是和你大谈爱情，把“我爱你”挂在嘴边的那个人，而是和你平淡地唠叨柴米油盐、锅碗瓢盆的那个人。伴侣是几十年的积淀，是一份默契、一份温情、一份平淡、一份理解、一份宽容。

比较而言，独身是自由的，婚姻是不自由的。放弃自由应该是为了爱，如果没有爱，为什么要放弃自由呢?

夫妻俩过日子要像一双筷子：一是谁也离不开谁；二是什么酸甜苦辣都能在一起尝。

七画是“男”，三画是“女”，“七”加“三”才是十全十美。于是，男人拿走七分权利，女人只有三分的反抗！体力上男人是七，女人是三。但耐力上女人是七，男人是三。所以面对情敌，男人们通常都是短兵相接，武力解决；女人则更喜欢明争暗斗的拉锯战！

夫妻之间的物质生活水平，通常是由收入较高的一方来决定；夫妇之间的精神生活水平，往往是由素质较低的一方来决定。一个女人能有多美，通常是由与她相伴的男人来决定；一个男人能走多远，往往是由与他相随的女人来决定。

当伴侣之间开始据理力争时，家里便开始布上阴影。两人都会不自觉地各抱一堆面目全非的歪理，敌视对方，伤害对方，最后只能两败俱伤，难以收拾。多少夫妻，为了表面的一个理，落得负心无情。他们不知道，家不是讲理的地方，也不是算账的地方。家是一个讲爱的地方。

一个人一辈子，总要悲一阵子，喜一阵子，聚一阵子，散一阵子，青春一阵子，美丽一阵子，沧桑一阵子，深沉一阵子，幼稚一阵子，成熟一阵子，烦恼一阵子，艰辛一阵子，痛苦一阵子，幸福一阵子。不管哪一阵子，别忘了不论你再丑再穷，总会有一个不嫌弃你的人，陪着你不是一阵子，而是一辈子。

婚姻别称：1 年纸婚，2 年棉婚，3 年皮革婚，4 年水果婚，5 年木婚，6 年铁婚，7 年铜婚，8 年陶婚，9 年柳婚，10 年铝婚，11 年钢婚，12 年丝婚，13 年丝带婚，14 年象牙婚，15 年水晶婚，20 年瓷婚，25 年银婚，30 年珍珠婚，35 年珊瑚婚，40 年红宝石婚，45 年蓝宝石婚，50 年金婚，55 年绿宝石婚，60 年钻石婚，70 年白金婚。

婚姻当然可以成为某些人一跃龙门的“跳板”，不过，也许这些人永远搞不明白的是：他本来想跳上天堂，怎么却落进了地狱。

就婚姻而言，婚姻往往并不是像人想象的那么好，离婚则常常比人想象的还要糟。

爱情是把两个人拴在一起，婚姻是把一群人拴在一起。

婚姻的任务是一起制造烦恼，又一起研究和解决烦恼。

有人说："婚姻是爱情的坟墓。"也有人说："如果没有婚姻，爱情将死无葬身之地。"其实，婚姻虽不是爱情的唯一归宿，却也是最好的归宿。走入婚姻的爱情，日积月累，会发生一些微妙的化学反应，有的爱情分子逐渐转化为友情，有的逐渐转化为亲情，有的深入骨髓，变成了支撑生命的钙！

在婚恋的世界里，许多男人以为婚姻就是娶一个女人，而忽略了还要娶过来女人自身的追求，以及女人身后的背景。许多女人以为婚姻就是嫁一个男人，而不知道还要嫁给这个男人的习惯和性格，以及这个男人背后的家族。

家，是生命开始和结束的地方，是躯体和灵魂栖息的地方。无论外面多大的风浪，家永远是最安全的避风港；无论你遭受怎样的挫折和失败，家永远都会接纳你；无论你飞多高、走多远，家永远牵动着你最敏感的神经；无论你有过多少次逃离她的想法，家永远都不会抛弃你。有家的感觉，真好！回家的感觉，真好！

（二）婚姻的经营（如何做?）

婚姻的持久靠的是两颗心，而不是双方的肉体。——绪儒斯

夫妻之间是否应该有个人隐私？我的看法是：应该有，应该尊

重对方的隐私权；不应有太多事实上的隐私。——周国平

要想美好地度过一生，就只有两个人结合，因为半个球是无法滚动的，所以每个成年人的重要任务，就是找到和自己相配的一半。

——马克思

在婚姻生活中，若要爱情持续不断，需要使它小说化。换句话说，就是要使当初的哀艳动人的情节，加上了血和肉。

——夏尔顿奴

生活中做好“三碗面”，烹出幸福美满婚姻。第一碗面是“脸面”。也就是通常说的面子。夫妻的矛盾再大，也要牢记顾及对方的面子。第二碗面是“情面”。就是要适时地表露自己的情感。感情也是有付出才有收获的。第三碗面是“门面”。要经常注意对方的衣着打扮，营造活泼舒适的家庭氛围。

五类女人婚后最幸福：一是“装傻”的睿智女人，她的宽容会令男人有安全感；二是独立的女人，保持经济上和精神上的独立；三是疼爱自己的女人，说到底男人的变心是女人给惯出来的；四是会持家的女人，学会持家才是保持家庭幸福的长久之道；五是保持自我的女人，有独立的心灵空间和私人空间。

夫妻吵架的学问：一是就事论事，莫翻前账，勿涉家人。二是莫图一时痛快说伤人格的话。三是把自己不爽的真实原因清楚表达，别让人猜。四是再生气，对方的话也请听清楚，发泄加了解才是吵架。五是得有人先闭嘴。六是第二天得有人给台阶，给台阶就下。七是吵架或许不是坏事，但不会吵架就坏事了。

教你如何好好爱一个人：一是爱他就勇敢告诉他；二是不爱他

了以最直接的方式告诉他；三是已经相爱，就对彼此信任；四是在朋友前给他十足的地位；五是在他游戏时，不要去关他的电脑；六是他情绪低落时，安静陪在身边；七是出门应酬时不要问他为什么不带上你；八是他任性时不要大吼大叫，陪他一起疯；九是在他知错的时候给他台阶下。

和谐家庭十条吵架公约：一要热吵不要冷战；二要文斗不要武斗；三要就事论事不翻账；四要严禁在公共场合、家人、孩子、朋友面前吵架；五要使用文明语言；六要当天的气当天解；七要在吵架时不提分手；八要双方轮流道歉；九要男方迁就女方；十要女方体谅男方。

婚姻是需要经营一辈子的事业：婚姻的美丽是需要付出智慧和坚定、积极的态度才能得到的。这世间没有哪对夫妻之间的婚姻完美如诗。只是他们不会轻易放开另一个人的手，而是把放弃的想法转化为面对和解决问题的决心，把婚姻当成了一辈子的事业来用心经营。

婚姻的难处在于我们是和对方的优点谈恋爱，却要和对方的缺点生活在一起。所以，聪明的男人说一半，留一半，而聪明的女人睁一只眼，闭一只眼！

改变不良习惯，要比培养良好习惯更难。“勿以恶小而为之，勿以善小而不为。”不要放纵自己走错第一步，否则就可能走错第二步、第三步……直至形成不良习惯。不良习惯一旦形成，要改变它就会比较困难。一定要约束自己的思想，抑制自己的欲望，控制自己的言行，让不良习惯没有生长的土壤。

在婚姻里，把婚姻当做囚笼，来干涉爱人的自由，反倒会令他

（她）感到窒息，离你越来越远。聪明的人都喜欢鼓励爱人去保持适当的自由，这不仅是对爱人的信任与尊重，更是对自己魅力的坚信不疑。

如果你和他已经决定步入婚姻殿堂，那就再不要拿这个你自己挑选共度一生的人再去和任何人比较。因为人外有人，天外有天，但是这个枕边人才是你最亲的至爱，是最适合你的那个人。你嫁给了他，就要一直用欣赏的眼光去看他，用感激的心态去和他生活。心怀感激，幸福才会一直留在你身边。

如果你想被别人爱，就首先必须使自己值得爱。婚姻尽管是爱情的坟墓，但婚姻也是爱情的归宿。男性喜欢的是女性的诱惑，而不是让人恼火的女人。获取爱情的办法可以很随便，但保持有爱情的婚姻却需要智慧。

面对不幸的婚姻，我们首先要做的事是放弃战争，当然也不奢求马上回归甜蜜，而是要彼此静下心来好好想一想。没有思考就没有行动，也就不可能找到解决具体问题的钥匙，因为自己想要的东西和婚姻的细节永远只有自己最清楚，解决问题的钥匙最终是握在自己手中的。

50%的婚姻以失败告终的原因：忽视了双方的天然需求，男人天生需要尊重，女人天生需要爱，如果忽视了这一点，夫妻双方就会陷入相互抱怨、猜忌、指责、争吵的“疯狂怪圈”；而一旦明白并满足对方的天然需求，就能读懂对方的编码信息，进入夫爱妇敬的“活力圈”。

许多人理想的婚姻是自己在家里可以随心所欲，想说什么就说什么，想做什么就做什么。对方既然爱我，就应该包容我的一切。

我既然把对方当做自己人，也就不用和他见外。但家是两个人组成的，自己的放纵，意味着对方的压抑。只有双方都懂得适当克制自己，家庭的持久和平才会有希望。

要使婚姻幸福，必须做到坦诚相处、经常交流、尊重对方的个性特征和学会忍耐。

婚姻中，女人管老公有三重境界：低级境界是“管”，只能管得了一时，管得了一事，却管不了一辈子；中级境界是“抓”，抓住了胃，抓住了心，就抓住了人；高级境界则是“放”，不用管，也不用抓，让男人心甘情愿臣服在你的裙下。聪明的女人要对爱情做到收放自如，才能收获满满的幸福。

夫妻五定律：一是炒菜定律，经常炒菜的是妻子，炒菜好吃的是丈夫。二是说话定律，夫妻之间，谁说的话越多，谁的话就越没分量。三是吵架定律，夫妻越是毫无原因的吵架，吵得越凶。四是距离定律，有时候夫妻之间的距离越远，情感距离越近。五是劝说定律，夫妻之间一旦发生矛盾，出面劝说的人越多，矛盾越不容易解决。

幸福的婚姻，有五个长线项目是必须培育：一是共同的事业；二是相互的理解；三是共同的子女；四是共同的家庭认可；五是共同的社会认可。

婚姻的艺术在于：不要期望丈夫是戴着光环的神，妻子是飞翔的天使；不要要求对方十全十美，而要培养韧性、耐性、理解和幽默感。

夫妻应该像左右手一样。左手提东西累了，不用开口，右手就会接过来；右手受了伤，也不用呼喊和请求，左手就会伸过去。婚姻需要这样的体贴、默契、支持与关爱！

婚姻建立在信任和宽容的基础上，更多的是给予双方更多的理解。女人单方面一味付出，而男人从来没有努力，这样的男人还是得好好考虑清楚。每天花言巧语，这些对于女人来说已经不再重要。更多的是希望对方把自己放在心里，为对方着想。为她付出后不提，女人是天生的直觉敏感者，她一定可以感受到的。

这个世界上，总有个人，他治得了你。只要看到他，你的坏脾气自然收敛起来；只要看到他，你的沮丧会消失得无影无踪。跟他一起，你才发现自己从没这么温柔过；跟他一起，你会努力表现得聪明些。爱上了他，你有点怕他；爱上了他，你开始相信命运；是否前世你欠了他什么？谁知道，反正他治得了你。

五 男人

人类由男人和女人组成，男人和女人不同，除生理有不同外，心理也不同。男人自然有男人的特点，从不同角度和层面看，男人的特点是十分丰富的。男人是太阳，男人是天空，男人是山……那么男性的特点是什么呢？男性需要哪些智慧呢？

（一）男人的特性（像什么?）

男人的真正成熟，要经历三个阶段：第一个阶段是恋爱，学会怎样去爱一个人，做一个称职的恋人；第二个阶段是结婚，学会怎样去呵护爱情，做一个称职的丈夫；第三个阶段是当父亲，学会怎样去履行对家庭的责任，做一个称职的父亲和称职的儿子。

激发男人自尊心的四种表扬法：一是用充满意外的言语来表扬他；二是把他和他所崇拜的人放在一起比较；三是传达别人的赞扬之词；四是在男人遇到失败的时候也不要忘记称赞话语。

魅力男人的七大表现：一是工作起来专注专业，让人着迷；二是娱乐起来玩得很开，偶尔可以发发疯；三是对待家人有担当，负起自己应负的责；四是对待朋友豪爽大气，不扭捏不耍心眼；五是对生活永远充满激情，可以切换不同状态；六是办事利索高效，做人简单坦诚；七是人生目标坚定明确，生涯规划清晰合理。

男人最不该做的七件事：一是没有目标（不知道自己该干吗，混日子）；二是浪费时间（比如游戏或者滥情）；三是不独立（等着别人来搭救）；四是被动的活着（别人说什么就做什么，要么就什么也不做）；五是不规划自己的人生；六是不学习吸收信息；七是不接受爱情。

男人看女人的八个心理错觉：一是女人比男人更实际；二是女人比男人爱怀旧；三是女人比男人易冲动；四是女人比男人有欲望；五是女人比男人喜欢甜言蜜语；六是女人比男人欣赏谎言；七是女人比男人重视金钱；八是女人比男人看重容貌。

男人做饭的八大好处：一是利于男人在外人面前树立自己成功男人的高大形象；二是利于男人的心理健康；三是利于男人培养严肃认真的工作态度；四是利于男人的身体健康；五是利于维护男人的户主地位；六是利于男人远离不良嗜好；七是利于男人树立战胜各种困难的信心；八是利于家庭和睦。

八类男人不容易出轨：事业心很强的男人；有特殊业余爱好的男人；懂得感恩的男人；怀旧的男人；和妻子患难与共的男人；找到一个自己最喜欢的妻子的男人；需要妻子智慧和背景的男人；和妻子有共同爱好的男人。

男人深爱女人的九种表现：一是在你难过时，他会不安；二是你高兴时，他很高兴；三是他常给你买东西，却舍不得给自己买；四是他一般会顺你的意；五是他很照顾你的家人；六是他有时也生气，但不吵架，过后会及时交流；七是他很注重你的感受；八是他在亲朋好友面前总夸奖你；九是他为人坦诚，对你几乎不会撒谎。

男人十大劲敌：一是贪色，不晓得沉迷酒色会毁灭理想；二是贪利，利欲熏心无孔不入会招来大祸；三是冲动，忘记冲动是魔鬼，致使做错事情无法回头；四是虚伪，不懂得真诚是交往的利器；五是狭隘，不知心胸、学识与视野成正比；六是傲慢，不顾及傲慢伤他人；七是懒散，不懂得天道酬勤；八是邋遢，不晓得精致有干练之美；九是自我，误读自己，自以为是；十是偏执，不知道剑走偏锋常害人误己。

最吸引女人的十种极品男人：一是经历过风雨的男人；二是有着神秘感的男人；三是温柔细心的大男人；四是事业至上的男人；五是固执豪气的男人；六是富裕的好男人；七是浪漫理智的男人；八是儒雅又霸气的男人；九是青春阳光的男人；十是敢于挑战极限的男人。

男人吸引女人的十个特质：真实；深刻；胸怀；敢为；风度；机灵；幽默；进取；浪漫；冒险。

男人如茶：10 岁的男孩是柠檬茶，回味甘甜；20 岁的男人是花茶，气色清香；30 岁的男人是碧螺春茶，去除了浮躁又保持了香味；40 岁的男人是西湖龙井茶，完美而高贵；50 岁的男人是乌龙茶，不需过分显露，真情自然涌出；60 岁的男人是祁门红茶，滋味浓厚；70 岁的男人是银针白毫茶，勾勒风华。

男人如酒，底蕴越深，酒味越醇，做工越精，品质越贵。男人如酒，味醇香，意深厚，情浓烈，谊长久。男人如酒，不喝一口，就不能理解他的情怀；没有醉过，感情还没有掏心窝。酒本无情，喝者有意，既能让你醉几分，也能让你沉迷，让你伤神，让你回味，让你陶醉。

男人如书：英俊的男人犹如一本精装的书籍，封面典雅，装帧精美。无论其正文内容如何，却能够抓住读者的第一视线；待到仔细翻阅时，或大呼上当或心悦诚服，但翻阅的那一刻，心情总是美滋滋的。高深的男人犹如一本《辞海》，厚重而望而生畏，想一阅，必得掂一下自己的斤两，能否与之匹配。多情的男人犹如一部通俗小说，趣味不高，格调不低，只供消遣，不须当真；若是通俗不庸俗，风流不下流，尚可登得雅堂，否则，只有流入地摊了。平凡的男人就像一本《新华字典》，浅显易懂，随手可翻，从小到老定可一生相伴。未婚的男人若随笔散文，轻松随意，读来朗朗上口，形散意也散。已婚的男人犹如一本借来的书，越读越精彩，却突然被告知，借期已到。

男人好比风筝，无论飞多高，总有一根线握在女人手中。聪明的女人总是懂得保持一段合适的距离，远了拽拽，紧了松松；愚蠢的男人总是想挣脱那根线，下场是越飞越远，直到有一天遍体鳞伤再也飞不动时，无人问津。

男人或多或少都有点脾气，尤其是有点本事的男人。男人如若没有一点脾气，永远只是唯唯诺诺，难免让人觉得有些“娘娘腔”，缺少阳刚之气。但如果乱发脾气，那就是性格或者素质问题了。某种情况下，男人的脾气就是骨气，没了这点脾气，未免活得太窝囊。无论男人还是女人，都应该明白这一点。

男人的心理相对于女人来说，要脆弱得多，但是社会赋予男人的定义，却又让男人不得不承受超出他心理承受能力的极限，而且又只能在默默地承受与忍耐中，隐藏起自己对家庭的依赖、对关爱的期待。而男人的心理需要，却很少会有人去关心。如果你是一个明智的女人，那么，不妨试着去关怀男人，那么你将会有一份意外的收获。

男人的痛苦往往只有他自己知道；离异的男人通常不会独身太久；男人和女人一样怕受伤害，只不过男人把悲伤隐藏得更深。

人们普遍认为女人更脆弱，然而女生失恋或失去配偶后重新振作起来的速度也远远快于男人。男人对于另一半的态度常常是我不需要你，没有你我也一样过。然而事实上，他们是为了掩饰内心深处对对方的依赖。“没有她，我觉得很难过，这实在太丢人了！”男人就是这样想的。

再强悍的军队，也有软弱的地方；再坚强的男人，也有柔弱的一刻。这一刻，男人不祈求女人的怜悯，也不需要女人的施舍，只希望得到女人的理解。理解男人的苦和累，体味男人的悲与欢，把男人当做一个正常的“人”，而不是“超人”来看待。当太阳从东方升起，男人又将披挂上阵，为彼此的幸福征战天下。

男人，从出生的那一天起，就注定这辈子要艰难的跋涉。因为他要承受的是“男人”这重若千斤的称呼。身为男子汉，一生背负的是对生命的承诺和责任。你可以做不到胸怀天下，但至少要有一份宽容，举重若轻，大道而行；你可以做不到志在千里，但至少要有一种信念，光明磊落，正道而行。

男性将男性病视为隐私，无法跟他人倾诉，得不到相应的安慰，有的不仅得不到妻子的理解，甚至还会被误解和怀疑。因此，要让治疗男性病正常化、普及化，就目前的情况，首先要医治男人的心理，并给予患病男性足够的关怀，从而使其正视疾病积极治疗，早日摆脱男性病的困扰。

男人小时候都有过当英雄的想法，长大后少数人成了英雄，剩下的都成了英雄的崇拜者。

深刻的男人，往往喜欢用眼睛和沉默来表达；浅薄的男人，往往喜欢用嘴和手来表达。

男人抵御美色比抵御一头猛兽还困难；常在女人面前要小聪明的男人不会有多大出息；生活中，真正潇洒的男人并不多，故作潇洒的男人却不少。

男人喜欢会听的女人胜过喜欢会说的女人；男人欣赏女人的个性，却不能容忍女人的个性；男人只有在真正爱上一个女人而得不到时，才会有真正的痛苦。

男人都有英雄情结，所以很容易爱上向他诉苦的女人；都想当猎人，捕获她以后就想把她驯化成宠物；都希望妻子做家务时像仆人，谈情说爱时像情妇，出门时像贵妇。

男人都喜欢会撒娇的女人，都有向女人倾诉的潜在欲望。男人都梦想拥有一个理解自己的红颜知己；男人都不太可能一辈子只喜欢一个女人，但可以做到只爱一个女人。

男人追女人的时候愿意割舍一切自由，追到了以后，却梦想重获自由；男人对妻子在外形上的要求可以比恋人低，但在性格上却要求更高。

如果一个男人醉得一塌糊涂，言语含混不清地打电话给你，请你珍惜，因为这说明他想念你；如果一个男人在某个特殊的日子里，发一条莫名其妙的短信给你，也请你珍惜，因为这说明他在乎你。男人有时候就是个孩子，既需要女性之爱，也需要母性之爱。

一个人最难得的就是贯穿于一生的品质与品格，永远不会褪色。你十八岁是一条好汉，到了八十岁还是一条好汉，那才是真正的男人。

有这样一种男人：有开心得意的事情，他会迫不及待地向女人炫耀；有郁闷纠结的事情，他会独自找朋友去喝酒唱歌；有痛苦难受的事情，他会轻描淡写地跟女人说。有时候，他是家中的王，希望女人对他百依百顺、言听计从；有时候，他是调皮的孩子，搞一些恶作剧，故意惹女人生气，然后让女人破涕为笑。

心理学教您如何看人：男人的品位，看他的鞋子；女人的内涵，看她的走姿；一个人的心术，看他的眼神；一个人的身价，看他的对手；一个人的底牌，看他的好友；一个人的胸襟，看他如何面对失败；两个人的关系，看发生意外时，另一方的紧张程度。

男性发怒的原因常常是由于权利受到威胁，比如想做某事却被禁止；而女性则是因为别人的行为不符合自己的意愿，尤其是感到被拒绝、被忽视和嫉妒时。心理专家认为，女性常常希望某人或某事有所改变，但自己却无能为力，又看不到出路，于是发怒。

如果你发现，男人在你面前突然变得话多起来，即使你不说话，他们也主动打开话匣子给你讲讲他们小时候的故事，别怀疑，这个男人绝对对你有意思。男人喜欢女人的表现之一就是他愿意把自己的事情跟女人倾诉，期望女人能够全面的了解他是个怎样的人。

男人都是绅士与流氓的混合体，所谓良家妇女只满足了男人一半的心理需求。他的绅士情怀是娶个体面的淑女回家，过起光鲜的中产生活，而他另一半的流氓心态却无从宣泄，一旦在刻板的婚姻课堂里待久了，不少男人就想逃学，就想到外面找个“坏”女人过把流氓瘾。这也是“无性婚姻”越来越多的一个重要因素。

有些男人，想要与你形影不离。这种伪装通常出现在恋爱或新婚阶段。倘若你以为他真有那么爱你，片刻都不想分离可就错了。

事实上，这样的男人在爱情上有超强的占有欲，他希望你时刻在自己视线中不是因为思念而是害怕自己不知道你在干什么。

严重的恋母情结可能让男人心理变态。一提起性变态，人们常常把罪责归结到精神异常的男人身上。其实，国内外的许多性心理学者都指出，母亲对儿子扭曲人格与变态心理的形成负有不可推卸的责任。

男人之所以会不遗余力地追求，往往不是因为喜欢，而是因为不能接受失败。有时男人会费尽心机追求一个女人，却不一定是因为深爱她，而是因为他不能接受失败。这种情况下，一旦得到这个女人，他就不大会再有力气一如既往地营造同样的浪漫，除非他心中仍有不安全感。

很多男人会去招惹很多女人，他的潜意识里，就是要让她们恨他，恨，使一些人记住这个原来不值得记忆的人；恨，使一个平庸的家伙显得非常重要；恨，让一个女人上了一个当以后，继续上下一个当。最好的方法是，忘记这些乏味的人，让自己过得更好。

最有魅力的男人，是事业有成的男人。每个男人儿时都有成为英雄的梦想，长大后无不希望自己成就一番事业。正是这样的梦想，照亮了一个男人一生或平坦或崎岖的道路。男人的坚强、勇毅、果敢，都是在摸爬滚打中一点一滴积累起来的，没有痛苦的磨炼，就不会有男人由内而外自然散发的魅力。

美国心理学家说，男生和女生分别有种基本的爱情需求：男生需要的爱的形式，包括信任接受、感激赞美、认可鼓励；女生需要的形式，是关心理解、尊重忠诚、体贴安慰。有分歧的时候，比起唇枪舌剑更有效的是靠在他的胸口，什么也不说。他平静下来，自然会明白你的心，主动调整。

从对待感情的角度来说，男人可以分为两种：专情的和花心出轨的。专情的不用说了，他们一般在婚前和婚后都没太大的变化；而花心出轨的男人，有的在婚后就会有所收敛，可是也有大部分依然是我行我素，走在花心出轨的道路上，享受着出轨给其带来的刺激与满足。

喜欢孩子的男人首先是懂得包容和疼惜女人的，他们深知女人的脆弱，特别是做妈妈的不易，所以更愿意去花多些心思哄女人开心。这样的男人往往很愿意承担起自己应尽的责任，甚至以自己肩上的责任为荣。

男朋友就是深夜为你开着手机的那个人；男朋友就是用自行车带你去兜风的那个人；男朋友就是吃饭放慢速度等你的那个人；男朋友就是总让你走马路内侧的那个人；男朋友就是最爱在你面前展露他本领的那个人；男朋友就是有宽厚肩膀可让你随时依靠的那个人；男朋友就是当你看到这句话立刻想到的那个人。

女人问："你真心爱我吗?""你更爱我还是她?"往往，他会笑笑地看着她反问："你说呢?"当你向一个人索要一个答案，如果对方迟疑三秒钟以上，往往，他最终给出的那个答案不是心里真实的答案，而是为了取悦你而刻意描画过的答案。

男人的高尚或卑鄙，都能在一桩婚姻中淋漓尽致地表现出来；懂得欣赏聪明女人的男人并不多，和她们在一起，男人似乎缺乏安全感。

事业是男人的第一张名片，在女人眼中，事业成功的男人总是最有魅力的。一个有事业追求并且能够为之不懈努力的男人，就算事业不是很成功，也堪称魅力型男人。为什么中年男人总是魅力四射？就因为此时男人正处于干事创业的黄金时段。做男人，就要做事业型的男人，不为博红颜一顾，只为不虚度此生。

责任是男人的脊梁，是男人顶天立地的支柱。说到的事就要做到，揽下来的事就要扛住，做错的事就要承担后果。看一个男人是否成熟，不是看他的年龄有多大，而是要看他能担起多大的责任。越是优秀的男人，承担的责任越大，负责任的范围也越广。男人可以平凡，但是绝不能没有责任感。

真正的男人敢爱敢恨、敢怒敢言、敢说敢做、敢做敢当。真正的男人可以一无所有但却拥有天下；真正的男人也会借酒浇愁但却不会一蹶不振。真正的男人豪爽坦荡但并不缺乏谋略；真正的男人可以诡秘而不鬼祟。真正的男人果断刚毅；真正的男人百折不挠！

（二）男人的识别（好男人……）

好男人三个心理指标：好男人要有钱，有才，还是帅？不，这些都是浮云。因为关系破裂的诸多因素中，有许多是和心理有关。美国婚姻心理专家指出了好男人的三个简单标准：一是自信心，对自我的肯定和较强的适应力；二是情绪稳定，直面困境时能保持平常心和乐观情绪；三是对生活充满热情，对他人宽宏大量。

好男人的七大体现：一忍，有容方为大，忍者无敌；二藏，藏锋藏巧，胜者总是笑到最后；三防，强者都是弱点最少的人；四稳，稳扎稳打，不走弯路便是捷径；五变，变则通，通则久，求变就是赢；六牵，暗中牵制好过明面的强制；七退，胜败无常，给自己留后路就是留希望。

好男人的七个基本标准：一是不一定要浪漫，但一定要负责任；二是不一定要挣大钱，但一定要养家；三是不一定要事事听父母，但一定要有孝心；四是不一定要三从四德，但一定要宠老婆；五是不一定要飞黄腾达，但一定要有时间陪家人；六是不一定要管孩子，但一定要爱孩子；七是不一定要大男子主义，但大事发生一定要拿得了主意。

好男人的一二三四五六七八：第一次留给老婆；照顾好两个女人，即老婆和母亲；每天至少花三个小时陪孩子；一年四季都能找出不同的理由和老婆浪漫；远离吃喝嫖赌抽的五大恶习；六成收入交给老婆保存，剩余的四成供家庭日常开支；每周七天都不可夜不归宿；八小时以外心里总想着这个家。

好男人的基本素质：责任心；事业心；孝顺；忠诚；独立思想；尊重女人；风趣幽默；绅士风度；宽容；顾家；沉默；辛勤工作；诚实；勇敢；见义勇为；理智；血性；守信；整洁；自信。

一个好男人，会把对女人的爱视为要用一生去做的事。男人，也正是通过女人对他的肯定、认可、欣赏、喜欢和爱才获得更大的动力和生命力，然后成就一切。一个优秀的男人，会让女人感到平等、自由、幸福、安定和信任。

好爸爸的十条标准：一是下班就回家。二是到家先陪孩子玩。三是不训斥，不打孩子。四是不当着孩子面吵架。五是不当着孩子面抽烟。六是会教孩子玩游戏。七是当着孩子面对帮你的家人说“谢谢”。八是当着孩子面洗自己的臭袜子。九是当着孩子面把碗里的饭菜吃干净。十是当着全家人的面夸奖做对事的孩子。

中国好老公的十大标准：一是能安全度过婚姻“七年之痒”；二

是能很好地帮助做家务；三是从来没有欺骗过妻子；四是能做到女士优先；五是能和妻子手拉手散步；六是能认真听妻子说话；七是能在一个晚上解决妻子和母亲之间的问题；八是能毫不犹豫地说谢谢；九是不怕说对不起；十是能不害羞地说出我爱你！

（三）男人的智慧（要……）

男人，要有一个男人的样子，利利索索痛痛快快，不要扭扭捏捏婆婆妈妈。男人，要保护和尊重女人，不要强迫她做不愿意的事；不要打女人，无论她伤过你还是骗过你。男人，要说话算话，吐出去的东西再咽回来，自己都觉得恶心。男人，可以不帅，但一定要有风度、修养、内涵、底蕴。

男人六项守则：一是尊重人，理解人，有时骂骂人，但不算计人；二是想私事，做私事，最喜欢性事，但不误公事；三是爱钱财，常疏财，有时挣小财，但不贪邪财；四是爱喝酒，喝好酒，常喝大酒，但决不酗酒；五是有爱心，有善心，有恻隐之心，但决不丧良心；六是重亲情，记恩情，讲义气豪情，但从不负友情！

男人要有“七种气”：一有骨气，铁骨铮铮，傲然独立。人不可有傲气，但不可无傲骨；二有生气，诙谐驱烦闷，幽语解千愁，赠别人笑声，给自己愉悦。如此，己乐，众人乐，无虞矣；三有底气，遇事不萎缩，解难有分寸，凭能力自立，靠智慧取胜；四有义气，不讲义气的人，难容于江湖；五有豪气，褪去女人味，肝胆沥云霄，少落俗流套，不拘繁琐节；六有霸气，困苦中坚毅，挫败前挺立，山崩不变色，舍我又其谁；七有侠气，不一定飞檐走壁行侠仗义，但是勇于捍卫人间正道，坚守公平正义是做人的底线。

男人应了解女人心理：一是起床抱一抱，老婆一天笑；二是出门给个吻，进门有人亲；三是没事送枝花，老婆乐哈哈；四是家务搭搭手，老婆爱长久。

男人要学会承受痛苦。如果痛苦是一杯苦酒，你要不动声色地把它喝下去；如果痛苦是一道伤疤，你要让它成为脸上的微笑。有些话，适合烂在心里，有些痛苦，适合无声无息地忘记。当经历过，心中的痛苦消弭于无形，你成长了，自己知道就好。很多改变，不需要你自己说，别人会看得到。

男人要练就沉稳冷静的气度。沉稳，是男人区别于男孩的重要标志，而冷静，可以让你最大限度发挥优势，降低风险，也让你显得更加成熟。男人要习惯于不解释，做了就是做了，无论好坏成败，都是自己做的，解释这东西是最最没用的，想当初你干吗去了？再者，很多时候，沉默确实是金。

男人要勤奋果敢，自己觉得对的事情就要努力去做。一定要有责任感，无论是对事业还是对家庭，都要担当起自己的职责，自私自利的不是好男人，推脱逃避的不是好男人！意志要坚定，生活中充满了危机和诱惑，意志力不够坚定，很容易被打垮。一个随随便便就会被击败打垮的人，其他一切也无从谈起。

男人，可以不才高八斗学富五车，但应有一技之长，无论怎样，总要养家糊口。男人，要有目标和追求，人也就这一辈子，头顶的天都一样，你可以失败，但不能自甘平庸。男人，要有责任感，无论对事业对家庭，对父母妻儿还是朋友兄弟，都要担当起自己的职责。自私自利的不是好男人，推脱逃避的也不是男人！

男子汉大丈夫，要有阳刚英武之气，像名师铸就的宝剑那样，即使埋藏千年，一旦横空出世，依然锐气逼人；要有坚忍不拔之志，像沙漠里的胡杨那样，生前五百年不死，死后五百年不倒，倒下五百年不腐。生为男儿，就要活得像个男子汉，头顶苍天，脚踏大地，夸父逐日，至死方休！

男人，最要不得的就是懦弱和自卑。一个男人，扬起的应该是自信的风帆。做任何事都应该胸有成竹，成功时不得意忘形，失败时也决不颓废堕落。一个自以为做不成事的男人是最悲哀的。男人必须培养成功的心态，以使生命按照自己的意图提供报酬。没有成功的心态，就很难成就自己的梦想。

对一个爱你的女人，你可以让她哭，可以让她受委屈，但不要让她沉默无言，因为沉默是一种最深的伤痛，无言是一个女人最悲的哭声。你要知道，女人最爱倾诉，不管生活有多少苦难，无论她有没有心事，她都想和你讲述关于她的一切，这是她爱你的最好方式。如果有一天，她突然安静了，你便走到后悔的边缘。

做一个坚强的男人，让自己的女人为自己骄傲，而不要为自己哭泣；做一个坚强的男人，把风风雨雨挡在窗外，而不要带进家里；做一个坚强的男人，把失败踩在脚下，而不要让失败洋洋得意；做一个坚强的男人，心里只装一个女人，而不要把别的女人也放在心里。

你可以不富有，但是要有追求；你可以不英俊，但是要有品位；你可以不浪漫，但是要温情；你可以不豪爽，但是要大气；你可以不细腻，但是要雅致。品位可以让你优雅脱俗，让你勇敢坚毅，让你豁达爽朗，让你宽厚挚诚，让你成为众人眼中出色的男人！

成功男人提高自己心理健康水平的六个方面：一是对自己要有一个全方位的认知；二是不要每天都在强求自己去实现某种美好的

憧憬；三是多与人交往沟通；四是要有自己的时间和空间；五是欣赏自己；六是调整心态学会求助。

（四）男人和女人的区别

女人会爱上俯视她的男人，男人会爱上仰视他的女人。

女人志在心房，男人志在四方。女人爱名声，男人爱面子。女人害怕问年龄，男人害怕问工资。女人害怕长得胖，男人害怕长得矮。女人害怕腰变粗，男人害怕权变小。女人害怕失去保护，男人害怕失去自由。女人在回忆中生活，男人在现实中生活。女人为愿望活着，男人为目的活着。女人视心脏为世界，男人以世界为心脏。

女人醒着梦爱情，男人梦中想出名。女人害怕嫁错郎，男人害怕入错行。女人为人处事往往感情用事，男人为人处事往往意气用事。女人撒谎时东张西望，男人撒谎的时候一本正经。女人为了显示年轻就和比自己老的人在一起，男人为了显示年轻就和比自己小的人在一起。

女人打扮是为了显示漂亮，男人打扮是为了显示身份。女人将崇拜的偶像藏在心里，男人将崇拜的偶像挂在嘴上。女人往往抵挡不住花的吸引，男人往往抵挡不住酒的诱惑。女人的弱点是怕儿子，男人的弱点是怕老婆。

女人是梦想的主人，男人是现实的俘虏。女人是情场上的猎物，男人是情场上的猎手。女人撒娇时捶老公，男人愤怒时揍老婆。女人送男人的礼物往往最为实用，男人送女人的礼物往往富有诗意。女人羡慕同性身上的曲线，男人羡慕同性口袋里的钱。

女人喜欢男人的眼神深邃莫测，男人喜欢女人的眼神天真无邪。女人往往为情所困，男人往往为钱所困。女人面对不幸眼泪多，男人面对不幸愤怒多。女人的痛苦由眼泪汇成，男人的痛苦用叹息汇成。女人与老公吵架时往往哭骂无常，男人与老婆吵架时往往大动干戈。女人把智慧用在感情上，男人把智慧用在事业上。女人喜欢别人说自己年轻，男人喜欢别人说自己老成。

女人常常感到寂寞，男人常常感到孤独。女人把钱花在脸上，男人把钱花在嘴上。女人将泪水流在脸上，男人将泪水留在心里。女人有愁就流泪，男人有泪不轻弹。女人的眼泪往往赢得同情，男人的眼泪往往招来轻视。

女人婚后话多，男人酒后话多。女人痛苦时流泪，男人痛苦时抽烟酗酒。女人酗酒时往往议论是非，男人酗酒时往往发泄唠叨。女人酗酒后就一声不响地睡觉，男人酗酒后就海阔天空地吹牛。女人常常因为交上你这个朋友而邀你一起喝酒，男人常常因为与你一起喝酒而交上你这个朋友。女人购物讲款式，男人购物讲名牌。

女人购物时往往心动，男人购物时往往冲动。女人在家里喜欢做中心，男人在家里喜欢做重心。女人唱歌时爱唱曲调，男人唱歌时爱唱歌词。女人爱逛街，男人爱娱乐。女人下班忙回家，男人下班爱溜达。女人洗衣讲干净，男人洗衣图快捷。女人无聊时嗑瓜子，男人无聊时抽香烟。女人走路时讲究韵律，男人走路时讲究速度。

女人做事总是先说后做，男人做事总是先做后说。女人惊吓时紧闭双眼，男人惊吓时睁大眼睛。女人出门时喜欢把钱放在挎包里，男人出门时习惯把钱放在口袋里。女人买菜时鱼肉爱放在上面，男人买菜时鱼肉多压在篮底。女人穿衣与众不同做事与众相同，男人穿衣与众相同做事与众不同。女人打电话时习惯拿张椅，男人打电话时习惯拿支笔。

女人不愿将自己掌握钱的具体数字告诉丈夫，男人不愿将自己有病的真实情况告诉妻子。女人看手表后爱说“我要做事了”，男人看手表后爱说“我要休息了”。女人在绝境中总是说“我可怎么活”，男人在绝境中总是说“我要活下去”。女人面对突然降临的危险首先想到的是救孩子，男人面对突然降临的危险首先想到的是救妻子。

女人对恋人常说“你真坏”，男人对恋人常说“你真好”。女人脚跟心走，男人心跟脚走。女人在恋爱时往往动心，男人在恋爱时往往动脑。女人恋爱时总爱两脚踏一船，男人恋爱时总爱一脚踏两船。女人对爱情梦想曲径通幽，男人对爱情渴望一步到位。女人热衷于爱的过程，男人热衷于爱的结果。

女人的一半是孩子，男人的一半是女人。女人通过爱情进入生活，男人通过生活进入爱情。女人将爱看成是生命的本身，男人将爱看成是生命的动力。女人有心事爱向别人倾诉，男人有心事爱向酒杯发泄。女人注重男人的现在，男人注重女人的过去。女人在一起的话题常常是服饰，男人在一起的话题常常是女人。女人见了男人爱脸红，男人见了女人爱心跳。

女人喜欢被爱，男人喜欢爱人。女人找爱她的男人，男人找他爱的女人。女人常叹这个世界上没有真正的男人，男人抱怨这个世界上缺少温柔的女人。女人精明一生但是在热恋时特别糊涂，男人糊涂一世但是在热恋时绝顶精明。

爱情心理方面，男人更倾向于主动，女人却恰恰相反。女人越柔弱，男人越刚强；女人越神秘，男人越好奇；女人越躲躲闪闪，男人越主动出击；女人欲拒还迎，男人反倒迎头赶上。

男人单身，是因为没有女人给予爱；女人单身，是因为没有男人值得爱。男人坚持单身是因为找不到对象，女人坚持单身是因为找不到好对象。男人坚持独身，人们会以为他有事业心；女人坚持独身，人们会以为她有毛病。

如何成功吸引异性？吸引住男人的最好办法，就是让他虽一直得不到，却觉得自己很有希望；吸引住女人的办法恰好相反，就是让她一直感觉被满足，而且还有更多遐想的空间。当然如何把握这个“度”，是很有学问的。

六 女人

女人这个名词是用来表示生物学上的性别划分或文化上的性别角色，或者两者皆有。假如人类缺了女人，人类自然不会存在。女人和男人不同，女人自然有女人的特点，女人和男人一样，也有其优点和缺点，不足之处往往自身看不到。从不同角度和层面看，女人的特点也是十分丰富的。女人是月亮，女人是海，女人是水……那么女人的特点是什么呢？女人需要哪些智慧呢？

（一）女人的特点（怎么样?）

女人最可悲的不是年华老去，而是在婚姻和平淡生活中的自我迷失。女人可以衰老，但一定要优雅到死，不能让婚姻将女人消磨得失去光泽。

——苏菲·玛索

要和一个男人相处得快乐，你应该多多了解他而不必太爱他；要和一个女人相处得快乐，你应该多爱她，却别想要了解她！

——莎士比亚

两种女人很可爱，一种是妈妈型的，很体贴，会照顾人，把男人照顾得非常周到，和这样的女人在一起，会感觉到强烈的被爱。另一种是妹妹型的，很胆小，很害羞，非常依赖男人，和这样的女人在一起，会激发自己男人的个性显现。再一种女人既不知道关心体贴人，又从不向男人低头示弱，最让男人无可奈何。

女人择偶四步骤：一看男人身材高不高大；二看男人相貌英不

英俊；三看男人衣着体不体面；四看男人身边的异性朋友以后是否会威胁她的地位。

让男人敬而远之的八种女人：一是永远把男人当做银行的女人；二是做什么事之前都要问一句合不合算的女人；三是为一套房子可以和不喜欢的男人结婚的女人；四是常常数落男人没出息的女人；五是坐在麻将桌上起不来的女人；六是指甲油常常斑驳脱落的女人；七是化妆化到一刮风下雨就面目全非的女人；八是在公共场合大声呼喝打骂孩子的女人。

女人吸引男人的十种气质：一是温柔；二是善于思考；三是率性而为；四是涵养；五是神秘感；六是小动作；七是懂点艺术；八是阳光肤色；九是性感着装；十是香粉。

女人可以放心嫁的十种男人：喜欢孩子的男人；孝顺父母的男人；有责任心的男人；热爱家庭的男人；健康快乐的男人；淡泊名利的男人；心地宽厚的男人；懂得尊重女人的男人；家人朋友都欣赏的男人；对感情无怨无悔的男人。你身边是这样的男人吗？

风情万种的女人是打火机，不解风情的女人是灭火器。

老婆会告诉男人青菜多少钱一斤，情人会告诉男人夜空有多少颗星星。

女人的本能是幻想，男人的本能是现实。这就是为什么优秀剩女永远多于优秀剩男的原因，也是为什么婚姻里的怨女多过怨男的理由。与其两手空空，还是抓住现有的优点吧，和爱人的优点过日子。

爱美是女人的天性，笑容是女人的魅力之源，是女人一辈子最迷人的部分。女人的笑是灵魂的外露，是思想的外包装，是女人最真实的表现，是女人经营事业、家庭的无上的法宝。会笑的女人，一笑倾城，再笑倾国，灿烂而不张狂，热情而不放肆。一个准备出门的女人，只有带上笑脸，才算装束妥当。

女人是美丽的化身，不把自己的美丽展示出来是种罪过。年龄是女人最大的敌人，但是，真正有魅力的女人是经过时光打磨出来的。男人喜欢贤惠的女人，但并不喜欢保姆型的女人。美貌会随着时间流逝而流逝，魅力却可以通过人格的完善、适当的化妆、得体的服饰以及自身修养的提升而得以延伸。

女人爱敏感，爱吃醋，爱耍小脾气，爱听甜言蜜语，在独处时瞎想，脑子里出现不该有的画面，像电影一样闪来闪去，没有原因的哭和难过，因为怕距离远了，时间长了，感情会变淡变没。

女人天性是要有所牵挂的，无所牵挂带来的孤独让女人不知所措。女人最难忍受的，不是因为没有金钱，不是工作不如意，而是无所牵挂。牵挂是一种操心，更是一种幸福。女人有了牵挂，即便什么都没有，她也是富有的，再难的日子，也是可以挺过去的。有一个人可以牵挂着，才感觉是一种充实完美的人生。

女性从小就爱美，天生会打扮。从心理学上分析，爱打扮的女性，是热爱生活、追求幸福的一种潜意识表现。

女人恋爱，就会变漂亮。这是因为女人恋爱后，身体内会分泌出提高皮肤代谢和促使肌肤光洁的荷尔蒙，加上心情愉快，自然看起来比平时漂亮。

女人常常怀念给她造成创伤的男人，却难以爱上给她包扎伤口的男人。

女人最大的快乐是被人爱；最大的打击莫过于用心塑造了一个男人之后却又失去了他；最大的心愿是有一个安宁的归属；女人最大的弱点就是用情太深。

女人就像是一件精美的玻璃艺术品，完整时光滑美丽，一旦破碎则锋利无比。当女人沉浸在幸福中时，心中荡漾着温泉一样的柔波，这时的女人是娴静的、温暖的、熨帖的；若是女人的尊严遭到践踏，情感受到伤害，女人的心就会渐渐变得坚硬起来，这时的女人是绝望的、冰冷的、尖锐的。

女孩是水做的，既清澈美好又不静定凝固，如不好好保存爱护，是会被搅浑污染的。那么要记住你是女孩，不要允许自己失去清洁的良心；要记住你是女孩，心中一定要有梦想；要记住你是女孩，不要让贪婪物欲迷住眼睛；要记住你是女孩，不要变得粗糙，急功近利。这是深深的祝福，也是很高的要求。

如果说女人是水做的，说的一定是泪水。“女人不哭”是一个永远的神话，不论酸甜苦辣还是喜怒哀乐，女人总是能用或明或暗的眼泪来描述。即使是那些被人仰望的女强人，往往也有着一段鲜为人知的苦痛是用眼泪浸泡着的。没有被时间磨砺的女人是苍白无力的，有着真实眼泪的女人才是美丽动人的。

贤惠的女人如早茶，是一日伊始，温暖而真实；漂亮而又浪漫的女人如下午茶，悠闲而优雅；会安排生活的女人如晚茶，既懂得自律又善于营造生活情调；最可悲的女人如隔夜茶，她们将自己泡入一杯忘情水中，在冰冷的杯中呈现绝望的姿态。

20 岁的女人活青春，30 岁的女人活韵味，40 岁的女人活智慧，50 岁的女人活坦然，60 岁的女人活轻松。

女人爱得越痛苦，灵魂通常越高尚；外表越冷的女人，内心深处可能越炽热；再强的女人，内心深处也会涌动一股隐隐的柔情。

一个心中没有秘密的女人，不会太幸福；一个心中有太多秘密的女人，一定有痛苦。

女人也爱事业，但是女人常常为了家庭而牺牲事业；女人的母性是与生俱来的，所以有时候也会把男人当孩子一样宠。

女人的容颜和磨难成反比，魅力和磨难成正比；失恋的女子，感情由此变得深沉，气质也由此变得成熟。

女人的心灵之窗多是虚掩着的。女人在男人面前抚弄自己的头发时，定是心已乱了；当女人对你说她不漂亮时，是希望你赞美她的漂亮之处；抱怨没有一个好男人的女子，肯定吃过男人的苦头；一个女人感到害羞的事情越多，她越纯洁。

女人的单相思是一种哀愁。当女人的心最软弱之时，就是爱情最容易入侵之时。婚姻如同赌博，女人往往在不知输赢的情况下便把终生的幸福作为赌注。

女人感情的好大一部分都留给了幻影。女人的潜在力量总是和温柔调和在一起的。女人多是为了男人不懂她的心而烦恼。凡是遭过难的女人，她的心就像一块干透的海绵。

女人若要做一件事，最好的办法，就是让她去做，她自己很快就会觉得这件事并不如想象中那么有趣。因为女人无论对什么事的兴趣都不会保持得很久，但你若不让她去做，她的兴趣反而会更浓厚。

女生常说："男人没有一个是好东西。"所以当一个女生对你说："你是个好人"时，你基本上就死了，因为你在她心中已经正式退出了男人的行列，从而失去了进一步发展的可能。只有当一个女生对你说"你这个死鬼"时，在她心中你才真是个好人。

一个内心强大的女人背后都有一个让她成长的男人，一段让她大彻大悟的感情经历，一个把自己逼到绝境最后又重生的蜕变过程。一个拥有强大内心的女人，平时并非是咄咄逼人，相反她可能是温柔的，微笑的，韧性的，不紧不慢的，沉着而淡定的。

女孩子希望得到却不愿说出的事：搂她的腰；跟她真正的谈话；和她分享秘密；给她一件你的衬衫；温柔地亲她；和她拥抱；和她一起笑；带她去你去的地方；和朋友出去玩时带上她；和她合影；让她坐在你膝上；当她说爱你多一些时告诉她你爱她更多；告诉她很漂亮；不要对她说谎；别脚踏两只船。

一个女人的成功之处，就是把自己的男人塑造得让更多女人喜欢。一个男人的成功之处，就是把自己的女人呵护得让更多异性称赞。

有一种女人貌似花心，其实专一；貌似坚强，其实很脆弱；貌似开心，可笑容后的哀伤谁又能懂呢？这种女人很好懂，表面嘻哈，内心很细腻；这种女人很敏感，害怕孤单；这种女人很伤感，喜欢用文字记录心情；这种女人很矛盾，徘徊放弃与坚持之间。如果你懂她喜欢她，请好好地珍惜。

有的女人是露珠，晶莹纯美，纤弱细小，让人担心她会蒸发，会化掉；有的女人是海洋，宽阔无际，变幻不定；有的女人是瀑布，刚柔兼济，美不胜收；大多数女人是一杯温水，最适宜普通人的胃，能给男人最实在的抚慰。

当女孩和她所爱的男人有了肉体关系以后，她就很自然地把这种关系视为一种永远；但男人却不同，他们可能只会觉得那是生存方式的又一种演绎。男女之间，在没有婚姻的承诺前，还是保持简单的关系为好，否则真的没有岁月可以回头。如果不幸福不快乐，那就放手吧；如果舍不得放不下，那就痛苦吧。

女人好比梨，外甜内酸。吃梨的人不知道梨的心是酸的，因为吃到最后就把心扔了，所以男人从来不懂女人的心。男人就好比洋葱，想要看到男人的心就需要一层一层去剥！但在剥的过程中你会不断地流泪，剥到最后你才知道洋葱是没心的。

女人订婚前像燕子，爱怎么飞就怎么飞；订婚后像鸽子，能飞却不敢飞远；结婚后像鸭子，想飞却飞不起来。男人订婚前像孙子，百依百顺；订婚后像儿子，学会顶嘴；结婚后像老子，发号施令。

男人只要爱女人三分，女人就会爱男人七分。玩世不恭的女子，大多在爱情上有过一次失意。只有完全成熟的女人，才有真正的秘密。不认为自己漂亮的女人，往往有过人之处。

几乎所有的女人，在结婚前都只打算嫁一次人；女人和男人在一起的时间越长，爱的根扎得越深。

男人要知心，其实还包括知“情”和她的信（性）号。在这里，男人要谨记两点：国产女人不一定是要玉体横陈、双唇微张才说明有性需求；女人有性需求，也不是非要你大兴土木、宽衣解带做“整套”的爱，有时她只需要一个让她喘不过气来的拥抱，或者一次和衣而卧的聊天。

中国女人喜欢含蓄，甚至有时过分压抑，不敢表达自己的心声，特别是“性”声，结果，就把它扭曲变相成无明火、唠叨等负面情绪或状态，男人本身就粗心，往往不会去领会这些特别的不可爱的“性”号，结果更加深彼此感情的裂痕，影响婚姻的品质。所以，你想不冷落太太的心，免得她多心、疑心，平常你就得多用心，甚至多往“歪”处去想想，说不定老问题就迎刃而解，新问题也化险为夷。

一个老套的故事是：某人喝完酒，微醉回家，他看见老婆贴张纸条在冰箱上：“豆腐在冰箱，汤在锅里，我在床上……”那男人没领会“我在床上”的深刻含义，结果在下面续写一句“我在外面吃过了”就潦草地睡觉去，根本不知道妻子怎样由热气腾腾转为怒气冲冲。

中国女人怎么开口说“那事”？一般都是被动等男人“性”之所至，如果非要说，一般只是轻描淡写地说“早点睡吧”。

（二）女人的智慧（要……）

女人三要三不要：要定期外出旅游，旅行中的心灵能更充实；要有喝下午茶、阅读书本、听音乐的习惯；要买适合自己的衣服、饰物。不要接受你不喜欢的男子送的任何礼物；不要同时爱几个人；不要不知道自己要什么，包括你爱的男人。

从四个方面做个聪明女人：一是看穿但不说穿。很多事情，只要自己心里有数就好了，没必要说出来。二是高兴就笑，让大家都知道，悲伤就假装什么也没发生。三是两个人同时犯了错，站出来承担的那一方叫宽容，另一方欠下的债，早晚都要还。四是过去的事情可以不忘记，但一定要放下。

女人最该记住的四句话：一是婚姻不是打牌，重新洗牌都要付出代价，尤其是对女人而言；二是感情的世界里女人易受伤，主要是因为感情谢幕时不愿面对，理智而清醒地给自己做个了断；三是善待别人的爱情和婚姻，是对自己最好的尊重和保护；四是不要去争取属于别人的东西，否则，费得力越多，得到得越少。

女人需要的四种气质：一要学会充满自信（女人学会自我拯救和自我完善永远是最重要的）；二要学会高贵（不媚俗、不盲从、不虚华）；三要善意通达（女人更应该学会调适自己，不要一味地为情所困）；四要做事有主见（不要让感情胜过理智）。只要做到了其中一点，你也不失为一个可爱的女人。

五类女人婚后最幸福：一是装傻的女人，“装傻”的睿智女人，她的宽容会令男人有安全感；二是独立的女人，保持经济上和精神上的独立；三是疼爱自己的女人，说到底男人的变心是女人给惯出来的；四是会持家的女人，学会持家才是保持家庭幸福的长久之道；五是保持自我的女人，有独立的心灵空间和私人空间。

送给所有女孩子五句话：一是喜欢的东西自己努力买，不要指望别人送。二是可以淘便宜的衣服，但记得自己的品位比这个价位高。三是在 QQ、手机里删除前男友的号码，避免神经脆弱的时候主动找他。四是减肥是为了更美好的人生，要是因为减肥而失去了生活的乐趣，不如放弃。五是注重内心，但不忽略外表。

聪明女孩的样子：一是遇到不想回答的问题，直视对方的眼睛，微笑、沉默。二是走路抬头挺胸，遇见不想招呼的人，点头微笑，径直走过。三是和对自己有恶意的人绝交，人有绝交，才有至交。四是有人试图和你无理取闹，安静地看着他，说：祝你好心情，然后离开。五是爱笑的女孩子，运气都不会太差。

女孩子受人尊重的六个条件：一是不因偶尔男友的一次迟到而板起面孔，冷嘲热讽；二是从不说三道四，搬弄是非，不热衷小道新闻；三是不因鸡毛蒜皮之事与人斤斤计较；四是决不一言不合，就反唇相讥；五是领悟宁静而致远，决不整天疑神疑鬼；六是最善解人意，与人相处和蔼可亲。

做个好妻子六牢记：一是不要“盘问”丈夫的行踪；二是有需求就直接说出来，不要让丈夫去猜；三是男性把家当做是放松的场所，妻子要用宽容的心态，接受他在家的慵懒；四是对丈夫要有一颗感恩的心，理解丈夫的难处，对他的辛劳要心存感激；五是要以宽容的心，容忍丈夫做无意义的事或帮倒忙；六是不要忘记赞美丈夫。

应该做这样的女人：一是对于工作，努力但不痴狂；二是对于购物，量力而不攀比；三是对于娱乐，爱好但不丧志；四是对于家庭，忠诚但不刻板；五是对于金钱，喜爱但不贪婪；六是对于享受，追逐但不放纵；七是对于爱情，相信但不迷失。

七种值得深交的女孩：懂得啥时候该撒娇，啥时候疼惜你；不放过任何与你有关的信息，融入你的生活圈；她绝不在你同事家人朋友面前提你的缺点；她需要你的肩膀，但绝不会凡事都依赖你；她不会总要求你先让步；她和你一起聚会时会打扮得漂亮但不妖艳；看到女人围着你转，她会吃醋，但不会无理取闹，兴师问罪。

女人要根据个性找伴侣：单纯好幻想的理想主义者宜找宽容浪漫的男人；高雅精致者宜找品位上乘、休养颇佳的男人；开朗活泼的享乐者宜找相同人生观的男人；事业有成者宜找情绪稳定的男人；冷漠专制者宜找温和大度的男人；开朗饶舌者宜找会生活又能干的男人；索然无味、感情冷淡的女人，适合独身。

好女人的八条标准：一是身体发育完好，虽不娇美，却不失健康本色。二是聪明可爱，也会装疯卖傻。三是知书识礼，尊重对方。四是顺从听话，却不失个性独立。五是知足常乐，不给男人过高的要求。六是角色多变，本色依然。七是爱屋及乌，宽容博爱。八是帮助男人，成就男人。

女人内在美的八个方面：自立是坚强柔韧的骨骼；自信是修长苗条的身姿；善良是颠倒众生的气质；温柔是洁白细腻的肌肤；体贴是乌黑闪亮的秀发；智慧是明亮有神的双眸；宽容是秀气挺拔的鼻梁；乐观是性感滋润的红唇。

女性远离八个情绪困境让你永远年轻：一是借酒消愁；二是见异思迁；三是忧愁抑郁；四是盲目减肥；五是抽烟解闷；六是超负荷工作；七是饮茶过浓；八是浓妆艳抹。

女性成功的八要点：一是长得不好，就让自己有才气，如果才气也没有，那就总是微笑；二是气质是关键，如果时尚学不好，宁愿纯朴；三是不要向朋友借钱；四是坚持在背后说别人好话；五是有人在你面前说某人坏话时，你只微笑；六是不要期望所有人都喜欢你，那是不可能的；七是话多必失，人多的场合少说话；八是尊敬不喜欢你的人。

每个女孩需知八个要学会：一是学会孤独，没有谁会把你当宝护着；二是学会比以前快乐，即使难过也要微笑面对；三是学会绝情，让该滚的滚，该留的留；四是学会珍惜，知心朋友已不多，如再走真只剩自己了；五是学会忘记，不活在过去；六是学会独立，不再麻烦别人；七是学会长大，不那么任性、幼稚；八是学会坚强，一个人也可活得漂亮，笑给自己看，哭给自己听。

送给女孩子八句话：一是相信自己是美的，美是女人一生的权利；二是读书不为气质，只让自己不孤独；三是工作独立获得食物是尊严；四是爱情只遵从直觉，与金钱或道德无关；五是性的需要小于爱情，但大于其他虚荣；六是婚姻是一般的生活方式；七是要相信自己；八是不开心，睡一觉，就让它过去吧。

女人最应该忘记的八种男人：一是经常编造谎言来骗取自己感情的人；二是经常辜负善良女人良苦用心的男人；三是曾是你刻骨铭心深爱着的那个人；四是常伤害女人感情的男人；五是见异思迁早已背叛你情感的人；六是朝思暮想却始终无法得到的那个人；七是不能善待家人长辈或嗜赌成性的人；八是已经恩断意决劳燕分飞的离婚男人。

女人婚恋九注意：一是视爱情为生活奢侈品，有了最好，没有也能活；二是签任何合同之前至少看三遍，最具挑战性的合同是婚约；三是随缘，但不是说不努力；四是同事的恭维就像香水，可以闻，但不要喝；五是没有任何事、任何人会重要到需要你过了半夜12点还苦想不睡；六是即使美若天仙，也要讲道理；七是不要迷恋包装绚丽的东西；八是太在意一个男人往往得不到；九是嫁大款就像抢银行，收益很大但后患无穷；十是不要动做单亲妈妈的念头，孩子可以不需要父亲，但你需要一个照顾孩子的人。

魅力女人的十大表现：一是善于发现生活里的美；二是养成看

书的习惯；三是拥有品位；四是跟有思想的人交朋友；五是远离泡沫偶像剧；六是学会忍耐与宽容；七是培养健康的心态，重视自己的身体；八是离开任何一个男人，都会活得很好；九是有着理财的动机，学习投资经营；十是尊重感情，珍惜缘分。

女人十个致命伤：一是不懂爱自己，在意别人怎么看；二是迷信爱情，超过了活着本身；三是太怕过早衰老；四是喜欢自怜；五是论人是非传播绯闻；六是吝啬幽默；七是攀比虚荣；八是过分敏感，心眼如筛；九是遇到伤害难以自拔，抗打击能力弱；十是易自责，分明在慢性自杀。

女人心理衰老十大早期信号：一是疏散懒惰，精神不振。二是性情急躁。三是办事效率低，记忆力明显下降。四是竞争意识退化。五是自卑心理。六是性格孤僻，喜欢独来独往，我行我素。七是思维迟钝。八是情绪恍惚。九是反应异常。十是固执已见，不管做什么事情，都想以自己为中心，按自己的意愿行事。

幸福女人的十个密码：一个你爱的人；两个爱你的人；三分慵懒；四个朋友；五个工作日；六分浪漫；七分灵气；八分智慧；九分独立；十分热情。

使丈夫幸福的十种方法：一是投其所好。二是理解他，抚慰他，督促他。三是赞扬他，给他自信。四是不说别人的坏话。五是表现出可爱的醋意。六是提高厨艺，养好他的胃，拴住他的心。七是让他感到你心中只有他。八是学会撒娇。九是善待他的亲朋好友。十是把自己打扮得漂亮些，记住，男人都喜欢美丽的女人。

女人成就事业必备的本事：一是驾驭性格的本事；二是巧妙编织关系网的本事；三是说好一口漂亮话的本事；四是打造积极乐观

心态的本事；五是用知识包装自己的本事；六是发挥女性独特优势的本事；七是果断做事的本事；八是塑造优雅气质的本事；九是思考创新的本事；十是借助贵人成功的本事；十一是巧于策划的本事。

女人的十二项好气质：一是执着但不固执；二是随和但不随性；三是出色但不出格；四是低调但不低俗；五是痴情但不矫情；六是自信但不自我；七是诱人但不缠人；八是计算但不算计；九是幽默但不油滑；十是潮流但不风流；十一是忍耐但不隐忍；十二是飘逸但不飘荡。

十八条美丽建议：微笑；接受赞美；停止唠叨；提升肤质感；不断学习；反省；闻闻清新味道；经常鼓励自己；抛弃垃圾食品；改变发型；天天运动；树立积极信念；停止嫉妒；制造眼神接触；别再无精打采；告诉自己还年轻；充满感激；多多走路。

做个十足的女人：足够贤惠、足够聪颖、足够纯情、足够细腻、足够温柔、足够优雅、足够娇羞、足够身材、足够气质、足够清秀，这样才是十足好女人！

幸福女人的十个指标：不抱怨生活，努力去想解决问题的方法；不贪图安逸；感受友情，广交朋友；勤奋工作；降低负面影响，少接受负面消息；生活的理想，树立目标；给自己动力；规律的生活；珍惜时间；心怀感激，把注意力集中在快乐的事情上；每天尽可能打扮优雅从容再出门。

从容智慧女人的十二种表现：年少时笑语纷飞；年轻时万千妩媚；读书时善解精髓；工作时倾心融会；恋爱时追求唯美；结婚后牵手相随；对亲人体贴入微；对孩子悉心栽培；对友谊清澈如水；对社会爱心回馈；对自己少欲多为；对别人细心品味。

女人不能总说的十二句傻话：我跟你以前的女友比怎么样？我跟你无话可说！我这么丑怎么办？你看看人家的男朋友。谁的电话？你瞧瞧别人！有没有经常想她？心里到底有没有我？你去哪了？都怪你！我和你妈掉河里你先救谁？跟你结婚以来我得到了什么？

女人如果不性感，就要感性；如果没有感性，就要理性；如果没有理性，就要有自知之明；如果连这个都没有了，那只有不幸。

女人不对自己狠心，男人就会对女人狠心。一个女人如果连自己的体重都控制不了，何以掌控自己的人生？减肥也没有借口，你能把自己吃肥就一定能瘦下来。当你对美好身材的渴望远远大于你对食物的渴望，你就可以成功减肥。在你想放弃的那个瞬间，告诉自己再坚持一下，也就过去了。

做个独立的女人。既要信任爱人的能力和忠诚，也要有能力保证自己的生存，发生问题时可以和爱人同吃苦共患难，做得贤惠老婆也做得事业助手。富有的时候不挥霍，贫穷的时候不寒酸，精神上有自己的爱好和追求，经济上有自己的收入和交往的圈子。万一家庭结构有变化，生活质量也不至于一落千丈。

如果曾经有一个人为了你而等待，不管是三年还是三个月，请不要那样轻率地选择拒绝。这世间的缘分并不像空气那样廉价，再平凡不过的相遇与相识，亦是前世的修行在今生的回报。在亲情以外，没有谁人能够轻易而又不求回报地为一个人付出一段寂寞的等待。即使没有欣喜的结果，也一度温暖过冷若冰霜的心灵。

女人不必太美，只要有人深爱；女人不必太富，只要过得幸福；女人不必太强，只要活得尊贵。

没必要和男友争个面红耳赤，你对了，他会认为你争强好胜、得理不饶人；你错了，他会认为你无理取闹、没完没了。

女性应该多穿薰衣草色或紫丁香色等淡紫色的衣服，平时最好也多看这些颜色。薰衣草色或紫丁香色等淡紫色可以促进女性荷尔蒙的分泌，使女人变得更漂亮、更温柔。

不要给自己太大压力，不要学做咄咄逼人的女强人，否则你会越来越孤单。

没有任何一件事，任何一个男人，值得你彻夜不眠或街头买醉，或者买安眠药。

告别灰姑娘和白马王子的白日梦吧，你的脚没那么小，穿不进那水晶鞋。中年男人，特指大款，请你吃饭唱歌泡吧，拒绝吧，你算计不过他们的。

结婚的女人了解婚姻的一半，离婚的女人了解婚姻的全部。

睿智女孩子应该知道的真相：不要把别人的善良当做愚蠢，也不要把别人的虚荣误认为幸福。很多男人都是行为开放、思想保守的，女孩子要保持清醒的头脑。父母的话往往都是对的；过于做作的爱情往往是不长久的。不要试图跟昔日恋人做朋友，否则就是为彼此的幸福埋下了一颗定时炸弹。

女人的一生，应当这样度过：10 岁而乖，15 岁而聪，20 岁而甜，25 岁而美，30 岁而媚，35 岁而庄，40 岁而贤，50 岁而润，55 岁而醇，60 岁而慈。

做一个聪慧的女人，在爱的世界里，既要用心，也要用脑；做一个聪慧的女人，不要像藤蔓那样只知攀附，而要像乔木那样坚强独立；做一个聪慧的女人，用心经营自己的家，但不要把家庭生活当做人生的全部；做一个聪慧的女人，当爱已不在时，不要再留恋婚姻的空壳。

女性气质修炼秘诀：善良地对待身边的人与物，不歇斯底里，不穷追不舍，不刨根问底，不哭闹上吊；不说伤害别人的话，也不会故意出风头和人攀比，任何时候给别人留有余地；不没完没了地开别人的玩笑以为幽默，“有德君子，严己宽人”，对待女人也一样；发自内心地善待他人，保证自己随时进退自如。

做个聪明的女人，不追问男人的收入和行踪。他的忠诚和女人的魅力与品德有一定的关系，你可以观察也可以等待，如果他要撒谎，你可以给他机会改正；一再地谎言，就要考虑感情的质量是否过关。他的行踪在他的眼睛里，他的收入如果他愿意你就能知道，否则问也是白搭。相信他，同时也要求自己值得他依赖。

做个自信的女人，不妄自菲薄，也不拿自己比电影明星和美少女战士。相信自己是漂亮而有风度的，是天经地义的唯一。素面朝天也好，淡妆一二也罢，都有充分的理由给自己加油。不要以为自己非进了美容院或者整形外科才有机会拼青春偶像或者性感模特，那基本没有可比性，谁都明白，甜品再好，也不能当饭吃。

什么样的女人最美？漂亮的脸蛋、入时的衣着、精心的装扮，虽能给人以炫目的美感，但这种外在的美毕竟短暂而又浅显。只有美丽优雅的气质，才能抵挡岁月的沧桑。即使容颜褪尽、皮肤松弛，气质的魅力不但不会衰减，反而会与日俱增。如果说外在的美是春天盛开的鲜花，那么气质之美就是精心雕琢的美玉。

女人最幸福的时刻，就是嫁对了老公，他纵容着你的习惯，爱着你的一切。女人最幸福的时刻，就是朋友的真心相对，快乐开导，真诚帮助，在你最无助时，伸出温暖的手。女人最幸福的时刻，就是无论长多么大，在父母那里，依然是孩子，陶醉在父母为你准备的一切，安心地享受着他们的唠唠叨叨。

自信的女人最美丽，自信是女人最好的装饰品。一个长得漂亮的女人若不自信，她的美丽将会大打折扣；一个长相普通的女人若是对自己充满信心，也会有那种令人心动的魅力。自信不会凭空而来，一个自信的人，也必然是自立、自强的人。能够自立，才会有自信的底气；能够自强，才会有吸引目光的磁场。

女人，可以做自己的公主，但不要指望做全世界的公主。女人的经历可以沧桑，但女人的心态绝对不可以沧桑。女人因为有缺点才可爱，聪明的女人总会把自己的破绽暴露给男人。女人与男人之间的较量，输家永远是女人。不是因为她不够聪明，仅仅是因为她更爱他。

她依赖你是因为她把你当做她的唯一；她老给你打电话是因为她想要听到你的声音；她爱生气是因为她想要你来哄她，在乎她；她爱吃醋是因为她爱你，她容不下一点你给其他女生的任何温柔。女生之所以会有那么多的眼泪，那是因为她将所有的委屈都化作泪水，而把所有的温柔都留给你。

温柔是女人最锐利的武器，也是女人保有女性本色的上上之选。生活中，常见一些女人因没能善用天赋利器，或将美满婚姻亲手葬送，或是败走麦城黯然离去，实在令人惋惜！温柔善良的女人们，请用你的温柔织就一张天罗地网，让你的白马王子无处可逃！用你的温柔锻造一柄无敌神剑，让你的情场强敌溃不成军！

做一个温情的女孩，做一个爱笑的女孩，快乐并懂得如何快乐，快乐并感染身边的人快乐，尽力做到更好。偶尔任性，却不犀利；偶尔敏感，却不神经质。乐意和大家分享所有开心和不开心的事情，高兴就笑，让大家都知道。悲伤就哭，然后当做什么也没发生。仅此而已，试着爱上自己。

七 情绪

情绪是指人对认知内容的特殊态度，是以个体的愿望和需要为中介的一种心理活动。情绪包含情绪体验、情绪行为、情绪唤醒和对刺激物的认知等复杂成分。人们能够上天入地，但往往很难完全掌控自己的情绪。情商高的人，既能够读懂他人的情绪，也能够了解自己的情绪，从而适当地、及时地调整自己的情绪，用自己积极的情绪去影响他人。这种能力称做情绪管理能力，我们每个人都应该努力改善自己的认知，提高自己的情商。

（一）烦恼的来源（是什么?）

烦恼，来自攀比。世间一切事物都是相对立而存在，相比较而发展的，人生也不可例外。人与人之间，身体、气质、能力、机遇、生存环境乃至奋斗的结果都是千差万别，只有在比较中才能显示各自的价值，才能促使人进步，促使社会发展。

烦恼，来自贪欲。人性本善，但也有贪婪的一面。正所谓“人不为己，天诛地灭”。“毫不利己，专门利人”对于多数人来讲只是一种说教，现实生活中很难做到。能做到先公后私，先人后己的就应该是君子了。

烦恼，来自猜忌。喜欢猜忌者，心胸狭窄，生性多疑。人与人之间缺乏宽容和理解，同床异梦，相互怀疑和嫉妒，甚至玩弄权术，相互算计。做贼和防贼，都要处心积虑，都有很多烦恼。

烦恼，来自执着。我们执着什么，就会被什么所骗。我们执着谁，就会被谁所伤害。所以我们要学会放下，凡事看淡一些，不牵挂不计较，是是非非无所谓。无论失去什么，都不要失去好心情。心是个画师，把握住自己的心，让心境清净、洁白、安静。

烦恼大多是自找的：心理学家做了个有趣的实验，试验者每周日晚把下周烦恼写下来投入烦恼箱。三周后他在试验者面前打开箱子逐一核对每项烦恼。结果 90% 的烦恼都没有发生。据统计所得，一般人的忧虑有 40% 属于过去，有 50% 属于未来，只有 10% 属于现在，而 92% 的忧虑从未发生过，剩下的 8% 则能够轻易应付。

为什么我们总是觉得痛苦大于快乐；忧伤大于欢喜；悲哀大于幸福。原来是因为我们总是把不属于痛苦的东西当做痛苦；把不属于忧伤的东西当做忧伤；把不属于悲哀的东西当做悲哀；而把原本该属于快乐、欢喜、幸福的东西看得很平淡，没有把它们当做真正的快乐、欢喜和幸福。

人心就像一个容器，装的快乐多了，郁闷自然就少；装的简单多了，纠结自然就少；装的满足多了，痛苦自然就少；装的理解多了，矛盾自然就少；装的宽容多了，仇恨自然就少。你用它洗东西，它就是一个洗具；你用它做杯子，它就是一个杯具。

房屋长时间不打扫，就会落满灰尘；我们的心灵长时间不清理，也会沾染污垢。贪婪，嫉妒，愤懑，忧郁，仇恨等等，就是心灵里的污垢，如不及时加以清除，势必会蒙蔽自己的心性，堵塞阳光和新鲜空气进入的通道，这样又怎能不生病呢？所以，我们要经常清洁一下自己的心房，不要让它积满污垢。

人之所以会情绪化，是因为没有目标，之所以没有目标是因为没有欲望，之所以没有欲望是因为思考太多。人的本性特贪婪，但是没事老约束自己，老子说无为，其实是无所不为。所以从古至今都是内用黄老，外示儒术。说白了，外面是孙子，心里是老子。

人的心情会传染给他人，心理学家把它形象地叫做“波纹效应”。就像一块石子扔到水里一样，平静的水面会溅起波纹，一圈圈不断地扩散。情绪不好时，别一直抱怨，以免把整个气氛都弄得压抑。当然，心情不错时，要记得和大家分享，让快乐的涟漪传播得更远。

最易令人丧失理性的六种情绪：一是嫉妒，嫉妒使人心中充满恶意、伤害。二是愤怒，愤怒使人失去理智思考的机会。三是恐惧，恐惧使人学会逃避、躲藏，而不是迎接挑战，不畏困难。四是抑郁，抑郁者宛如置身于一个孤独的城堡，他出不来，别人也进不去。五是紧张，过度的紧张会使准备工作付诸东流。六是狂躁，狂躁者谈话没有深度。

不快乐的十八种原因：无信仰；乱攀比；缺美感；难施舍；不知足；很焦虑；常盲目；无主见；重得失；很麻木；太匆忙；很贪婪；纵欲望；不自由；少阅读；无忏悔；多暗算；少坦诚。

（二）烦恼的特征（像什么?）

烦恼和忧愁就像戒不掉的烟，你越是纠缠就越是痛苦。许多烦恼和忧愁都是自己绑上去的绳索，是对心力的无端耗费，是自己设置的精神牢笼。昨天已经过去，明天还是未知，只要好好把握现在，什么事情都可能出现转机。所以，在人生的储蓄卡上，你可以预支幸福和快乐，但请不要预支烦恼和忧愁！

烦恼就像挠痒，你本来是不觉得痒的，但是如果你闲来无事，去挠了一下，便痒了起来，并且越挠越痒。烦恼也是一样，本来你不觉得烦恼，只是如果你闲来无事时，去想了一些令自己烦恼的事，你便开始烦恼了起来，并且越想越烦。

当你身心愉悦、喜欢自己、对这个世界充满善意，美好的东西就自然地被你所吸引。相反的，当你悲观、郁闷，负面的一切也就相继报到。快乐的你吸引让你快乐的人、事、境，烦忧的你则吸引让你烦忧的人、事、境。幸运与厄运，在于你如何使用磁力。这是信念的奥秘。

核心是想不开，关键是看不透，造成了放不下，所以就忘不了。要想得开，就要有信仰，上帝是公平的，一个人不可能一辈子倒霉，总会有开眼的那一天，对上帝要有信心！想开了，就会看透，人生不过如此。

“天下本无事，庸人自扰之”，至于“杞人忧天”，无事生非，那就更是自找烦恼了，这样的人永远不会快乐。

嫉妒是一条凶猛的毒蛇。嫉妒者只会嫉妒那些与自己旗鼓相当、能够形成竞争的人，而不会嫉妒和自己不在一个水平面上的人。嫉妒者往往自高自大，贬低他人的才干，抹杀别人的成绩。当他被嫉妒之火烧到丧失理智时，就会把嫉妒对象作为发泄目标。所以，千万不要让嫉妒这条毒蛇吞噬了你的理智。

深处荒无人烟的沙漠，举目四顾，天地间唯有孤身一人，这叫孤独；走在熙熙攘攘的人群中，翻遍电话簿却始终没有拨出一个号码，这叫寂寞。孤独是一种状态，寂寞是一种心态。所谓寂寞，就是高山流水知音难觅的遗憾，就是栏杆拍遍弦断有谁听的寂寥。寂寞，其实是一种病。

有时候，明明自己心里有很多话要说，却不知道怎样表达；有时候，自己的梦想很多，却力不从心；有时候，别人误解了自己有口无心的一句话，心里郁闷得发慌；有时候，心里突然冒出一种厌倦的情绪，觉得自己很累；有时候，发现自己一夜之间长大，却看不到自己未来的样子，迷茫得不知所措。

每个人在成长中都会受很多伤，会哭泣悲伤，会觉得痛。许多事情，总是在经历过后才明白。痛过了，便坚强了；跨过了，便成熟了；傻过了，便懂得了适时的珍惜与放弃。总是在失去了什么，才能学会珍惜什么；总是在碰了壁，才能学会改变什么，放弃什么；总是在疼过之后，才能学会做一个全新的自己。

消极心态五宗罪：一是丧失机会，消极者对机会看不清也抓不住。二是限制潜能发挥，人若不相信自己所能达到的成就，他便不会去争取。三是消耗精力，消极情绪容易恶性循环，变本加厉。四是失道寡助，得不到别人的支持和帮助，成功即是奢谈。五是不能充分享受人生，在人生的整个航程中，消极心态者一路上都在晕船。

一般人一生平均有十分之三的时间处于情绪不佳的状态，因此，人们常常需要与那些消极的情绪作斗争。成功者控制自己的情绪，失败者被自己的情绪所控制。所谓成功的人，就是心理障碍突破最多的人，因为每个人或多或少都有心理障碍。所以必须学会控制自己的注意力以调控自己的情绪。

不成熟的六个特征：一是情商低于智商，凡事都斤斤计较；二是不知道怎样约束自己，不善于接受新鲜事物，不愿意改变旧有习惯；三是经常被情绪左右，感性高于理性；四是满足感或空虚感充斥内心，心态不善于归零；五是主观强大到足以轻视客观的程度，不以事实为依据；六是没有理念、信念、观念，随波逐流。

压力大的十四个表现：不想工作；想骂人；想消失；不想活了；想过从高楼上跳下来；想独自旅行；想抽烟；想喝几杯；想把所有钱花光；想大喊；想抓住某个人猛亲；想世界末日；想回到过去；想一个人独自徘徊在无人的地方。超过三条以上，说明你的压力很大。

（三）情绪的管理（如何做?）

两个人的沟通，70%是情绪，30%是内容，如果沟通情绪不对，内容就会给扭曲了，所以沟通内容之前，情绪层面一定要梳理好，不然误会只会越来越深。 ——林正刚

防治虚荣心的三个心理处方：一是追求真善美，就不会通过不正当的手段来炫耀自己，就不会徒有虚名；二是克服盲目攀比心理，横向地去跟他人比较，心理永远都无法平衡，会促使虚荣心越发强烈，一定要比，就跟自己的过去比，看看各方面有没有进步；三是珍惜自己的人格，崇尚健全的人格可以使虚荣心没有机会抬头。

需要改变的四种消极情绪：一是抱怨，生气不如争气，抱怨不如改变；与其抱怨环境，不如改变心境；二是推脱，没有人愿意偷懒，只不过是缺乏诱人的目标；三是沮丧，失败是对人格的考验，沮丧是对自身能力的不自信；四是逃避，逃避不一定躲得过，面对不一定更难过。

改善情绪五要：一是要换位思考，无论什么时候做什么事情都是如此；二是要刻意沉默，因为不收敛自己的脾气，冲动行事会做

下让自己无法挽回的事情；三是要活得轻松，任何事都作一个最好的打算和最坏的打算；四是要注意言行，给孩子示范，才能成为合格的第一位老师；五是要深爱父母，他们给了你生命，同时也是爱你爱得最无私的人。

心情不好时的五种处理方法：一是合理宣泄，找人倾诉、痛哭和写日记；二是情志转移，把注意力转移到平时感兴趣和喜欢的事上；三是理性升华，看书、看电影，接触自己喜欢的人，充实自己的内心世界；四是适度让步，退一步海阔天空，给自己心理上的解脱；五是自我遗忘，忘记不愉快的事情。

五个原因没有必要去嫉妒别人的成绩、人缘、地位之类：一是别人可能真的付出比你多，只不过你没看到；二是这些东西只能带来一时满足，而不是永久满足，不要也罢；三是这里面有你玩不来的游戏规则，玩得来的人也都挺累；四是你有不如人的就一定有比别人好的，静待时机；五是不争这些，你的朋友会更多。

提高心理自控力的五条建议：一是多考虑长期后果，不贪图短期快乐；二是当恶习袭来时，紧握拳头可将注意力转移到握拳上来；三是确定切实可行的小目标；四是不饿肚子，保证充足睡眠，不吃饭而导致低血糖的人和睡眠不足的人自控力更差；五是坚持三周，新习惯的养成须通过三周过渡期，大脑才能将其视为日常活动。

自我修复消极情绪的六个方法：一是自我合理宣泄（倾诉、痛哭、唱歌等）；二是自我情志转移（转移到自己感兴趣的事情上）；三是自我理性升华（充实自己的精神世界）；四是自我适度让步（退一步，缓解矛盾，减轻压力）；五是自我遗忘（过去了，算了）；六是自我解脱（求得心理平衡）。

防治抑郁的五个心理处方：一是多活动，除了做家务，最好能养成散步习惯；二是多听轻松音乐，音乐容易进入人的潜意识，潜意识比意识对人的影响更大；三是充分利用颜色心理效应，多穿暖色调少穿黑色调衣服；四是多与性格外向、开朗活泼的人交往；五是挺胸抬头走路，逐渐建立自信心。

健康心理六条暗示语：一是“得之坦然，失之淡然，顺其自然，争其必然”。二是“马在松软的土地上易失蹄，人在甜言蜜语中易摔跤”。三是“运气就是机会碰巧撞到了你的努力”。四是“如果不读书，行万里路也不过是个邮差”。五是“所谓门槛儿，过去了就是门，没过去就成了槛儿”。六是“视爱情为奢侈品，有最好，没有也能活”。

情绪调整六忠告：一是快乐靠自己，没有谁能够同情和分担你的悲切；二是坚强靠自己，没有谁会怜悯你的懦弱；三是努力靠自己，没有谁会陪你原地停留；四是珍惜靠自己，别人也不愿意挥霍自己的青春；五是执着靠自己，没有谁会与你共同进退；六是一路走过靠自己，没有谁能够一直陪你走到底。

减压的六个最有效方式：一是静坐休息；二是倾听音乐；三是多想点美好的事情；四是走路散步；五是放慢呼吸；六是轻松起床。

培养你沉稳气质的六个方法：一是不要随便显露你的情绪；二是不要逢人就诉说你的困难和遭遇；三是在征询别人的意见之前，自己先思考，但不要先讲；四是不要一有机会就唠叨你的不满；五是重要的决定尽量与别人商量，最好隔一天再发布；六是讲话不要有任何的慌张。

让自己快乐的七个方法：一是换个新造型，打扮漂亮只为讨自己欢心；二是记住“无关紧要”的小日子，找个理由去开心；三是一个人的旅行，看遍动人风景；四是抽时间回家，卸下成熟面孔享受被宠爱的温情；五是一个人也不能委屈自己的肚子；六是动漫、八卦……一个不能少；七是想逛街尽可大肆逛个痛快。

交往切忌七种心理：一是自卑心理，磨损你的个性；二是怯懦心理，深思熟虑都不敢表达，缺乏魅力；三是猜疑心理，无端猜疑，捕风捉影招人厌；四是逆反心理，爱抬杠来表现标新立异；五是做戏心理，表面文章，没有深情厚谊；六是贪财心理，互相利用，过河拆桥，毁了自己；七是冷漠心理，态度孤傲，让人难以接近。

振作精神的七个忠告：一是不求与人相比，但求超越自己；二是与其用泪水悔恨今天，不如用汗水拼搏今天；三是当眼泪流尽的时候，留下的应该是坚强；四是选择自己所爱的，爱自己所选择的；五是这一秒不放弃，下一秒就会有希望；六是没有人陪你走一辈子，所以你要适应孤独；七是没有人会帮你一辈子，所以你要奋斗一生。

努力放下七种东西：一是放下抱怨，与其抱怨，不如努力；二是放下犹豫，立即行动，成功无限；三是放下狭隘，心宽，天地就宽；四是放下烦恼，把事情理清楚，把一些无谓的痛苦扔掉；五是放下自卑，相信自己，找准自己的位置；六是放下懒惰，奋斗改变命运；七是放下消极，没有谁能够左右胜负，除了你。

解决负面情绪的七句箴言：一是不属于自身的东西再喜欢也不要，要懂得放弃；二是过去的事情可以不忘却，但一定要放下；三是别人说的记在脑袋里，而自己的看法放在心里；四是你永远没有你本身想象中那么主要；五是钱能解决的问题统统不叫问题；六是找点时间，单独待会儿；七是不要感到是生活亏欠了你，其实是时机未到或自己努力不够。

减轻负面情绪的八种方法：一是让自己安静，把思维沉浸下来，慢慢降低对事物的欲望；二是关爱自己，帮助你能帮助的人；三是放一曲舒缓的轻音乐，闭眼；四是不要嫉妒别人，也不要羡慕别人；五是广泛阅读；六是自己不能看不起自己；七是学会调整情绪，尽量往好处想；八是用语方面尽量不伤害，哪怕遇到你不喜欢的人。

让自己心态积极的八个心理暗示：一是面朝大海，春暖花开；二是拿望远镜看别人，拿放大镜看自己；三是人之所以能，是相信能；四是昨晚多几分钟的准备，今天少几小时的麻烦；五是只要路是对的，就不怕路远；六是以诚感人者，人亦诚而应；七是与其临渊羡鱼，不如退而结网；八是心有多大，舞台就有多大。

情绪低落时问自己的八句话：一是做人为什么要过于执着？二是做人干吗为难自己？三是为什么不相信自己？四是为什么不依靠自己？五是为什么不量力而行？六是为什么不反省自己？七是为什么不放手一搏？八是为什么要活在当下？

八大心态让自己快乐：一是最重要的是今天的心情；二是自己的心痛只能自己疗；三是好心境是自己创造的；四是用心做自己该做的事；五是别总是自己跟自己过不去；六是不要追逐世俗的荣誉；七是极端不可取；八是注意不要活得太累。

用九个方法做出更好的选择：一是别害怕后果；二是跟着自己的直觉走；三是考虑你的情感因素；四是和自己唱反调；五是盯住眼前的目标；六是不要为无法补救的事懊悔；七是用另一种方式看问题；八是注意社会压力；九是限制你的选择。

九个“心存”：心存希望，幸福就会降临你；心存梦想，机遇就会笼罩你；心存坚持，快乐就会常伴你；心存真诚，平安就会跟随你；心存善念，阳光就会照耀你；心存美丽，温暖就会围绕你；心存大爱，崇高就会追随你；心存他人，真情就会回报你；心存感恩，贵人就会青睐你。

调整心态的九种认识：一是最重要的是今天的心情；二是别总是自己跟自己过不去；三是用心做自己该做的事；四是不要过于计较别人的评价；五是每个人都有自己的活法；六是喜欢自己才会拥抱生活；七是不必一味讨好别人；八是不妨暂时丢开烦心事；九是自己感觉幸福就是幸福。

释放压力的十种方法：一是一次只担心一件事情；二是每天集中精力几分钟；三是说出或写出来你的担忧；四是不管你有多忙碌，一定要抽空锻炼；五是享受按摩的乐趣；六是放慢说话速度；七是不要太过严肃；八是不要总让否定的声音围绕自己；九是让自己彻底放松一天；十是至少记住今天发生的一件美好事情。

让自己开心的十七个妙招：忘记过去；对自己的生活负责；建立关系网络；寻找各种各样的激情；磨炼自己的意志；成为你自己；为自己的人生目标生活；记得你获得的祝福；有积极的思想；有创意的工作；从你所拥有的开始；改变；运用你的智慧；在意身边的小事；放弃野心；让别人开心；学会同情。

摆脱心理压力二十招：一吐为快；开怀大笑；听听音乐；阅读书报；重新评价；大喊大叫；与人为善；不要挑剔；留有余地；学会躲避；免当超人；放慢节奏；做些让步；遇事沉着；逐一解决；熄灭怒火；做点好事；眺望远方；换个环境；外出旅游。

要想从源头上消除烦恼，就要在人与人不平等时候懂得“知足”，把自己的心态定格于“比上不足，比下有余”的位置，快乐就会永远和你相伴。

任何事情即使再坏，也有好的一面，选择人生最积极的一面；命好不如心态好，要改变你的世界，先改变你的心态；心态好，一切才会向好的方向转变；调整心态，把痛苦转化为能量，烦恼就比别人少；决定成败的关键是心态，而不是智商；生活在天堂还是地狱，取决于你的心态。

语言的自我暗示具有惊人的“变现”能力。你一天到晚说“烦死了”，想不烦都难；你总是把“做不到”挂在嘴边，你也就真的做不到；你常对自己说“我不行”，慢慢地连别人都会觉得你不行。每天早上迎着朝阳，对自己说几句提气的话吧，不要让消极的自我暗示语言腐蚀了自己。

人的一生中不顺心之事常十之八九。烦恼，实乃人生健康之大敌。生活中的烦恼，说有就有，没有也会有，说没有就没有，有也会没有，关键是个人对待烦恼的认识和处理的方法。因为烦恼是由心态决定的，调整好心态是消除烦恼的唯一途径。

当我们被一些人生的绊脚石挡在道路中间、进退两难的时候，使我们害怕的，往往并不是事情本身，而是我们想象出来的事情的结果！就像怕黑的人在面对黑暗时，他所害怕的并不是黑暗本身，而是自己想象出来的、躲在黑暗背后的那种“结果”。所以我们所面临的实际困难，也许并没有想象中的那样可怕。

最使人疲惫的往往不是道路的遥远，而是你心中的郁闷；最使人颓废的往往不是前途的坎坷，而是你自信的丧失；最使人痛苦的往往不是生活的不幸，而是你希望的破灭；最使人绝望的往往不是挫折的打击，而是你心灵的死亡。凡事看淡一些，心放开一点，一切都会慢慢变好。

看别人不顺眼，是自己修养不够。人愤怒的那一个瞬间，智商是零，过一分钟后恢复正常。人的优雅，关键在于控制自己的情绪，用嘴伤害人，是最愚蠢的一种行为。我们的不自由，通常是因为来自内心的不良情绪左右了我们。一个能控制住不良情绪的人，比一个能拿下一座城池的人强大。

当人的情绪处于低潮时，对任何事情都提不起兴趣，要学会转移注意力。有些事情既然已经成为事实，就尝试着去接受、去面对。一个人不可能改变世界，世界也不会因你而改变，所能做的，就是适应世界，不钻牛角尖，不要和别人攀比。你的生活，应该有你自己的精彩。

无论社会怎样浮躁，我们自己也不可以浮躁。战胜浮躁的关键是明白自己真正的需要，保持一颗平常心，不要盲目攀比，不要羡慕别人，更不要唯利是图。倾听自己的声音，明白自己的真正需要，而不要随大流，只知道跟在别人后面走。让自己的内心简单起来，内心的浮躁自然烟消云散。

每个人都可能会嫉妒别人，因为嫉妒，我们垒砌出囚禁自己的牢笼，把自己和虚伪、卑鄙关在了一起。嫉妒源于比较，没有比较，就不会产生嫉妒。你就是你，不是其他某一个人，也不需要成为其他某一个人。不要把自己和别人作一些无谓的比较，做好你自己，让嫉妒这个令人厌恶的魔鬼没有藏身之地。

对别人生气 1 分钟，就失去了自己人生中 60 秒的快乐。所以，不要用别人的错误来惩罚自己。

现实难免会有很多的不如意，但有得必有失，事事不可要求圆满，也不能强求完美。即使一切重新来过，我们依然是当初的自己，依然会做出当初的选择。所以，不妨坦然接受现在，努力改善现在。无需为错过的、未曾得到的而悔恨。在你手中总有值得呵护和珍惜的，也总有值得你去追求和期待的！

那个最难让你宽恕的人，正是你最需要宽恕的人。宽恕意味着放弃、放手、让它离开。宽恕意味着不再失去什么，我们需要做的仅仅是学会愿意宽恕，这样你不但解放了他人，也解放了自己。

累了把心靠岸歇一歇。曾经拥有的不要忘记，已经得到的更加珍惜，属于自己的不要放弃，已经失去的留作回忆。选择了就不要后悔，苦了才懂得满足，痛了才享受生活，伤了才明白坚强。总有起风的清晨，总有绚烂的黄昏，总有流星的夜晚。不管昨天、今天、明天，能豁然开朗就是美好的一天。

时间是治疗心灵创伤的良药。那些不堪回首的往事，就像已经结痂的伤口，你不去碰它，它也就慢慢地愈合了；你越去碰它，它就越会让你痛痒难当，甚至鲜血淋漓。一个人的时候，把那些美好的回忆翻检出来，拭去尘埃，用心珍藏；把那些伤痛的记忆统统封印，让层叠的岁月将它一点点地埋葬。

不要为明天忧虑，因为明天自有明天的忧虑；一天的难处，一天担当就够了。远虑是无穷尽的，不要让远虑成为近忧。人生路上有无数的驿站可以歇脚，有的包袱可以等到该背的时候再去背，用不着把所有的包袱都背在今天的背上。我们不是超人，精力总是有限的，不要试图在今天解决明天的所有问题。

虽然有时不如意，一切掌握靠自己，开心面对，做事不觉累。

快乐自己，感染所有人。哭就畅快淋漓，雨后必现彩虹。笑就随心所欲，知足才会常乐。

请记住，快乐的人不是没有痛苦，而是不会被痛苦所左右。人生难免会和痛苦不期而遇，其实痛苦并不可怕，可怕的是内心背叛自己，成为痛苦的帮凶。整理一下自己的心情，忘记那些不愉快的往事，淡化那些矛盾纠葛，把痛苦当做意志的磨刀石。听听音乐，看看风景，说能说的话，做可做的事，走该走的路，见想见的人。带上微笑，和快乐一起出发。这样，别人眼中的痛苦，在自己眼中只不过是浮云。

今天可否走出低落而困扰的状态？如果我们对自己未来人生的期待是个丰盈并充满价值的结局，那么就能够忍受当下暂时的挫败和损失，积极地为明天做足准备，而不让沮丧的心情占据我们的生活。看，只有失败者才惧怕挫折，我们应立足当下并坚守未来，让自己可以快乐并坚强地生活。

时间是治疗心灵伤痛的最好良药。痛苦，需要靠我们自己去慢慢化解。曾经爱过、伤过、痛过的记忆，会随着时间的推移渐渐淡出我们的生活。当我们对痛苦无能为力时，唯一能做的，就是等待那些痛苦慢慢走远。忘掉刻骨铭心的伤痛，忘掉痛彻心扉的感情，你才会在拐角处遇见幸福。

消极悲观的情绪就像传染病，不经意间就传染给了周围的人；而积极乐观的情绪就像冬日里的阳光，照到哪里就把温暖带到哪里。我们都可能成为这种病毒的携带者，也可能成为病毒感染者，所以一定要学会自我诊疗。我们每一个人，都要做阳光的使者，而不要做病毒的帮凶。

昨天已经成为了过去，不论是成功还是失败，不论是经验还是教训，不要再去苦苦地追忆；今天需要做好多事情，好好珍惜每一寸光阴，好好抓住每一次机遇，得失成败关键在于自己；明天健康幸福的愿景，需要我们加倍的努力，全靠自己一点一滴的积累，精彩人生玩的就是实力。请记住，天上永远不会掉下馅饼。

有些伤口，时间久了就会慢慢长好；有些委屈，受过了想通了也就释然了；有些伤痛，忍过了疼久了也成习惯了，然而却在很多孤独的瞬间，又重新涌上心头。其实，有些藏在心底的话，并不是故意要去隐瞒，只怕一说出来，就是一个永远的错误，要知道，并不是所有的疼痛，都可以呐喊。

假装坚强，是不想让人看到眼泪；假装开心，是不想让人知道寂寞；假装高兴，是不想让人看见伤口；假装甜蜜，是不想让人看见泪水；假装轻松，是不想让人发觉心酸；假装幸福，是不想让人看见疤痕；假装成熟，是不想让人看出无知；假装聪明，是不想让人看到失败；假装快乐，是不想让人看出孤独。

不管多远的路，也能走到尽头；不论多深的痛苦，也会有结束的一天。背负明天的希望，在每一个痛并快乐的日子里，才能走得更加坚强；怀揣未来的梦想，在每一个平凡而不平淡的日子里，才会笑得更加灿烂。只要不放弃，就没有什么能让自己退缩；只要够坚强，就没有什么能把自己打垮。

生命中有一些人与我们擦肩了，却来不及遇见；遇见了，却来不及相识；相识了，却来不及熟悉；熟悉了，却还是要说再见。对自己好点，因为一辈子不长；对身边的人好点，因为下辈子不一定能遇见。

有时候，你被人误解，你不想争辩，所以选择沉默。本来就不是所有的人都得了解你，因此不必对全世界喊话。生命中往往有连舒伯特都无言以对的时刻，毕竟不是所有的是非都能条列清楚，甚至可能根本没有真正的是与非。那么，不想说话，就不说吧，在多说无益的时候，也许沉默就是最好的解释。

一个老人在高速行驶的火车上，不小心把刚买的新鞋从窗口掉了一只，周围的人倍感惋惜，不料老人立即把第二只鞋也从窗口扔了下去。这举动更让人大吃一惊。老人解释说："这一只鞋无论多么昂贵，对我而言已经没有用了，如果有谁能捡到一双鞋子，说不定他还能穿呢!"

张三在山间小路开车，一辆货车司机摇下窗户对他大喊一声："猪!"张三听了很纳闷，也很生气，于是他也摇下车窗回头大骂："你才是猪!"刚骂完，他便迎头撞上一群过马路的猪。不要错误地诠释别人的好意，那只会让自己吃亏，并且使别人受辱。在不明所以之前，先学会按捺情绪，耐心观察，以免事后生悔。

相传，宋神宗年间，苏东坡被弹劾下大狱，一天夜晚，皇上派太监到狱中暗探，苏不知情当然不予理会，倒头便睡。太监回宫如实禀报，宋神宗点点头说，"我知道了，他于心无愧"。不久苏轼出狱了。苏轼无愧于心，身系牢狱，仍无烦恼。所以，在处理人际关系时，要以"知耻"为荣，不生害人之心，君子坦荡荡，烦恼就不会缠着你。

八 职场

一个人的职业理想需要在职场中实现，因此，提高识别和解决职场问题的能力是十分重要的。每个即将走向职场或正在职场拼搏的人都应该丰富自己的智慧，去解决所面临的问题。

（一）职场的规律（怎么样?）

下对注，赢一次；跟对人，赢一世。

合作能力是自我发展的重要保证。这需要一是不能太计较，不要算得太精，贪小便宜。二是不能太苛刻，不要强加于人，逼人太甚。

职场二要：一要有靠山，但比靠山还可靠的，是让自己有价值。二要留有心眼儿，上司说他对你很放心，事实可能正好相反。

拜访客户要做到的三件事：一是注意让客户说，每说 45 秒，一定要调动客户说 15 秒。保持和对方一个语速。二是在 3 分钟后，就要找到客户的兴趣范围，引导话题到对方的热点区。三是努力让客户记住自己的独特之处，而不是公司的，不是产品的。关注对方的心理预期、性格特点、素质和阅历。

职场三大规律：一是你的爱好就是你的方向，你的兴趣就是你的资本，你的性情就是你的命运。二是简单的事情重复做，你就是专家；重复的事情用心做，你就是赢家。三是美丽是属于自信者的，从容是属于有备者的，奇迹是属于执着者的，成功是属于顽强者的。

职场七哲学：一是锋芒太露容易没饭吃；二是诚实不当傻瓜，坦诚而不幼稚；三是不要做功高盖主被诛杀的那个人；四是落难时的朋友是钻石；五是不得罪一个小人；六是世界上到处都是“聪明”的傻子；七是与人相处的最佳状态是双赢。

职场中八个不良心理问题：一是狂妄；二是要求自己处处做英雄，也要求别人达到他的水准；三是不懂装懂；四是言行强硬，毫不留情，凡阻挡去路者，一律铲平；五是毫无自信，觉得自己不胜任；六是典型的悲观论者，杞人忧天；七是压抑感情，严重缺乏面对冲突和解决冲突的能力；八是非黑即白。

领导最喜欢重用的十种人：一是有真才实学的人；二是在某一方面有特长的人；三是敢于承担责任的人；四是清正廉明两袖清风的人；五是只做不说守口如瓶的人；六是善于交际的人；七是能为领导排忧解难的人；八是阿谀奉承溜须拍马的人；九是有背景的人；十是喜欢找领导办事的人。

领导最不喜欢重用的十种人：一是才华出众、能力超群的人。二是固执死板、刚正不阿的人。三是见利忘义、唯利是图的人。四是不太听话、喜欢分权的人。五是吃里爬外、缺乏忠诚的人。六是喜欢抓领导把柄、跟领导对着干的人。七是主意不正、立场不坚定的人。八是老实巴交、不会来事的人。九是斤斤计较、牢骚满腹的人。十是爱出风头、到处炫耀的人。

容易导致失败的十大主因：一是先天不足，后天不努力；二是没有明确的人生目标；三是自律能力差，不能控制自己欲望；四是生活不健康；五是成长环境不良；六是意志薄弱，个性消极，缺乏执着精神；七是重大关头做出错误选择；八是追求虚荣；九是固执与偏见；十是对人、对事都缺乏激情。

影响职场晋升的十二种心态：一是总觉得自己不够好；二是无止境地追求高升；三是非黑即白看世界；四是无条件地回避冲突；五是强横压制反对者；六是天生喜欢引人侧目；七是过于自负急于成功；八是疏于换位思考；九是被困难“绳捆索绑”；十是不懂装懂；十一是常常怀疑自己的选择；十二是管不住自己的嘴巴。

容易带来好运的十四种习惯：一是面带微笑；二是气质纯朴；三是不随便向朋友借钱；四是背后说别人好话；五是听到某人说别人坏话时只微笑；六是过去的事不全让人知道；七是尊敬不喜欢你的人；九是对事无情对人有情；十是多做自我批评；十一是为别人喝彩；十二是知道感恩；十三是学会聆听；十四是说话常用“咱们”。

职场自闭症主要表现：平时独来独往，不喜欢和别人交流，只喜欢一个人闷头待着，但凡处在社交场合都感觉别扭。由于不善言语、过于“低调”，易被同事们“边缘化”，与领导沟通和交流起来也倍感吃力，与客户打起交道来更是力不从心，频频失手，是职业生涯的“绊脚石”。

“高级打工仔”，是一群在心理上备受煎熬的特殊群体，他们所承受的心理压力很大，他们所做的，很多并不是自己所喜欢的。他们所说的，很多也是连自己都认为是不该说的。由于这种身与心、言与行的分离，使得很多本来很优秀的人才也只能碌碌无为，在灰暗中苦苦地等待着自己职业生涯的结束。

遇到事，如果你从乐观的方面去想，你就会有一种积极的心态，结果通常也会是好的；如果从悲观的方面去想，你的心态就会变得很消极，结果通常也是糟糕的！

偶然间我们发现，曾经走过的日子竟是那么苍白，一切如井水般平静，又似乱麻般无序。属于我们的时间是不多的，我们要多些惜时的紧迫感，每天要善于扪心自问：如何抛下过去的包袱？怎样解决当前的问题？能够拥有什么样的明天？其实我们能做的就三件事：不被过去所绊，不被现在所困，不被未来所惑。

以为有几年工作经验，其实只是一年工作经验用了几年；以为犯了几百个错误，其实只是一个错误犯了几百次；舍近求远和原地踏步，是我们职业生涯里最容易习以为常的状态。

读“三国”，学心理，从“三国”人物经历，给我们职场生存的启示：刘备：集团总裁完全可从摆地摊做起；诸葛亮：进私企其实比进国企更有发展空间；吕布：频繁跳槽直接导致没老板敢录用你；庞统：长得太丑可能会影响你的应聘效果；杨修：职场上总搞得比领导高明，会死得很惨。

有头驴，拉了一辈子磨，主人怜悯它，就让它在草地上自由自在吃草。可是驴对广阔的世界视而不见，而是一步一个脚印的，绕着一棵树打转。原来，这头驴拉了一辈子磨，除了转圈已经不知道别的。许多人就像这头驴，终其一生被拴在自己的心智模式上打转。除非你能够正确地认识自己，否则不会明白。

在故宫博物院中，有一位太太不耐烦地对她先生说：“我说你为什么走得这么慢。原来你老是停下来看这些东西。”有人只知道在人生的道路上狂奔，结果失去了观看两旁美丽花朵的机会。

（二）职场的智慧（要……）

职场“三勇”：一是勇于自我剖析，认识自己，了解自己的优势与劣势，据此思考下一步该往哪里走。二是敢于承担责任，做错了主动认错。三是勇于直面挑战，避免频繁跳槽，要有一定的积淀才能有质的飞跃。

职场生存“三字经”：忍、狠、滚。忍——能学会沉静，放低心态，谦虚行事，戒除浮躁，在团队中站准自己的位置。狠——能打造核心竞争力，必备绝活，关键时刻，一旦你的专长出手，所有人都退避三舍，四方臣服。滚——如果你不适合眼下的这份工作，就应当适时、果断、理性地重新寻找职业平台。

办事四个基本原则：凡早也是要办，晚也是要办的事，一定要早办；凡主动也是办，被动也是办的事，力争主动办；凡也可以去办，也可以不办的事，尽可能地办；凡冷淡也是办，热情也是办的事，要热情地办。

成为职场达人的四个条件：一是看清自己最擅长的工作，只有这样你才会得到意想不到的回报；二是确定自己最想做的工作，只有这样你才会真正用心工作；三是不能安于现状，要努力开拓进取；四是心理接受能力要强，不能一点打击就退缩。

职场四不要：一是不要每天板着个脸，既影响别人的心情，也有损自己的形象；二是不要在同事面前说领导的不是，因为你永远不知道自己所说的话是怎样传到领导耳朵里的；三是不要和别人比辛苦，每个人做的事情大家都看得见；四是不要指望你能得到所有人的喜欢，因为那是绝对不可能的。

职场四哲理：一是做事就是做人，后者的重要性比前者重要十倍；二是铁饭碗的真正含义不是在一个地方吃一辈子饭，而是一辈子到哪儿都有饭吃；三是你要去适应你的老板，而不能指望你的老板来适应你；四是雄心大志要藏好，大张旗鼓地告诉全天下人，你要坐上上司的位置，这无异于向同僚，乃至你的上司宣战。

职场四禁忌：一忌抱怨。生气不如争气，抱怨不如改变；与其抱怨环境，不如改变心境。二忌推脱。没有人愿意偷懒，只不过是缺乏诱人的目标。三忌沮丧。失败是对人格的考验，沮丧是对自身能力的不自信。四忌逃避。逃避不一定躲得过，面对不一定更难过；失去不等于不再有，转身不代表最软弱。

五句话让你职场心理更成熟：一是“我马上处理”，表现出上司传唤时责无旁贷；二是“他（她）的主意真不错”，表现出团队精神；三是“这个报告没有你不行啦”，说服同事帮忙；四是“让我再认真地想一想，3 点以前给你答复好吗”，巧妙闪避不知道的事；五是“我很想知道你对这件事情的看法”，这是恰如其分地讨好。

办公室五不要：一是不要轻易表达意见；二是不要迟到；三是不要因为个人好恶影响工作；四是不要和上司发生冲突；五是不要太严厉。

写给自己的五句话：一是“再难也要坚持”。二是“再好也要淡泊”。三是“再差也要自信”。四是“再多也要节省”。五是“再冷也要热情”。

公共演讲六点注意：一是做 PPT（微软办公演示）前先拿纸，把你想表达的思想写下来，这比信息更重要；二是站在受众角度想清楚他们要什么，用最简单的话说出你的观点；三是永远只有三部分，而非四点或五点；四是投影少文字，多图片；五是幽默，别刻板；六是讲故事。

职场最重要的六句话：最重要的八个字是：“我承认我犯过错误”；最重要的七个字是：“你干了一件好事”；最重要的六个字是：“你的看法如何”；最重要的五个字是：“咱们一起干”；最重要的三个字是：“谢谢您”；最重要的两个字是：“咱们”。

职场人际关系六忠告：一是人际关系是一种战略资源，要善于储备，切莫目光短浅；二是你可以瞧不起领导，但不可以瞧不起他的位置；三是你要出人头地，就不要占别人便宜；四是同事是伙伴而非朋友，合作不可以有亲疏之别；五是要把握时机积极进取，切莫“谦虚过度”埋没实力；六是你要放射自己的光，但不要吹灭别人的灯。

自我成长的六个反思：一是观察走在你前面的人，看看他为何领先，学习他；二是认为整个世界都错的人，极可能错在自己；三是相信你做得到，你一定做到；四是不断告诉自己某件事，即使不是真的，最后也会让自己相信；五是如果你想要更上一层楼，就为别人提供超出预期更多更好的服务；六是勇气只是多跨一步超越恐惧。

职场七劝：一是哪里都是江湖，职场也是战场；二是与人为善，但要万事小心；三是外柔内刚，强过外刚内柔；四是不要对别人的言行太过计较，没意思；五是你越开心，对手越郁闷；六是你越成功，对对手打击越大；七是不要把职位和金钱看得太重，真正有事业心的人，站得更高，看得更远。

和谐人际关系的七个谨记：一是多琢磨事，少琢磨人；二是多向前看，少往后看；三是多在当面说，少在背后议；四是多换位思考，少本位至上；五是多补台，少拆台；六是多理解，少指责；七是多揽过，少争功。

成长所需的八种能力：一是考虑问题时的换位思考能力；二是强于他人的总结能力；三是简洁的文字表达能力；四是信息资料收集能力；五是目标调整能力；六是超强的自我安慰能力；七是书面沟通能力；八是企业文化的适应能力。

职场八到：一要眼到，眼中有活，眼看玄机；二要耳到，善于倾听，听中有悟；三要手到，动手做事，磨炼技艺；四要脚到，快人一步，勤敏利索；五要嘴到，能说会说，关系融洽；六要身到，扑身干活，感动人心；七要意到，心领意会，沉稳可信；八要心到，恒心坚持，成功在望。

职场减压八把实用金钥匙：一是放弃无意义的固执。二是坚决不做“全优生”。三是勇于做个“挑战者”。四是制订计划表。五是通过沟通释放压力。六是劳逸结合的生活状态。七是不可或缺的一日三餐。八是尝试打破现状。

职场生存八法则：一是要爱你的工作，不要因为个人好恶影响工作；二是要学会微笑，不要冲动做事；三是要有原则，不要遇事举棋不定；四是要尊重别人隐私，不要轻易吐露他人私事；五是要成功就一定要有使命感和责任感；六是该吃苦就要学会吃点苦；七是想到+做到=（可能）得到；八是好人缘是做出来的。

工作八忌：一是不要把含糊其辞的话放在嘴边；二是不要拖延工作；三是不要认为理论上可以实施就大功告成了；四是不要让别人等你；五是不要认为细节不重要；六是不要表现得消极，仅仅因为你所做的事情不是你的兴趣；七是绝对不要把改善工作能力仅寄托在单位培训上；八是不要推卸责任。

与上司相处的九个准则：学会倾听；说话做事简洁明了；做事要讲一点战术；解决好自己分内的问题；维护上司的形象；积极主动工作；信守诺言；了解你的上司；关系要适度。

麻省理工职场九理念：一是永远不抱怨，抱怨只会暴露你的无能。二是公私要分明。三是随时保持积极主动。四是不要过多流露自己的情绪和情感。五是做事讲效率。六是跟同事领导搞好关系，但不要妄想和他们成为知心朋友。七是少说话，多做事。八是该知道的知道，不该知道的甭打听。九是有些事情看破但不要说破。

职场人际关系十大智慧：一是融入同事的爱好之中；二是不随意泄露他人隐私；三是不要让感情“挡”道；四是闲聊应保持距离；五是远离搬弄是非；六是低调处理内部纠纷；七是切忌随意伸手借钱；八是牢骚怨言要远离嘴边；九是得意之时莫张扬；十是不私下向上司争宠。

职场十个黄金习惯：一是用关心和自责的口吻说话，责人之前先责己；二是遇事找方法而不是找借口；三是养成记录习惯，不要依赖脑袋；四是永远不说不可能；五是提醒自己随时记录灵感；六是用心倾听不打断别人的话；七是真诚赞美别人；八是凡事预先作计划，尽量将目标视觉化；九是多微笑；十是不断充电。

快乐工作的十种途径：一是把工作当做自我价值的实现过程；二是品味成长中的点滴进步；三是从成功中获得满足和快感；四是体会人际关系的真挚情谊；五是有节律地安排生活与工作；六是倾心做好每一件事；七是分享团队的努力与成就；八是珍惜每一次合

作机会；九是不忘闲情逸致；十是忘掉烦恼，把心事交给清风。

职场十忠告：一是办公室里只有两种人，主角和龙套；二是理想是需要的，但不是别人的理想，而是你自己的；三是你可以不聪明，但不可以不小心；四是你说的每句话，老板都会知道；五是偶尔对老板交心是必要的，但要有的放矢；六是不管什么时候，低调总是最安全的；七是把自己当成聪明人，往往是最笨的；八是你是上司的人，上司未必是你的人；九是站在上司立场想问题，站在自己立场办事情；十是高你半级的人是最危险的，同级的是天然敌人。

职场必知：一是一定要微笑；二是不谈论沉重话题；三是倾听时要有所回应；四是做几个让人印象深刻的表情；五是不要把后背靠在椅子上；六是目光在对方的三角区游荡；七是尽量让对方多说话；八是找不到共同话题时，就重复对方观点；九是不透露过多个人细节；十是尽量减少说话时的手势；不掩饰自己的缺陷或错误；十一是说话尽量减少口头语。

笑傲职场十二点：一是理由少一点；二是想法多一点；三是胆量大一点；四是嘴巴甜一点；五是脾气小一点；六是行动快一点；七是效率高一点；八是微笑露一点；九是脑筋活一点；十是闲话少一点；十一是真诚多一点；十二是眼光远一点。

急事，慢慢地说；大事，清楚地说；小事，幽默地说；没把握的事，谨慎地说；没发生的事，不要胡说；做不到的事，别乱说；伤害人的事，不能说；讨厌的事，对事不对人的说；开心的事，看场合说；伤心的事，不要见人就说；别人的事，背后不说；现在的事，做了再说；未来的事，未来再说。

管住自己的舌头，是一个人从幼稚走向成熟的重要标志之一。

人类的舌头如同一头桀骜不驯的野兽，不断地想要打破牢笼。一旦它冲出牢笼，就会狂奔乱窜，让人追悔莫及。如果不想让这头野兽给你闯祸，你就需要用理智打造一个牢不可破的牢笼，让你的舌头老老实实地听你指挥。

要拿捏好“露”与“藏”的分寸。锋芒毕露、咄咄逼人，虽然可能很快有所斩获，但也使自己的破绽暴露无遗。再精妙的剑法，全部使完之后，别人也就觉得不过而已。能力再强的人，如果做不到收放自如，也会成为强弩之末。适当隐藏，既是示人以弱麻痹敌人，也是为了积蓄力量在关键时刻全力一击。

求职心理技巧：与一个人初次会面，三五秒钟内就能产生第一印象。第一印象能够在对方的头脑中形成并占据着主导地位。面试中首因效应的作用不可小瞧，虽然考官的“印象”标准不一样，但总体来说有些标准是一致的，这就是：踏实、开朗、自信、坦诚、机敏、干练的人，会给人留下良好的第一印象。

不要在同事面前说别的同事，因为你们都是同一根绳子上的蚂蚱；不要在上司面前诋毁别的同事，因为上司远比你聪明；不要在同事面前表达对上司的不满，同事会将话传到上司，因为这是他在上司面前表现忠诚的最好机会；不要在更高的上司面前埋怨顶头上司，因为他们合作的利益远大过你。

擦去桌子上的污迹或为同事倒一杯茶水，这些微不足道的小事是你要养成并不断强化的良好习惯。对于你的工作而言，这是一笔平稳可信的资本。

不要与光彩夺目的人相处，这样只会暴露你的缺陷；不要与爱挑剔的人相伴，这样只会显示你的缺点；与“太阳”型的人在一起，只会灼伤自己；而与互补型的人在一起，事业会蒸蒸日上。避人所长，补己之短，找准自己的位子，使自己成为团队中不可缺的人。

面对失败和挫折，一笑而过是一种乐观自信，然后重整旗鼓，这是一种勇气；面对误解和仇恨，一笑而过是一种坦荡宽容，然后保持本色，这是一种达观；面对赞扬和激励，一笑而过是一种谦虚和清醒，然后不断进取，这是一种力量；面对烦恼和忧愁，一笑而过是一种平和释然，然后努力化解，这是一种境界。

我们的生活在得失之间要保持平静的心：得，不必过分喜悦；失，也不要过分悲伤，得失之后还有未来。

如果不喜欢现在的工作，要么辞职不干，要么闭嘴不言。初出茅庐，往往眼高手低，心高气傲，大事做不了，小事不愿做。不要养成挑三拣四的习惯。不要雨天烦打伞，不带伞又怕淋雨，处处表现出不满的情绪。记住，不做则已，要做就要做好。

面对别人的轻视和怠慢，我们不应回避和退缩，应主动表示友好，这样做才是有益和实用的。在退避三舍和锋芒毕露之间有块中间地带，不妨一试。

马太效应是指好的愈好，坏的愈坏的这种现象，1968 年美国研究者罗伯特·莫顿提出这个术语。人最大的敌人是自己，态度积极主动执着，那么你就赢得了物质或者精神财富，获得财富后，你的态度更加强化了你的积极主动性，如此循环，你才能把马太效应的正向效果发挥到极致。

不要为了任何人任何事折磨自己。比如不吃饭、哭泣、自闭、抑郁，这些都是傻瓜才做的事。当然，偶尔傻一下有必要，人生不必时时聪明，人生难得糊涂。有些话，适合烂在心里，有些痛苦，适合无声无息的忘记。当经历过了，你也成长了。很多改变，不需要你说，别人会看得到。

在牌场上，握有一手好牌的人毕竟只是少数，在大部分人的牌差不多的情况下，心态好的人才能成为赢家。我们无法选择命运给我们的安排，但我们可以选择对待和接受命运的态度。遭遇逆境并不等于给我们的命运宣判“死刑”，真正的法官永远是我们自己，只有我们自己才有资格对命运做出最终的判决。

父子二人经过五星级饭店门口，看到一辆十分豪华的进口轿车。儿子不屑地对他的父亲说：“坐这种车的人，肚子里一定没有学问！”而父亲则轻描淡写地回答：“说这种话的人，口袋里一定没有钱！”你对事情的看法，是不是也反映出你内心真正的态度？

小蜗牛问：“为什么我要背壳？”妈妈：“我们的身体没有骨骼的支撑，爬不快，所以要这个壳的保护！”小蜗牛：“毛虫没骨头爬不快，而它为什么不用背壳呢？”妈妈：“毛虫变成蝴蝶，天空保护她。”小蜗牛：“蚯蚓没骨头爬不快不背壳呢？”妈妈：“蚯蚓会钻土，大地保护他。”小蜗牛：“天空不保护我，大地不保护我。”妈妈：“我们靠自己啊。”

一个学生问老师：“你的知识比我多许多，可你对自己的解答总有怀疑？”老师用笔画了大圆圈，画了小圆圈，说：“大圆圈的面积代表我掌握的知识，小圆圈的面积代表你掌握的知识，这两个圆圈以外的地方就是你和我无知的部分，大圆圈比小圆圈大，因而接触的无知部分也比小圆圈多，这就是我常常怀疑自己的原因。”

九 做人

人出生到死亡之前，始终面临着社会化的问题。所谓社会化，就是使自己的言行符合他人和社会的要求，符合自己所扮演社会角色的要求，是不断学习、成长和进步的过程。人的一生只需完成两种任务，一是做人，二是做事。做人和做事一样，要有一定的原则和方法。如何做人，是每个人一生的课题。

（一）做人的道理（是什么?）

交往七定律：一是诚信定律，人无信则不立。二是赞美定律，人人都渴望得到赞美。三是面子定律，给人面子就是给已面子。四是婉转定律，善意的谎言常常都是美丽的。五是忍让定律，忍让会使人际关系变得更和谐。六是刺猬定律，给彼此一个自由的空间会更舒适。七是共赢定律，双方都成功才是真的成功。

常言道："做事一阵子，做人一辈子。""做事有止境，做人无止境。"做人不成功，成功是暂时的；做人成功，做事不成功也是暂时的。决定人生成败的三分在于做事，七分在于做人，人生的一切成功归根结底都是做人的成功，人生的一切失败归根结底都是做人的失败。因此，做任何事情之前，要先学会怎样做人。

人生一世，一是做人，二是做事。古今中外，无论是成名于皇庭贵院，还是发迹于市井游途，举凡成大器者，莫不将"三分做事，七分做人""做事为要，做人为先"的信念根植于心。

做事与做人之间，做事是能力，做人是品德，做事三分，做人七分，论的是德重于能；做事是能力，做人是素质，做事三分，做人七分，论的是人情世故；做事是能力，做人是途径，做事三分，做人七分，论的是终南捷径。

成功之人，一定是有人格魅力的人。一个人失去金钱没有什么，失去朋友也没有什么，然而如果失去信用，就失去了全部。一个人的人格是他自己的脊梁。得人心者得天下。

有一个农民，为人处世踏实，说了一段影响了很多人的话：“我们很多人和别人交往，总觉得自己吃亏了。但实际上，在旁人看来，你们彼此得失相当，你既没吃亏也没占便宜。如果你觉得自己不亏也不赚，那么在旁人看来，你一定占便宜了；如果你觉得自己占便宜了，而对方没有跳起来，那么要么是对方很伟大，要么是你很伟大！”在这位智慧的农民悟出这个看似简单的道理之后，联想的创始人柳传志提出了他的鸵鸟理论：一个人在评价自己的能力和贡献的时候，总觉得自己比别人高一等。当两个人都是一只火鸡的时候，他就觉得自己比别人大；当他是一只火鸡，而别人是只小鸡的时候，他又觉得自己是只鸵鸟，比别人要大好多；而有一天当他真的看到鸵鸟的时候，他会说，噢，这只鸡比我大一点！其实，当两只鸡一样大的时候，人家肯定觉得你比人家小；当你是只火鸡，人家是只小鸡，你觉得自己大得不行了的时候，小鸡会觉得咱俩一样大；只有当你是只鸵鸟的时候，小鸡才会承认你大。所以，人们一定要时刻记得提醒自己要有自知之明，千万不要把自己的力量估计得过高。

经营人脉的十条铁律：一是想钓到鱼，就要像鱼那样思考；二是不要总显示比别人聪明；三是让对方做主角，自己甘愿做配角；四是目中无人让你一败涂地；五是常与人争辩，你永难赢；六是锋芒太露，下场不好；七是牢记刺猬原则，保持适当距离；八是树一个敌，等于立一堵墙；九是谦虚不虚伪，不苛求完美；十是失言不如无言。

有缘分的偶遇，才有认识的朋友；有沟通的过程，才有了解的朋友；有联系的保持，才有永远的朋友；有关怀的送上，才有温暖的朋友；有相助的行动，才有感恩的朋友；有支持的鼓励，才有贴心的朋友；有欢乐的笑声，才有开心的朋友；有真心的对待，才有知心的朋友。

感恩是一首诗，每一行诗句都写满了浓浓的爱；感恩是一幅画，每一抹色彩都描绘出深深的情；感恩是一首歌，每一个音符都震颤着暖暖的心。学会感恩，幸福的花儿将朵朵绽放；学会感恩，真情的阳光将洒满心中的每个角落；学会感恩，我们的生命将更加饱满丰盈；学会感恩，我们的生活将更加幸福美满。

世间万事，第一容易的是做人，第一难的也是做人。做人，最关键的就是有自己的准则，有自己独特的个性。做人是一辈子的事，终其一生，谁也不敢说他做人这门功课已经毕业了。

当遇到一件事，已无法解决，甚至是已经影响到我们的生活、心情时，我们通常喜欢在原地踏步、绕圈、抱怨，让自己陷在痛苦的深渊中。此时，何不停下脚步，想一想是否有转换的空间，或许换种方法，换条路走，事便会简单点。生命中常常会有挫折，但那不是尽头，只是在提醒我们：该转弯了。

与人为善，犹如春天的和风、冬日的暖阳，让人倍感亲切、暖意融融。与人为善，是一种宽容的大度、洒脱的身姿，也是一种人际关系中的润滑剂和“软实力”。能够做到与人为善，就是握住了一张介绍自己最有效的“隐形名片”。即使为此吃了些亏、上了点当，也无需挂怀，因为我们得到的已经够多。

一个动作胜过千言万语，一次行动胜过百遍心想。有些人就喜欢做“语言的巨人，行动的矮子”，有的人就热衷于天天想来想去。生活需要我们一点儿一点儿去打理，生命的热情离不开行动去激发。我们的眼睛要看到现实的事情在发生，我们的手脚要去触摸身边的每一个细节。人生的计划，靠我们每天用行动去落实。

与人相处要追求一个“淡”字，就如水一样，无形却能演变万形，无味却能演绎万味。因为淡，淡久生香，所以绵长，既不累心，又可悦人。因为淡，远离了功利，跳出了诱惑，赋情感以本真，给生活以原味，在尘世中浮沉不变色，在众生中穿梭不迷失。这种淡然如水的友情，虽缺少了波澜，但也规避了灾难。

任何一个人都不可能是完美的，总有个性上的缺陷或认识上的不足，所以自我反省必不可少。把反省作为每日的必修课，它能修正我们做人处事的方法，让我们有更明确的方向，将事情做得更好。常常自我反省的人，才能不断修正自己的作为和方向，使自己不断进步。

做人，如果不善于发现阳光面，那只会放大了别人的幸福，缩小了自己的快乐。

舍得微笑，得到的是友谊；舍得宽容，得到的是大气；舍得诚实，得到的是朋友；舍得面子，得到的是实在；舍得酒色，得到的是健康；舍得虚名，得到的是逍遥；舍得施舍，得到的是美名；舍得红尘，得到的是天尊；舍得小，就有可能得到大；舍得近，就有可能得到远。

睿智的人看得透，故不争；豁达的人想得开，故不斗；得道的人晓天意，故不急；厚德的人重谦和，故不躁；明理的人放得下，故不痴；自信的人肯努力，故不误；重义的人交天下，故不孤；浓情的人淡名利，故不独；宁静的人行深远，故不折；知足的人常快乐，故不老。

人生有很多事，需要忍。人生有很多话，需要忍。人生有很多气，需要忍。人生有很多苦，需要忍。人生有很多欲，需要忍。人生有很多情，需要忍。忍有时是怯懦的表现，有时则完全是刚强的外衣。懂得忍，才会知道何为不忍。要记住：越是忍住泪水，越会变成幸福的良药。

追钱财就是追负担，追名声就是追苦难，追美色就是追痛苦，追官位就是追祸患，追美食就是追疾病，追荣誉就是追麻烦。有些东西追上不容易，甩掉更难。有些人拼命追的，正是一些人拼命甩的。一些人发愁追不上的，正是一些人发愁甩不掉的。

当地球 180 度转弯，白天就要变成黑夜；当地球继续 180 度转弯，黑夜又恢复白天。当我们为了一个人 180 度转弯，我们背对着自己的叹息；当我们为了自己再次 180 度转弯，其实一切都可以重新开始！

大事难事看担当，逆境顺境看胸襟，有舍有得看智慧，是成是败看坚持。看淡世间沧桑，内心安然无恙。大其心，容天下之物；虚其心，爱天下之善；平其心，论天下之事；潜其心，究天下之理；定其心，应天下之变。

看得破的人，处处都是生机；看不破的人，处处都是困境。拿得起的人，处处都是担当；拿不起的人，处处都是疏忽；放得下的人，处处都是大道；放不下的人，处处都是迷途；想得开的人，处处都是春天；想不开的人，处处都是凋枯。做一个什么样的人，决定权在自己；有一个什么样的生活，决定权也在自己。

待人三要素：团结能人做大事，团结好人做实事，团结坏人不坏事。进步三要素：你自己行，有人说你行，说你行的人行。说话三要素：该说时会说是水平；不该说时不说是聪明；知道何时该说何时不说是精明。干活三要素：该干时会干是能力，不该干时不干是明智，知道何时该干何时不该干是英明。

情商高的五大标准：一是自我察觉能力，如恼怒时能马上意识到自己的失态；二是驾驭心情能力，在坏心情不期而至时能很快冷静下来；三是自我激励能力，前进时富有激情和目标，摔倒时能很快爬起来；四是理解他人能力，能想人所想，忧人所忧；五是人际交往能力，融入、融通、融合，迅速适应环境并融入团队。

我们要学会沉淀生命、沉淀经验、沉淀心情、沉淀自己！让生命在运动中得以沉静，让心灵在浮躁中得以宁静。把那些烦心的事当做每天必落的灰尘，慢慢地、静静地让它们沉淀下来，用宽广的胸怀容纳它们，我们的灵魂兴许会变得更加纯净，我们的心胸会变得更加豁达，我们的人生会更加快乐。

你若不想做，会找到一个借口；你若想做，会找到一个方法。

帮助别人幸福，你也会得到快乐；帮助别人成功，你也会成功；帮助别人圆梦，你也将圆自己的梦。帮助是一种分享，与你分享的人越多，成功的价值也将越大；帮助是一种力量，你传递得越多，自身的力量也会越强；帮助是一种无言的爱，你给予得越多，也将获得更多的阳光雨露。

梦想的高度决定你人生的高度，你拥有和抱着什么样的梦想，就决定了你的未来是什么样，只要你为此梦想付出足够的努力。人生最重要的不是所处的位置，而是所朝的方向。什么样的瓶子，就装什么形状的水；什么样的眼光，看到的就是什么样的未来；什么样的胸怀，就做什么样的事业。

有一个朋友它叫面对，有一个敌人它叫逃避，“面对”它会让你步入成熟，“逃避”它会让你永远恐慌。心灵需要阳光，打开心窗，面对朝阳。笑是我们在学会坦然，哭是我们在学会长大，回首是我们在学会珍惜，拼搏是我们在学会无畏，在历练中学习，在学习中历练。

为什么要那么痛苦地忘记一个人，时间自然会使你忘记。如果时间不可以让你忘记不应该记住的人，我们失去的岁月又有什么意义？咖啡苦与甜，不在于怎么搅拌，而在于是否放糖；一段伤痛，不在于怎么忘记，而在于是否有勇气重新开始。

空气中没有现成的露珠，露珠都是由潮湿的空气一点一滴凝结而成；人生的土地上没有现成的果实，所有成功的果实，都是由辛勤的汗水一点一滴浇灌而成。不要渴望不劳而获，不要幻想没有付出就有回报。没有一种争取是可以一劳永逸地完成的，争取必然是一种每天不断重复的行动，要一天一天地坚持。

当你持续的说你非常忙碌，就永远不会得到空间；当你持续的说你没有时间，就永远不会得到时间；当你持续的说这件事明天再做，你的明天就永远不会来。

坚持≠等待，许多创业者以为自己有宏伟愿景，只要坚持终将成功，但无数人在这种“坚持”中等待失败。创业的目标必须是具体的、阶段性的、可量化的。你今天搞定客户了吗？你今天搞定投资了吗？你今天赚到钱了吗？如果回答“是”，请继续给力坚持，否则问问自己还能等待多久？

一个人要清楚地知道自己的角色和位置，就像知道自己的面孔一样。知道自己的角色，才不会把身份、地位误认为是人生的全部；清楚自己的位置，才不会目中无人或者妄自菲薄。有些人长期生活在鲜花和掌声中，渐渐地就不知道自己是谁了。一个迷失了自我的人，等到幡然醒悟的时候，岁月早已远去。

做人的最佳状态是刚柔相济。刚是一种威仪，一种自信，一种气概；柔是一种风度，一种魅力，一种姿态。刚有泰山压不弯的脊梁，柔则有鸟鸣啁啾的婉转；刚有百万雄师过大江的气势，柔则有滴水穿石的耐心和功效。刚太过则易生暴虐，柔太过则显得卑弱。刚中有柔，柔中带刚，刚柔相济，才是人生最理想的状态。

低调只是针对为人而已，如果对人生、对事业太低调，会埋没人才。对于事业，应该有崇高的追求和执着的创新，同时，要创造机会展示自己的才华、自己的智慧。为人低调并非是妥协、退让、懦弱，而是一种智慧，一种远见，是一种对人的尊重！

我们可以没有信仰，但是不可以没有信念。信仰让我们的灵魂有所归依，信念让我们心灵更加坚强有力。坚定的信念是源头活水，让生命的河流奔涌不息；坚定的信念是开山神斧，劈开挡在成功路上的高山巨石。让我们永远保持坚定的信念，在人生的漫漫征途中披坚执锐、勇往直前！

放弃有时候比坚守还困难，因为放弃也是一种选择。放弃的最高境界是不后悔，在不该放弃的时候放弃一定会后悔，在该放弃的时候不放弃也会后悔。做任何事都要付出成本，其实人生最大的成本不是金钱和时间，而是机会。一个人越是什么也不愿放弃，可能就越容易错过人生中最宝贵的机会。

无论是谁，都有充足的理由相信自己。显赫也罢，平淡也罢，尊贵也罢，卑微也罢，一切都不重要，关键是我们要有自信的态度。拥有自信，我们才能舒展自己的每一个细胞，开创属于自己的一片天地。自信的人不会沉沦。一个人不论活得多么卑微，自信就是一笔巨大的财富，是人生能笑到最后的资本。

学会做人是一门学问，一个人幸福的保证。有人曾说过：“说该说的话；先为别人想；沉得住气。”浓缩了做人的道理。说话不仅用嘴巴，更要用脑子，控制住自己的嘴巴有益于别人，保护了自己；为别人想，利益了别人也利益了自己；沉得住气是成大事的必备前提，以静制变，从容不迫，方能化险为夷。

人生在世，风风雨雨，不如意事常有八九，凡事要看开，否则是自寻烦恼。因打击而想不开，会给自己，也会给家人带来巨大的折磨。很多东西看淡一点，便能更加逍遥一些，轻松一些，快乐一些。事情已经发生，便要学会接受不可改变和挽回的，并去努力改善可以改善的。不接受、想不通、郁闷，于事无补。

紧紧攥住黑暗的人，永远看不到阳光。很多人都希望自己获得更多，却不愿意将自己已经获得的东西松手。只有肯舍弃的人，才可能获得更多。不舍弃鲜花的绚丽，就得不到果实的香甜；不舍弃夜晚的温馨，就得不到朝日的明艳。人生的“口袋”只能装载一定的重量，没有舍弃，就可能被包袱压垮在前进的途中。

知足者常乐，知足者多福。知足是一种境界，知足者总是微笑着面对生活，在他们眼里，世界上没有翻不过的山，没有趟不过的河；知足是一种大度，在知足者眼里，一切过分的纷争和索取都显得多余；知足是一种宽容，对社会宽容，对他人宽容，对自己宽容，这样才能得到一个相对宽松的生存环境。

也许已感到精疲力竭，但强大的求生欲望依旧会使我们继续前行；也许已觉得山穷水尽，但对柳暗花明的渴望却总能让我们再找到“又一村”。人的潜能犹如浸水的毛巾，只有残酷现实的大手，才能让我们把自我输出得淋漓尽致。当我们遭遇“前无古人”的磨难时，请别报怨，因为这是创造“后无来者”的必由之路。

其实一个人的快乐与否和金钱的多少没有一定的关系，当一个小孩不知道钱的作用时给他十万元也不会开心，还不及给他一瓶奶呢！而当他长大知道钱可以买零食，给他十元钱却很高兴了。快乐的多少是根据各人的价值观不同而有所不同，同样赚到十元钱，欲望小的人会很开心，而欲望大的人会很失望，很不开心。

完美的生活不是人们可以得到的，是可望而不可即的。科学告诉我们，我们的欲望永远都随着现实而改变，永无止境，所以再苦的日子我们也能过，再好的日子我们也不满足。幸福的生活就是懂得接受不完美。过好每一天，向完美说“不”！

无欲的生命是安静的。一个安静的生命舍得丢下尘世间的一切，譬如荣誉，恩宠，权势，奢靡，繁华，他们因为舍得，所以淡泊，因为淡泊，所以安静，他们无意去抵制尘世的枯燥与贫乏，只是想静享内心中的蓬勃与丰富。真正的安静，来自于内心，淡泊宁静，不为尘世的一切所鼓惑，只追求自身的简单和丰富。

人一简单就快乐，但快乐的人寥寥无几。一复杂就痛苦，可痛苦的人却熙熙攘攘。这反映了一个现实问题：更多的人，要活出简单不容易，要活出复杂却很简单。

有时候，希望时间为自己停下，就这样和喜欢的人地老天荒；有时候，发现身边的人都不了解自己，面对着身边的人，突然觉得说不出话；有时候，在自己脆弱的时候，想一个人躲起来，不愿别人看到自己的伤口；有时候，突然很想逃离现在的生活，想不顾一切收拾自己简单的行李去流浪。

一个人成长的过程，是一个不断在失败中寻找与把握机会的过程，没有失败就无所谓成功。每个人都可以从磨难和失败中成长，就像腐朽的土壤中可以生长鲜活的植物那样。只有当我们能够以平和的心态面对失败和考验，我们才能成熟，才能收获。而那些失败和挫折，也将成为我们生命中的一笔财富。

没有目标的人永远为有目标的人去努力；没有危机是最大的危机，满足现状是最大的陷阱。

人之所以会心累，就是常常徘徊在坚持和放弃之间，举棋不定。生活中总会有一些值得我们记忆的东西，也有一些必须要放弃的东西。放弃与坚持，是每个人面对人生问题的一种态度。

坚持就是胜利。先从能做到的地方养成一种叫“坚持”的习惯，然后再去养成一种叫“坚韧”的性格。我们一起在这里坚持着、坚守着，每一个人都不孤单。播下一种思想，收获一种行为；播下一种行为，收获一种习惯；播下一种习惯，收获一种性格；播下一种性格，收获一种命运。

在通往成功的路上，一马平川、一帆风顺只是一腔情愿，更多的是道路崎岖、荆棘密布。如果知难而退或是止步不前，可能会毫发无损或是小有所成，却永远无法领略那山顶壮丽的风光、享受那历经磨难后成功的喜悦！在这条路上，只有一趟列车可以直达——那就是坚持。坚持到底，才能笑到最后！

放弃，人生优雅的转身。人生，没有永远的伤痛，没有过不去的坎。还是让我们学学杨柳，看似柔弱却坚韧，狂风吹不断；太刚强的树干，却在风中折枝。学会放弃，学会承受，学会坚强，学会微笑，那是一种别样的美丽！适当的放弃，是人生优雅的转身。

放弃该放弃的是无奈；放弃不该放弃的是无能；不放弃该放弃的是无知；不放弃不该放弃的是执着。

放下而不放弃，以丈夫之气概承担责任，处处随缘，事事担当。从内心深处爆发出人性的光辉，让感动的泪水化作照彻人性阴暗角落的阳光，心净则国土净，从点点滴滴的小事上锤炼自己。从身边的人、事做起，以感恩的心面对世界，以包容的心和谐自他，以分享的心回报大众，以结缘的心成就事业。

放弃也是一种选择。任何收益都要付出代价，没有放弃就不可能得到。放弃，是一种量力而行的睿智，一种顾全大局的果敢。放弃并不代表失败和气馁，明智的放弃恰恰是为了得到。很多时候，选择了放弃，便是选择了成功和获得。如果什么都不想舍弃，可能会失去更多；如果能够主动放弃，往往会有许多意外收获。

忘记是一种风度，舍得是一种智慧。忘记是一种修养，舍得是一种境界。人要想让自己的一生过得快乐和幸福，就必须记住该记住的，忘记该忘记的，改变能改变的，接受不能够改变的；要想过得超脱，就要学会舍得，舍得身外的名利和虚荣，舍得一时的风光和潇洒，舍得诱人的利益和荣誉。

活得糊涂的人，容易幸福；活得清醒的人，容易烦恼。这是因为，清醒的人看得太真切，一较真，生活中便烦恼遍地；而糊涂的人，计较得少，虽然活得简单粗糙，却因此觅得了人生的大滋味。

山不解释自己的高度，并不影响它的耸立云端；海不解释自己的深度，并不影响它容纳百川；地不解释自己的厚度，并没有谁能取代她作为万物的地位。低调做人，就是用平和的心态来看待世间的一切，修炼到此种境界，为人便能善始善终，所谓三年不鸣，一鸣惊人。

“三分做事，七分做人。”做事要先从做人开始，做人是做事的第一步，而究竟做的是什么人，最终又将通过你做了哪些事表现出来。

能吃亏是做人的一种境界，是处世的一种睿智。工作中，活儿干得比别人多，你觉得吃亏；钱拿得比别人少，你觉得吃亏；经常加班加点，你觉得吃亏。其实，没必要这样计较，吃亏不是灾难和失败，吃亏也是一种生活哲学。现在吃点儿小亏，为成功铺就道路，也许在未来的某个时刻，你的大福突然就来了。

心存希望，幸福就会降临你；心存梦想，机遇就会笼罩你；心存坚持，快乐就会常伴你；心存真诚，平安就会跟随你；心存善念，阳光就会照耀你；心存美丽，温暖就会围绕你；心存大爱，崇高就会追随你；心存他人，真情就会回报你；心存感恩，贵人就会青睐你。

再贫瘠的土地，只要你精耕细作，它也不会一片荒芜；再低劣的人生，只要你勇于进击，它也不会一潭死水。

我们热衷于艳羡别人的收获，却疏懒于挖掘他们付出的艰辛；我们善于哀叹自己的际遇，却不屑于理会曾经多少的荒废。

正确的执着是成功的阶梯，错误的执着则是一条没有出路的死胡同。有些人艰难地走着往下走去的路，并不是因为前景灿烂，而只是因为舍不得曾经的付出，就像陷入泥潭的人，越挣扎，陷得越深。

对过去恋恋不舍的人，成就不了未来。这个世界上唯一不会变的，就是这个世界随时都在变。你必须相信时间的力量，所以，请尽快从过去中走出来，释怀过去，总结过去，而不是一天到晚地琢磨着回到过去。过去的种种，对现在的你已经毫无意义，仰一仰你的头，看看前面崎岖的路，好好地接着前进吧。

在各种诱惑面前，守得住清贫，耐得住寂寞，挡得住诱惑，确实需要几分淡定和从容。在市井街巷，在喧嚣人群，如果你能独享寂寞，任凭泰山崩于前，也能坚守心灵的阵地，摆脱世俗的羁绊，你就拥有了抗拒诱惑的强大力量。如果你输了，不是败给了外界的诱惑，而是败给了自己的欲望。

职位只不过是一个杯子，而你的修养和品性才是你杯中的尤物。夜光杯中盛的未必就是葡萄美酒，也可能是一杯浊水。粗瓷盏里不见得就是白开水，很可能泡的是一盏极品龙井。外表的精美不能真正掩饰内容的虚华，个中的质量全在自己后天的造化。

寒山问拾得：世间有人谤我、欺我、辱我、笑我、轻我、贱我、骗我，如何处置？拾得曰：忍他、让他、避他、由他、耐他、敬他、不要理他，再过几年你且看他。不争，元气不伤；不畏，慧灼闪光；不怒，百神和畅；不忧，心底清凉；不求，不卑不亢；不执，可圆可方；不贪，富贵安康！

积极的人在每次困难中都看到机会，消极的人则在每次机会中都看到困难。每个人都是上帝咬过一口的苹果，都是有缺陷的！有的人缺陷比较大，那是因为上帝特别钟爱他（她）的芬芳！

不管你的梦想是什么，只有带着淡然的态度，做好当前的事情，才能如愿以偿。只有到了未来，才知道今天做的事情有什么意义。无论你选择做什么，那都是你理想的未来。能抓住机遇的人，大都是不假思索就做出选择的人。不能实现梦想的人，都是想要一样东西，却不愿意为之付出足够努力的人。

心是一个人的翅膀，心有多大，世界就有多大。很多时候限制我们的，不是周遭的环境，也不是他人的言行，而是我们自己。看不开、忘不了、放不下，把自己囚禁在灰暗的记忆里；不敢想、不自信、不行动，把自己局限在固定的空间里……如果不能打破心的禁锢，即使给你整个天空，你也找不到自由的感觉。

放下身段，路会越走越宽。人的身段是一种自我认同，但这种自我认同也会成为一种自我限制。你如果想在社会上走出一条路来，那么就要放下身段、放下你的学历、放下你的背景、放下你的身份，让自己回归到普通人！同时，也要不在乎别人的眼光和批评，做你认为值得做的事，走你认为你值得走的路。

怨恨别人是一种最愚蠢的做法，除了伤害自己，没有任何实质性的意义。怨恨就像自己服了毒却等着别人死亡，又怎么能够让自己快乐呢？对于那些曾经伤害过自己的人，即使不能原谅他，也没必要怨恨他，把他和那些曾经的不快一起埋在岁月的尘埃里，上面竖一块墓碑，写着“我不会原谅你，但也不屑于怨恨你”。

在各种诱惑面前，守得住清贫，耐得住寂寞，经得住诱惑，确实需要几分淡定和从容。在市井街巷，在喧嚣人群，如果你能独享寂寞，任凭泰山崩于前，也能坚守心灵的阵地，摆脱世俗的羁绊，你就拥有了抗拒诱惑的强大力量。如果你输了，不是败给了外界的诱惑，而是败给了自己的欲望。

被误解的时候微微一笑，是一种素养；受委屈的时候坦然一笑，是一种大度；吃亏的时候开心的一笑，是一种豁达；身处窘境的时候自嘲的一笑，是一种智慧；无奈时候达观的一笑，是一种境界；危难的时候泰然一笑，是一种大气；被轻蔑的时候能平静的一笑，这是一种自信；失恋的时候能轻轻的一笑，这是一种洒脱。

面对失败和挫折一笑而过，是一种乐观自信；面对误解和仇恨一笑而过，是一种坦然宽容；面对赞扬和激励一笑而过，是一种谦虚清醒；面对烦恼和忧愁一笑而过，是一种平和释然。学会微笑送走不愉快的阴云，不要让它遮住你的眼睛；不要因今天痛苦，否定明天幸福。一切都是暂时，一笑而过，重新开始。

（二）做人的智慧（要……）

交往四法：一是沉默法，即遇到不该争的人或事，最好的选择是沉默。二是失忆法，即赶上特殊的情境与环境，最没有后果的回答就是“我忘了”。三是微笑法，即谈话或谈判时遇到了难缠的对手又不好回避时，最好的应对是微笑。四是感怀法，即对方烦躁时递给他一支烟或一杯水，气氛就会缓解。

做人五担当：一是检讨任何过失的时候，先从自身或自己人开始反省；二是先审查过错，再列述功劳；三是认错从上级开始，表功从下级启动；四是着手一个计划，先将权责界定清楚，而且分配得当；五是对“怕事”的人或组织要挑明了说，面对任何事情敢于直面坦白。

做人的五多五少：五多是多说宽容人的话、多说尊重人的话、多说关怀人的话、多说鼓励人的话和多说与人商量的话；五少是少说抱怨的话、少说做不到的话、少说命令的话、少说讽刺的话和少说批评的话。

为人六箴言：处事须精明，待人要糊涂。有福而不骄，则无祸；有祸而不惧，自是福。大事看担当，逆境看襟怀，喜怒看涵养，行止看胆识。有点忙碌是个福，免得无聊；受点诽谤也是福，免得骄傲。交友要先淡后浓，先疏后亲。清贫之交能长久，利益之交必两伤。

让内心强大的六个素质：一是有肚量去容忍那些不能改变的事。二是有毅力去改变那些可能改变的事。三是有能力去发现那些可有可无的事。四是有智慧去分辨那些非此即彼的事。五是有恒心去完成那些看似无望的事。六是有勇气去面对那些已经做错的事。

人际交往的八大技巧：一是摒弃虚荣，真实才是永远的朋友；二是远离吝啬，越吝啬朋友越少；三是拒绝攀比，勿添烦恼伤感情；四是扔掉自负，要放低姿态；五是告别敏感，勿破坏人际和谐；六是放弃嫉妒，嫉妒是人际交往的毒药；七是走出狭隘，小肚鸡肠无好友；八是不要自私，自私自利惹人讨厌。

做人的九大底线：可以忍受贫穷，不能背叛人格；可以追求财富，不能挥霍无度；可以发表歧见，不能拨弄是非；可以不做善人，不能为非作歹；可以不做君子，不能去做小人；可以容忍邋遢，不能容忍颓废；可以没有学位，不能没有品位；可以风流倜傥，不能纵欲无度；可以不说感谢，不能不懂感恩。

十种处世态度：一是自己的心痛只能自己疗；二是好心境是自己创造的。别总是跟自己过不去；三是物质虽贫乏但心理不潦倒；四是不要过于计较别人的评价；五是恶念越多痛苦越深；六是不做欲望的奴隶，喜欢自己才会拥抱生活；七是多用善眼看世界；八是木已成舟便要顺其自然；九是福中有祸祸中有福；十是感觉幸福就是幸福。

做人十要：一是不要像玻璃那样脆弱，要像水晶一样透明；二是行事的动机首先是追求快乐；三是走运时要做好倒霉准备；四是眼高手低将一事无成；五是管住自己嘴巴；六是好人缘是成功的铺路石；七是忍受孤独是必修课；八是机会不会从天而降，时光也从不会等你；九是懒惰和不守时是最大的绊脚石；十是不是环境适应你，而是你要学会适应环境。

做人十心机：一是做人不能太单纯，适度伪装自己；二是凡事留有余地，要有退路；三是话不说绝，口无遮拦难成大事；四是成熟而不世故；五是心态好，想得开活得不累；六是懂方圆之道，没事不惹事，来事不怕事；七是不可少二礼：礼仪与礼物；八是人在江湖飘，防挨朋友刀；九是偶尔“势利眼”寻可靠伙伴；十是放下面子来做人。

快乐工作的十种途径：一是把工作当做自我价值的实现过程；二是品味成长中的点滴进步；三是从成功中获得满足和快感；四是体会人际关系的真挚情谊；五是有节律地安排生活与工作；六是倾

心做好每一件事；七是分享团队的努力与成就；八是珍惜每一次合作机会；九是不忘闲情逸致；十是忘掉烦恼，把心事交给清风。

大度做人的十个锦囊：一是宽以待人，别为一点小事与人“势不两立”；二是让别人先说你再说；三是小不忍则乱大谋；四是始终保持一颗平常心；五是尊敬不喜欢你的人；六是别瞧不起小人物；七是不要奢望所有人都喜欢你；八是对自己要有信心；九是别和资历老的同事耍心眼；十是该放手时就放手。

铭记你成长路上的十个人：恩人给你知识；敌人帮你清醒；友人与你携手；亲人伴你远行；贵人强你力量；能人治你毛病；小人使你谨慎；爱人送你春风；贤人解你迷津；众人助你成功。

失意之时不抱怨；得意之时不张扬；创意之时不繁琐；起意之时不狂妄；随意之时不邋遢；惬意之时不放荡；遐意之时不自忧；留意之时不分神；逆意之时不慌张；顺意之时不癫狂。

提升自我的十二个技巧：每天读书；学习新的语言；打造你的灵感空间；战胜你的恐惧；升级你的技能；给未来的自己写一封信；承认自己的缺点；立即行动；向你佩服的人学习；减少在 QQ 上的时间；培养一个新的习惯；让过去的过去。

别人恃才傲物，你却虚怀若谷。别人卖弄口才，你却多思慎言。别人拼命外显，你却韬光养晦。别人你争我斗，你却远离是非。别人直来直去，你却融方于圆。别人争破头颅，你却以退为进。别人拿放不起，你却能屈能伸。别人趾高气扬，你却不显不炫。别人高高在上，你却保持低调。

做一个精明的人，是有意识地把你的聪明展示给对方；做一个高明的人，是让对方看不出来你的聪明和精明；做一个圣明的人，是可以收发自如地运用你的精明和高明。

人不可有傲气，但不可无傲骨。骨气是做人的底线，没有骨气就像没有脊梁骨，怎么也无法直起腰杆做人。有骨气的人，注定要忍受痛苦，因为他要坚守自己做人的准则，就不得不忍受世情的悲凉；有骨气的人，一定会看淡世俗名利，因为他无法忍受名利场中的肤浅和虚伪，即使身在闹市，心也早已隐居。

以出世的心态做人，以入世的心态做事。常怀出世之心，功名利禄才能看得淡、愤懑幽怨才能放得下；常怀入世之志，满腔抱负才能展得开、生命之翼才能飞得起。做人当如隐士，在滚滚红尘中淡泊明志；做事当如战士，在人生战场上披坚执锐。羽扇纶巾，泰山崩于前而面不改色；长剑既出，虽千军万马吾有何惧。

对待父母要有孝顺之心；对待子女要有理解之心；对待同学要有友爱之心；对待同事要有宽容之心；对待邻居要有谅解之心；对待朋友要有热情之心；对待上司要有敬畏之心；对待下属要有体恤之心；对待微博要有互推之心。

做人要学会换位思考，学会适应环境，学会大方，学会低调，学会感恩，学会忍耐，学会赞扬别人，遵守时间，信守诺言，有一颗平常心，待上以敬，待下以宽，经常检讨自己。

做人要低调。低调的人，举千钧若扛一羽，拥万物若携微毫，怀天下若捧一芥。思无邪，意无狂，行无躁；眉波不涌，吐纳恒常。低调的人，一辈子像喝茶，水是沸的，心是静的。一几一壶一幽居，浅斟慢品，视尘世浮华如水雾，缭绕飘散。时如处子寂然不动，时如良驹绝尘千里。低调生活，是一种无限的优雅。

低调做人，是一种品格，一种姿态，一种风度，一种修养，一种胸襟，一种智慧，一种谋略，是做人的最佳姿态。欲成事者必须要宽容于人，进而为人们所悦纳、所赞赏、所钦佩。低调做人，不仅可以保护自己、融入人群，与人和谐相处，也可以让人暗蓄力量、悄然潜行，在不显山不露水中成就事业。

低调做人也是一种智慧：山不解释自己的高度，并不影响它耸立云端；海不解释自己的深度，并不影响它容纳百川；地不解释自己的厚度，但没有谁能取代它作为万物的地位……低调做人，就是用平和的心态来看待世间的一切，修炼到此种境界，为人便能善始善终，所谓三年不鸣，一鸣惊人。

以慈爱来感化怨恨，以良善来感化邪恶。以施舍来感化吝啬，以真实来感化谎言。不应挑剔别人的过失，批评别人已做或未做的事情。应时常反省自己的过失，考虑自己所做和未做的事情。智者，每天检讨他自己的言行。

用心对待我们身边的每一个人：不管我们曾经遇见还是错过，总有些人和事让我们难以忘却。我们生命中的每一个过客，不管是一面之缘，还是文字之缘，总有些东西在我们的印象里定格。一句祝福，一个微笑，远远大于人与人之间的模糊。相识便是缘，相知更是一生的福分。

做人要能吃亏。人生一世，生不带来，死不带去，斤斤计较，反而会舍本逐末，往往失去的也许更多。真正聪明的人，不会在乎表面上的吃亏，他们看重的是实质性的“福利”，因为能够吃亏的人，往往是一生平安，幸福坦然的。能吃亏是做人的一种境界，会吃亏是处事的一种睿智。

打动人心的最佳方法，是谈他最珍贵的东西。因此，在人际交往过程中，首先要善于发现和了解他人的所好。

学会宽恕别人，就是学会善待自己。仇恨只能永远让我们的心灵生活在黑暗之中；而宽恕，却能让我们的心灵获得自由，获得解放。宽恕别人，可以让生活更轻松愉快；宽恕别人，可以让我们有更多的朋友；宽恕别人，就是解放自己，还心灵一份纯净。

一个心胸开阔的人，能正确地看待自身与他人的差别。不会自轻自贱盲目崇拜英雄和偶像，把任何人都看得比自己优越；不会盲目自信，无谓地贬低他人；不因别人的权力、财富、地位而愤愤不平；愿意以自己的实力战胜对手，而不是因对手的缺陷使自己获胜；不计较在每件事情上是否公平，只愿自己的内心快活与充实。

用好心态对待生活：有权发怒，但不应践踏别人的尊严；有权失败，但不应自暴自弃；有权成功，但不应以牺牲他人利益为代价；有权争议，但不应以复仇为手段；有权要求生活得更美好，但不应以今天的欺骗来换取明天的快乐。

怀着乐观和积极的心态，把握好与人交往的分寸，让自己成为使他人快乐的人，让自己快乐的心成为阳光般的能源，去辐射他人，温暖他人。

对于自己明显的缺失，我们都会倾注足够的关切，而对于那些细微的瑕疵，则往往会视而不见。生活中我们最大的敌人正是这些自己不屑一顾的小缺点，我们之所以被打败也正是因为自己轻小重大的思想滋长了这些小毛病、小缺点，使小毛病拖延成大毛病、小缺点扩散成致命缺陷。改变自己，要从细微之处做起。

人应该掌控自己的欲望，而不是被欲望所掌控。追求舒适、追求享受是人的本能，但也要有所节制。不管穿什么鞋子，合脚才是最重要的；不论追求什么，总要适可而止。欲望就像水一样，适当就好，多了就会泛滥成灾。我们之所以活得累，往往就是因为把欲望误认为需要，使自己疲于奔命，越陷越深。

生活最大的苦恼，不是拥有得太少，而是想要得太多。人的欲望是永无止境的，欲望太强烈，就会造成种种痛苦和不幸。欲望越小，人生就越幸福。所以，要追求人生的幸福，就要保持一颗平常心，淡泊明志，于利不趋，于色不近，于失不馁，于得不骄，“达亦不足贵，穷亦不足悲”，决不能做欲望的奴隶。

一个今天抵得上两个明天。撕一张日历，很简单，把握住一天，却不容易。相信别人，放弃自己，这是许多人失败人生的开始！在最艰难的时刻，更要相信自己手中握有最好的猎枪。

伤心和委屈的时候，可以放声大哭，但是哭完后记得洗把脸，然后拍拍自己的脸，挤出一个微笑给自己看。告诉自己，哭完了，就该忘掉，然后重新开始。记得，每天的阳光都是新的。

做人要有自己的原则，不要总是效仿别人，必须懂得坚持自我，按自己的方式生活。每个人的喜好都不一样，如果一味遵循别人的价值观，试图取悦别人，最后只能失去自我，使自己的人生陷入痛苦。人活一世，不可能让所有人满意，重要的是做真实的自己。只要你去改变，按自己的方式生活，世界也会随着你变。

做人一定要经得起谎言，受得起敷衍，忍得住欺骗，忘得了诺言，放得下一切，最后用笑来伪装掉下的眼泪，要记住越是忍住泪水，越会变成幸福的良药。你的所有痛苦的感受都只是你一个人的事，是痛下去还是放下去，只能自行了断。

无论是打工还是创业，其本质不外乎向老板或客户出卖自己的有形或无形产品。一言以蔽之：大家都是出来卖的。既然是出来卖的，一要卖相好，二要敬业，三不要嫌买货人。所以，第一要保持美丽，第二要多做事少抱怨，第三看在钱的份上要适当妥协。

每个人都会有自己的理想和追求，最起码也会有一个生活的目标，它就像充满诱惑力的魔咒，驱使我们不断向前。当你刻意追求它时，它会像调皮的孩子一样跟你捉迷藏；当你摒去表面的凡尘杂念，心无旁骛地专心致志于某一件事情的时候，那些意外的收获却又悄然而至。正所谓“有心栽花，花不发，无心插柳，柳成荫”。

批评他人，并不意味着你比被批评者高明；而赞同他人，也不意味着你不如他。少一些敏感的攀比之心，人就能获得更多智慧。

待人接物要摆正自己的位置，不可以老把自己当“人物”，老拿自己当领导，老把自己当富翁，老以为自己是情圣，老是自我感觉良好。即便真是小有作为，业绩斐然，也要谨慎，要虚怀若谷，要大智若愚，其实人的最终结局都是一样的，只是你把自己看复杂了。就是那句俗话：千万别把自己当回事。

如何与人交流？是讲别人喜欢听的，还是讲自己想讲的，都不是。而是你讲你应该讲的话，用别人喜欢的方式讲。

对陌生人，或者把对方当做一张白纸，或者把对方当做你的朋友，总之别当做敌人，即使你听到再多的关于他的不好的传闻；对伙伴，坚持在背后说好话，别担心这好话传不到当事人耳朵里，有人在你面前说某人坏话时，你只微笑；对爱你的人，不管你接不接受，你都应该感谢对方，这是对他们的尊重。

微笑的作用：微笑让你更有魅力；微笑改变心情；微笑会传染；微笑减轻压力；微笑增强免疫系统；微笑降低血压；微笑能生成内啡肽天然的镇痛物质和复合胺；微笑能美容，让你看起来更年轻；微笑使你看上去是成功人士；微笑帮助你保持乐观积极。

一个人为人处世，要有平凡的心态，但要有伟大的心，平凡的心态让人宠辱不惊、进退自如，伟大的心让人胸怀博大、志存高远。

做事多一点；理由少一点；说话轻一点；肚量大一点；嘴巴甜一点；脾气小一点；微笑露一点；行动快一点；效率高一点；脑筋活一点；考虑周一点。一切只要这一点点，你的成功就大一点！

记住某些事某些人，忘记某些事某些人，记住该记住的，忘记该忘记的，洒脱人生，心无挂碍，你便会觉得生活是如此美好。春有百花秋有月，夏有凉风冬有雪。若无闲事挂心头，便是人间好时节。

要学会爱自己，我们都不是完美的人，但我们要接受不完美的自己。在孤独的时候，给自己安慰；在寂寞的时候，给自己温暖。学会独立，告别依赖，对软弱的自己说再见。生活不是只有温暖，人生的路不会永远平坦，但只要你对自己有信心，知道自己的价值，懂得珍惜自己，就算世界的一切不完美，你都可以坦然面对。

无论你的收入是多少，记得分成五份进行规划投资：增加对身体的投资，让身体始终好用；增加对社交的投资，扩大你的人脉；增加对学习的投资，加强你的自信；增加对旅游的投资，扩大你的见闻；增加对未来的投资，获得你满意的收益。好好规划落实，你会发现你的人生逐步有大量盈余。

为人处世的最佳状态是不卑不亢。太在乎别人的眼光和评价，只能让自己做事放不开手脚，犹豫不决，失去自我，失去个性，丢失自我的价值。坚持自己所选择的，相信自己所坚持的，才是属于你自己的正确道路。别人怎么看你并不重要，重要的是你要做你自己，去做自己认为正确的事。

你以为不可失去的人，原来并非不可失去。你流干了眼泪，自有另一个人逗你欢笑。你伤心欲绝，然后发现不爱你的人，根本不值得你为之伤心。今天回首，何尝不是一个喜剧；情尽时，自有另一番新境界，所有的悲哀也不过是历史。

如果你想走出阴影，那就让你的脸面向阳光；如果你想告别懦弱，那就让心在历练中慢慢坚强；如果你想摆脱平凡的生活，那就努力让自己高傲的飞翔。没有哪件事，不动手就可以实现，这个世界虽然残酷，但只要你愿走，就总会有路；如果退缩，就只能选择感伤。

（三）做人的忠告（不要……）

交往七忌：一忌自卑心理，潜能难以发挥；二忌怯懦心理，深思熟虑但不敢表达；三忌猜疑心理，无端猜疑，捕风捉影惹人厌；四忌逆反心理，爱抬杠标新立异；五忌做戏心理，表面文章，没有深情厚谊；六忌贪财心理，互相利用，过河拆桥；七忌冷漠心理，态度孤傲，让人难以接近。

做人十不要：不要自视清高；不要盲目承诺；不要轻易求人；不要强加于人；不要取笑别人；不要乱发脾气；不要信口开河；不

要小看仪表；不要封闭自己；不要欺负老实人。

交友十大原则：一是不要单纯追求功利性交往；二是不要将朋友理想化；三是求人情要适可而止；四是正确把握友情与爱情；五是尊重朋友的隐私；六是受托的事超过承载能力时要果断地说“不”；七是增加交流渠道，倾听朋友诉说；八是在朋友最需要时及时到场相助；九是给朋友留有自由空间；十是交际不要过频繁，往来要有“度”。

不要做这样的人：永在抱怨的人；过分依赖的人；极度敏感的人；咄咄逼人的人；肆无忌惮的人；不会说谢谢的人；没有信用的人；自私自利的人；虚情假意的人；不留后路的人；太狂妄自大的人；说话太绝的人；得理不饶人的人；不见好就收的人；得罪小人的人；暗箭伤人的人。

不要等到孤单寂寞时，才想起朋友；不要等到开心快乐时，才露出微笑；不要等到有人夸奖时，才相信自己；不要等到要说分手时，才后悔相遇；不要等到有了好职位，才努力工作；不要等到失败落魄时，才记起忠告；不要等到生病垂危时，才意识到生命的脆弱。人生不售来回票，请珍惜现在的幸福。

做人，不能过头——得意时勿凌人，处高时莫自居，喜怒勿形于色，成败内敛于胸；不能过怨——能甘于檐下，可远离尘世，得失皆身外，是非置脑后；不能过衰——清不避浊，浑能扬清，不弃为人原则，固守尊严底线；不能过浓——追逐甚者易伤，贪欲多者难久，淡看花开落，笑视云舒卷。唯如此，生命稳健，灵魂安逸。

“勿以善小而不为，勿以恶小而为之”是做人的基本准则。善良作为人们最美好的品质，永远闪耀着人性的光辉！伸出热情的双手，给他一份力量；面对他人过错，善意地给予诠释和谅解……与人为善，善待他人，我们就会多一份坦然，增一份愉悦，添一份好心情。善待他人，也是在善待自己。

在交朋结友时，力求不以势交，势倾则情绝，不以利交，利穷则情散，情绝情散，对人对己都是伤害。唯以诚相交，对自己光明磊落，对朋友坦诚相见，“勿以善小而不为，勿以恶小而为之”，一切问心无愧，心底无私天地宽，自然无忧无虑。

给自己的忠告：木已成舟便要顺其自然；不必一味讨好别人；喜欢自己才会拥抱生活；多用善眼看世界；物质贫乏心理不潦倒；福中有祸，祸中有福；谁笑得最晚谁就会笑得最开心；重要的是活得充实；人生应该欢喜有度；换一种活法也许更快乐；不妨暂时丢开烦心事；感觉幸福就是幸福。

如果你曾经错过了昨天，那么请不要再错过今天。过去的事，交给岁月去处理；将来的事，留给时间去证明。我们真正要做的，就是牢牢地抓住今天，让今天的自己胜过昨天的自己，让今天的自己塑造明天的自己。集中精力看好眼前的路，才不会跌跤，才不会走岔道。给自己一个机会，让自己重新开始！

做人别太装，早晚要受伤；做人别太滑，迟早要挨砸；做人别太坏，迟早要被踹；做人别揭短，迟早被人铲；做人别太奸，都有一片天；做人别贪财，钞票把你埋；做人别怕苦，早晚会幸福；做人别太傻，早晚被人耍；做人别滥情，爱一个就行。

你可以自得，但不应自傲；你可以自守，但不应自卑；你可以自爱，但不应自恋；你可以自伤，但不应自弃。

过去的事，不后悔；将来的事，不害怕。对于那些已经发生的事，要坦然接受，无论它对你产生的不利影响有多大，它都已经发生了。对于那些尚未发生的事，要勇于面对，无论你把它想象得多么艰难可怕，它都还没有发生。我们控制不了天气，但是我们可以掌控自己的心情，否则，如何快意人生？

别让自己活得太累。应该学着想开、看淡，学着不强求，学着深藏。别让自己活得太累。适时放松自己，寻找宣泄，给疲惫的心灵解解压。人之所以会烦恼，就是记性太好，记住了那些不该记住的东西。所以，记住快乐的事，忘记令你悲伤的事。

任何时候都要留余地；做人不要太狂妄；不要把话说得太绝对；得理也要饶人；做人要给自己留条后路；不要把赌注押在一个人身上；见好就要收；不得罪小人；不暗箭伤人；不必“棒打落水狗”；凡事都要留一手。

微笑着，去唱生活的歌谣。不要抱怨生活给予了太多的磨难，不必抱怨生命中有太多的曲折。大海如果失去了巨浪的翻滚，就会失去雄浑，沙漠如果失去了飞沙的狂舞，就会失去壮观，人生如果仅去求得两点一线的一帆风顺，生命也就失去了存在的魅力。

有时候，只要迈出第一步，接下来的坚持就是水到渠成。不要再有什么羡慕嫉妒恨，别人能有的，我们一样能有。下决心改变，并且坚定地走下去。我们要做的，只是这样一件简单的事而已。

沉默也是一种态度，放弃也是一种选择。生活中我们往往不愿意放弃的，一是我们已经付出的努力，二是即将得到的未来。然而，人生苦短，世事无常，我们没有多少时间可以挥霍，也经不起漫长的等待，不要因为过于执着而在一件事情上耗费过多的精力。只有不绝望，也不奢望，我们才能淡定从容，潇洒自如。

不要想如果，生命中不可承受之情，就在于人生没有重来的机会。如果当初如何，现在就不会怎样……每一个岔口的选择其实没有真正的好与坏，只要把人生看成是自己独一无二的创作，就不会频频回首如果当初做了不一样的选择。人生只售单程票，过去的就过去了，更重要的是走好后面的路。

如果没有刻意追求的欲望，就不会在意别人的眼色，也不用违心地去讨好，生活自然会轻松很多。所以不要做欲望的奴隶，不然永远静不下来。而且有些人是最善于窥视别人的心思，利用别人的欲望和所求，达到自己不可告人的目的。要想不让这种人牵着自己的鼻子走，就要学会删去心中的不良欲望。

如果我们不能让金钱成为我们的仆人，它便会成为我们的主人。一个贪婪的人，与其说拥有财富，不如说是财富拥有他。所以，不要因为蝇头小利而失去自己的尊严，也不要因为贪婪而迷失了自己的灵魂。保持一颗平常心，努力赚钱而不要被钱所赚，创造财富而不要被财富改造，这样的人生才是成功的人生。

每个人都有不为人知的一面：有的是一张面具，有的是一层保护色，有的是一段不堪回首的记忆，有的是一道永远无法愈合的伤口。不要以为你真的很了解某个人，也没必要让别人彻底了解自己。尊重别人的隐私，保守自己的秘密，我们才能活得更有尊严。

真正的幸福是一点儿一点儿争取的，是一天一天积累的。不要去伤害喜欢你的人，也不要让你喜欢的人受伤害。成熟不是看你的年龄有多大，而是看你的肩膀能挑起多重的责任。喜欢一个人要诚心相待，真心交流，恒心相守。不要计较太多的得与失，要学会用一颗宽容的心包容对方的缺点与失误。

做一件事情，不管有多难，会不会有结果，这些都不重要，即使失败了也无可厚非，关键是你有没有勇气解脱束缚的手脚，有没有胆量勇敢地面对。很多时候，我们不缺方法，缺的是一往无前的决心和魄力。不要在事情开始的时候畏首畏尾，不要在事情进行的时候瞻前顾后，唯有如此，一切才皆有可能。

不要总是去羡慕别人的生活，你有你自己的幸福。总是羡慕别人，就会给自己造成混乱和迷茫，甚至使自己不得安宁。羡慕别人的代价，常常就是失去自己。不去羡慕别人，你的日子就会变得悠然平静，从容不迫。不去羡慕别人，你才会找到自己的生活，完成你自己的事业，达到你自己的目标，过好你自己的日子。

千万不要把自己的软弱展现给别人看；千万不要把自己的狼狈述说给别人听。因为根本没有人会觉得你很可怜，只会觉得你很无能很没用。什么事情都要学会自己一个人承担，什么事情都要学会自己一个人坚强，因为凡事都靠自己！

不要总是在乎别人做什么，多做一下自己的事情最重要；不要总在看人家的动态，就算你再累，人家也不理会；不要老是缠着别人，人家会说："你不累，我还累"；不要随便怨恨别人，人家早等着抱怨，你怎么办；不要总是估量自己在别人心中的地位，活在别人的眼神里，就等于失去了自我。人要有一个独立的自我！

不要在意别人在背后怎么看你说你，编造关于你的是非，甚至是攻击你。人贵在大气，要学会对自己说，如果这样说能让你们满足，我愿意接受。并请相信，真正懂你的人绝不会因为那些有的、没的否定你。

做人不要太高调，高调容易招惹是非。但也不能太低调，该强悍时则强悍，但切不可咄咄逼人。同情那些比你可怜弱小的人，乐于助人，永远心存善念，怜悯，会使你高贵。宽待自己，也宽待别人。当你不会因为小小的不如意而生气或难过的时候，你会轻松很多。

不要在一件别扭的事上纠缠太久。纠缠久了，你会烦、会痛、会厌、会累、会神伤、会心碎。实际上，到最后，你不是跟事过不去，而是跟自己过不去。无论多别扭，你都要学会抽身而退。不要因为去绝美风景的路上偶遇了一条臭水沟，而坏了欣赏美的心境，而耽误了欣赏其他的美，要想想你为什么来这里。

不要评价别人的容貌，因为他不靠你吃饭；不要评价别人的德行，因为你不比他高尚；不要评价别人的家庭，因为那些和你无关；不要评价别人的事情，因为只要自己心里有数即可。总之，不要评价任何人，哪怕是你的家人。

永远不要去羡慕别人的生活，即使那个人看起来快乐富足。永远不要去评价别人是否幸福，即使那个人看起来孤独无助。幸福如人饮水，冷暖自知。你不是他，怎知他走过的路及心中的乐与苦。

永远不要跟任何人解释你自己；别让某人成为你生命中的优先；不要让在乎我们的人为我们哭泣；别在喜悦时许下承诺，忧伤时做出回答，愤怒时做出决定。

不要忘记你离开学校时的梦想，虽然经过一段时间的工作让你有时很疲惫，很迷茫，甚至也很悲观。但不要忘了当年散伙饭上，你喝下最后一杯酒，给自己的承诺。

全世界都会为意志坚定的人让路。在那些普通的美德中，最平凡的莫过于坚持，对于要开启紧闭的成功之门的人来说，这一点似乎比任何杰出的品质都更加奏效。每个人都可以磨炼自己持之以恒的品质，不要半途而废，克制玩物丧志的倾向，因为那只能阻碍你的进步。

无论你在什么时候开始，重要的是开始之后就不要停止；无论你在什么时候结束，重要的是结束之后就不要悔恨。

状态低迷的中午不如睡觉，遇到低谷就放自己大假。不要为了任何人任何事折磨自己：如不吃饭、自闭、抑郁，这是傻瓜做的事，当然，偶尔傻一下有必要，人生不必时时聪明。如果决定离开某人，行动要快一点，快刀斩乱麻；如果决定爱上一个人，时间拉长一点，看清楚是否适合你。

难过了，哭泣不是唯一的表达方式，把泪咽回肚中，就用坚强来掩盖脆弱；失败了，沮丧让心灵更加的卑微，不如驱走受挫的阴霾，让阳光来疗养心伤。这个世界在意的，不是你声嘶力竭的哭声，而是你跌倒后如何爬起来。不要轻易向别人展示伤口，那样得到的不过是几许怜悯，只有站起来，你才会有自己的高度。

再烦，也别忘记微笑；再急，也要注意语气；再苦，也别忘坚持；再累，也要爱自己。低调做人，你会一次比一次稳健；高调做事，你会一次比一次优秀。成功的时候不要忘记过去，失败的时候不要忘记还有未来。有望得到的要努力，无望得到的不介意，无论输赢都要高姿态。生活不是单行线，一条路走不通，你可以转弯。

人生在世，要与无数的“不可能”遭遇。若一味胆怯退缩，你就无法战胜“不可能”。永远不要让“我不行”消磨自己的斗志、不要让“不可能”束缚自己的手脚，有时只要再向前迈进一步，再坚持一下，“不可能”就会变为“可能”。而有些人之所以能成功，就是因为他们对“不可能”的事有一股不肯低头的韧劲。

记住，不是眼泪就可以挽回失去的，所以不要轻易流下你的泪；记住，不是伤心就一定要哭泣，所以不要那么吝啬你的微笑；记住，不是你认为可以给予就给予，所以不要那么轻易许下承诺；记住，不是你做得不够好，所以不要悲悯的以为自己一事无成；记住，不是只有你一个人在努力，所以不要轻易地就放弃。

把握现在，面对现实。再好的再坏的过去，也已经过去了，和现在的我们无所想干；再好的再坏的未来，也尚未到来，我们不必因而手舞足蹈或心惊胆战；只有现在的快乐是最需要体会的，只有现在的困难是最需要解决的，只有现在的机会是最可以掌握的。除了现在，我们别无所有。

无论遇到什么事情，都要对自己说：这是正常的。而不要说：我怎么这么倒霉？那些遇到日本地震、9·11 的人很多都没有机会抱怨了。比起他们，生活中的一些波折都是正常的，今天也许你的男朋友离你而去，你会觉得自己是世界上最惨的人，但是这世上同时有几万个姑娘和你有着同样的遭遇，只是你不知道而已。

无论你有多么出众的才华，也一定要谨记：不要把自己看得太了不起，不要把自己看得太重要，不要把自己看成是救国救民的圣人君子，还是收敛起你的锋芒，夹起你的尾巴，掩饰起你的才华为好。

越是泥泞的道路，留下的足迹越清晰；越是陡峭的山路，走到山顶的人越稀少。一旦选准自己要走的道路，就勇敢地走下去，不要在意周围诧异的目光，因为别人的目光会追随鲜花和掌声的方向；也不要畏惧前方未知的艰难，因为战胜艰难险阻取得胜利才更令人兴奋。

十 处事

任何人置身于社会之中，都必须拥有一定的判断和行事能力，这就是处事的智慧。难以想象一个不懂礼节，没有接人待物技巧，只顾自己快乐不顾他人感受的人能够在工作和生活中如鱼得水，左右逢源。因此，学会尊重和赞美他人，学会接受他人的批评，学会识别奉承和伪善等等，都是十分重要的处事智慧。

（一）处事的道理（是什么?）

游手好闲会使人心智生锈。 ——李嘉诚

明天的希望，让我们忘了今天的痛苦。 ——李嘉诚

经验是由痛苦中淬取出来的。 ——李嘉诚

生气是拿别人做错的事来惩罚自己。 ——李嘉诚

所有欺骗中，自欺是最为严重的。 ——李嘉诚

“不可能”只存在于蠢人的字典里。 ——李嘉诚

明天是世上增值最快的一块土地，因它充满了希望。

——李嘉诚

人若软弱就是自己最大的敌人，人若勇敢就是自己最好的朋友。

——李嘉诚

你可以用爱得到全世界，你也可以用恨失去全世界。

——李嘉诚

所有的胜利，与征服自己的胜利比起来，都是微不足道；所有的失败，与失去自己的失败比起来，更是微不足道。——李嘉诚

不管你的梦想是什么，只有带着淡然的态度，做好当前的事情，才能如愿以偿。只有到了未来，才知道今天做的事情有什么意义。无论你选择做什么，那都是你理想的未来。能抓住机遇的人，大都是不假思索就做出选择的人。不能实现梦想的人，都是不愿意为之付出足够努力的人。

人生难免会有失败。尽了全力，技不如人的失败，没有什么好遗憾的；最窝囊的失败，是当自己还有一搏的力气与机会时，却主动放弃了。失败并不丢人，不放一枪一弹就投降的失败才丢人。对于那些该做和必须做的事，一定要全力以赴，不遗余力地去做，即使失败了，最起码也对自己有个交代。

最了解自己的人是自己，最不了解自己的人也是自己。如果我们不用他人做镜子来认识自己，就会导致对自我认识的盲区，不是高估了自己、就是低估了自己。高估自己的后果就是把虚妄的气球越吹越大，直至自然爆裂；低估自己的后果就是自惭形秽，在人前永远低头走路，直到撞上电线杆才会觉醒。

人要成就一件大事，就得从小事做起。一屋不扫，何以扫天下？我们需要雄心壮志，更需要做好当前一点一滴的小事。任何伟大的成就，都有一个微不足道的开始。行动，决定你的未来；细节，决定你的成败。

优点变成习惯才有价值。很多好的观念、原则，我们“知道”是一回事，但知道了是否能“做到”是另一码事。这中间必须架起一座桥，这桥便是习惯。习惯仿佛像一根缆绳，我们每天给它缠上一股新索，要不了多久，它就会变得牢不可破。

越是成功的人，受到的批评越多；只有那些什么也不干的人，才能免受批评。如果说批评是冰块，那么表扬就是热毛巾，两者的温度截然相反，但都是治疗伤痛的有效手段。只要虚怀若谷，头脑清醒，批评和表扬都可以作为成功的催化剂。

每个人都有天生的优势。一个人拥有优势的类型和数量并不重要，最重要的是，是否知道自己的优势是什么，从而做到扬长避短。如果你能扬长避短、顺势而为，将自己的优势发挥得淋漓尽致，就会事半功倍、如鱼得水；反之，如果你选择了与自身爱好、兴趣、特长“背道而驰”的职业，就会事倍功半、处处吃亏。

在追逐梦想的过程中，我们常常把真实的需要忘得一干二净，却把实现目的的手段当做终极目标。就像一个人在路上走了很久，却突然忘记了自己想要去的地方，也忘记了来时的路。本来是支配工具的人，却沦为了被工具奴役的人。这种舍本逐末，当事人往往身陷其中而不自知，这是人生的一大悲哀。

在理想和现实之间，有一个恰到好处的平衡点，找到这个平衡点，理想和现实就会水乳交融。理想过高而难以实现，人生的挫折感就会很强，每天疲于奔命，生活的趣味荡然无存；理想过低或者丧失理想，又会使人生的激情消失殆尽，浪费了生命之赐。左边是理想，右边是现实，你要站在正中间。

最强大的力量，看似虚弱无力；最坚韧的性格，貌似平淡无奇。

柔，可以克刚；弱，可以胜强。生活当中，针锋相对只是万不得已才使用的手段，而宽容就像博大精深的海洋，蕴含着无穷的力量。得饶人处且饶人，与人方便自己方便。宽容待人，宽容处事，人生的天地才会更加宽广。

没有口水与汗水，就没有成功的泪水。世上并没有用来鼓励工作努力的赏赐，所有的赏赐都只是被用来奖励工作成果的。学习会使你永远立于不败之地。世界上只有一样东西是任何人都不能抢走的，那就是，通过自己的实践感悟得到的智慧！

选择是一件非常困难的事，因为它是对一个人的智慧、勇气、信心、耐力和决断的考验。昨天认为是正确的选择，在今天看可能是错误的，今天认为正确的选择，到明天、后天看可能又是错误的。所以，世界上不存在绝对正确、十全十美的选择，只有在一定条件下相对最优的选择。

戴着面具生活，也许会让你远离别人的伤害，但也同时让你失去了得到真诚的机会。你怎样对人，别人也会怎样对你；你若是隐藏了自己，别人也不会对你付出真心。总是戴着面具，会让自己的生活索然无味。摘下面具，并没有你想象的那样可怕，鲜活的面孔永远要比虚假的面具更有生气。

（二）处事的智慧（要……）

好好扮演自己的角色，做自己该做的事。——李嘉诚

思想如钻子，必须集中在一点钻下去才有力量。——李嘉诚

不论你在什么时候开始，重要的是开始之后就不要停止；不论

你在什么时候结束，重要的是结束之后就不要悔恨。——李嘉诚

人一定要想清三个问题：一是你有什么，二是你要什么，三是你能放弃什么。对于多数人而言：有什么，很容易评价自己的现状；要什么，内心也有明确的想法；最难的是，不知道或不敢放弃什么。这点恰能决定你想要的东西是否真正实现，没有人可以不放弃就得到一切。

处事五辩证：一是一个人最要紧的不是站在什么地方，而是朝着什么方向走；二是任何东西，除非你非常相信它，否则不会有丝毫的力量；三是凡是当前急需解决的问题，就是必需的；四是如果看来似乎只有一条路可走，那么这一条路很可能也是走不通的；五是不要把错误的事情办得很正确。

处事五要点：一是做自己的决定，然后准备好承担后果；二是慎言，独立，学会妥协的同时，也要坚持自己最基本的原则；三是明白虽然付出并不一定有结果，但不付出一定没有回报；四是过去的事情可以不忘记，但一定要放下；五是要快乐、要开朗、要坚韧、要努力，一定要真诚待人。

处世五字诀：诚、敬、静、谨、恒。诚——不自欺，亦不欺人，不蝇营于小利，不短视于眼前；敬——恭顺待人，顺势谋事，居功不自傲，得意须让人；静——不乱分寸，不事张扬，洞察世相，静观时变；谨——祸从口出，谨小慎微，不能凡事张扬，留得回旋余地；恒——持之不懈，意志笃定，困苦不退缩，挫败不止步。

和小人交往的六条基本原则：一是不要和小人深入交往。二是没有十足把握，不要轻率地揭发和攻击小人。三是和小人说话要加倍小心，涉及个人隐私、对他人的抱怨和指责万不可对小人说。四

是不要试图和小人理论。五是坚决避免和小人有经济上的往来。六是最好不要让小人知道你认为他是小人。

处事七心态：一是成功的时候不要忘记过去；二是失败的时候不要忘记还有未来；三是有望得到的要努力，无望得到的不介意；四是无论输赢都要高姿态；五是生活不是单行线，一条路走不通还可以转弯；六是泪水和汗水的成分相似，但前者只能为你换来同情，后者却可以为你赢得成功；七是变老是人生的必修课。

成大事必备的九种心态：一是积极向上；二是勤勉谦恭；三是诚实守信；四是敢于挑战；五是善于合作；六是知足平衡；七是乐观豁达；八是宽厚容人；九是永远自信。

高调做事的九个表现：别人谓为困难，你却视为挑战；别人借口连篇，你却主动执行；别人事不关己，你却乐于负责；别人三分干劲，你却十分卖力；别人不紧不慢，你却快马加鞭；别人注重分歧，你却精诚合作；别人诉说苦劳，你却呈献功劳；别人一蹶不振，你却永不言败；别人自甘平凡，你却追求卓越。

成就事业的九原则：一是敢于决断，克服犹豫的习性；二是挑战弱点，弥补自己的缺陷；三是突破困境，从失败中积累成功资本；四是抓住机遇，善于选择创造；五是发挥强项，做最擅长的事情；六是调整心态，别让情绪伤害自己；七是立即行动，行动改变未来；八是善于交往，巧妙利用人力资源；九是重新规划，站到更高起点。

处世十三真经：实干但不蛮干；果断但不独断；大胆但不大意；理智但不弱智；敢言但不妄言；个性但不任性；坦荡但不放荡；理想但不空想；平凡但不平庸；风趣但不风骚；谦让但不迁就；虚心但不虚荣；顽强但不顽固。

成功处世的十五个细节：一是守时；二是找方法不找借口；三是微笑；四是每天抽空反省一次；五是多说“我可以”；六是错误面前，负起责任；七是做事不懒散，不说消极的话，不落入消极情绪；八是遇到挫折，积极应对；九是用心倾听；十是说话声音有力；十一是考虑对方感受；十二是恪守诚信，培养公信力；十三是少用指责的口吻说话；十四是控制住情绪；十五是做做“分外事”。

为人处世的最佳境界是不卑不亢。太在乎别人的眼光和评价，只能让自己做事放不开手脚，犹豫不决，失去自我，失去个性，丢失自我的价值。坚持自己所坚持的，相信自己所相信的，才是属于你自己的正确选择。别人怎么看你并不重要，重要的是你要做你自己，去做自己认为正确的事。

授人以鱼，不如授人以渔。同情贫穷并不能改变贫穷，让贫穷者掌握致富的本领才是关键；同情苦难也不能改变苦难，让苦难者坚定战胜苦难的信心才是关键。给乞丐一碗饭是善良，让乞丐每天都有饭吃才是大善；同情弱者是善良，让弱者有尊严地活着才是大善。当我们想要帮助别人的时候，尽量送他一张“网”。

为对手叫好，是一种智慧，智慧是我们处世的资本。为对手叫好，是一种谋略。能做到放低姿态为对手叫好的人，那他在做人做事上必定会成功。

进与退，都是人生的处世策略。善于进退者，不管命运对他们如何不公，他们都如老练的航海者，在暗流汹涌、岩礁密布间进退自如，最终游刃有余地抵达成功的彼岸。只进不退，智者不为；只退不进，懦夫所为。进与退，原本一线之隔，却差之毫厘，失之千里。

得饶人处且饶人，不仅是美德，也是智慧。宽容他人的过失，原谅别人的过错，会显示出自己的容人之量，展示出自己的人格魅力，让大家更愿意接近我们、与我们合作。给别人一条退路、放别人一马，会使事情得到圆满的解决，也会让别人对我们敬重有加，为日后的相见或合作创造良好的条件。

（三）处事的忠告（如何做?）

要克服生活的焦虑和沮丧，得先学会做自己的主人。你不能左右天气，但你能转变你的心情。要纠正别人之前，先反省自己有没有犯错。用最少的悔恨面对过去，用最少的浪费面对现在，用最多的梦面对未来。千万别伤害别人的尊严，尊严是非常脆弱的，经不起任何的伤害。

——李嘉诚

处事四不要：一不要盘算太多，要顺其自然，该是你的终会得到。二不要压抑自己和奉承巴结别人，保持应有的人格力量将赢得更多机会和尊重。三不要对谁特别好，也不要对谁特别差，永远不要被少数人所利用。四不要后退，退到最后是无路可退。

比尔·盖茨给年轻人的四个忠告：一是社会充满不公平，先不要想去改造，只能先适应。二是世界不会在意你的自尊，人们看到的只是你的成就，在没有成就之前，切勿过分强调自尊。三是陷入困境时，不要抱怨。默默地吸取教训。四是学校里有节假日，到公司打工却不尽然，你几乎不能休息，很少能轻松过节假日。

生活中最重要的五句话：最值得珍惜的一句话——“我们结婚吧”；最值得宽慰的一句话——“别急，我就来”；最让人增长信心的一句话——“加油，你一定可以的”；最让人能摆脱风言风语的一句话——“走自己的路，让别人去说吧”；最难以启齿而又最能化解矛盾的一句话——“也许你是对的”。

处事五切记：一是要想有地位，就要有作为；二是你改造不了别人，就要改造自己；三是忘情忘义之人难有长久的朋友；四是人的知觉范围是个菱形，太熟悉的东西不想知道，根本不熟悉的东西也不想知道；五是在每一个细节的背后，哪怕是微不足道的一点点，都蕴藏着巨大的价值。

处事五忠告：一是想哭就哭吧，想笑就笑吧，不要因为世界虚伪，你也变得虚伪了。二是不开心的事就让它过去吧，伤心还好，伤胃就不好了。三是学会珍惜守护身边的每个人，因为前世扭断脖子的回眸，才换来了今生的相遇！四是相信自己比依赖别人重要，用尽心机不如静心做事。五是人要有着眼点，又要有落脚点，前者是战略，后者是战术。

自省六问：失去了尊严，即使得到整个世界，又有何用？抛弃了家庭，即使拥有再高的权势，又有何用？背叛了爱情，即使做再多的表演，又有何用？缺少了朋友，即使认识再多的人，又有何用？丢失了良知，即使有通天的本领，又有何用？没有了内涵，即使有一千万粉丝，又有何用？

处事六学会：一要学会温和，对人对事，不要随意发脾气，谁都不欠你的。二要学会宽容，每个人都有自己的难处，大家都不容易。三要学会放弃，拽得越紧，痛苦的是自己。四要学会低调，取舍间，必有得失，不用太计较。五要学会简单，踏实而务实，不庸人自扰，越简单越快乐。六要学会忘记，善忘是一件好事。

最能激励自己的八句话：一是面朝大海，春暖花开；二是拿望远镜看别人，拿放大镜看自己；三是人之所以能，是相信能；四是昨晚多几分钟的准备，今天少几小时的麻烦；五是只要路是对的，就不怕路远；六是以诚感人者，人亦诚而应；七是与其临渊羡鱼，不如退而结网；八是心有多大，舞台就有多大。

别人的事，小心说。长辈的事，少说。孩子的事，开导地说。小事，幽默地说。做不到的事，别说。伤心的事，只找知心朋友说。自己的事，先听听别人怎么说。夫妻间事，商量着说。急事，慢慢说。必会发生的事，别胡说。伤人的事，绝不说。

不要什么事都以自我为中心。如果每个人都是一颗星星的话，人生当中会有很多人默默地做你的卫星，你也要去做别人的卫星。多为别人付出一些，你并不会减少什么，反而会得到更多。越想让别人记住，就越容易被别人忘记；而那些忘掉自我的人，常常会做出一些能让别人记住的事情来。

记住该记住的，忘记该忘记的；改变能改变的，接受不能改变的。

低调做人，你会一次比一次稳健；高调做事，你会一次比一次优秀。人生好比一口大锅，当你走到了锅底时，只要你肯努力，无论朝哪个方向，就都是向上的。认准了的事情，不要优柔寡断；选准了的方向，就只管上路，不要回头。机遇就像闪电，只有快速果断才能将它捕获。

要真正看清自己并不容易。生活中我们往往被别人牵着鼻子走——听了奉承话就牛皮哄哄长脾气，受到蔑视就垂首低耳短志气。其实，我们需要的只是一面正常的镜子，看清自己，才会克服自卑与自大，也才能活得真实、坦然。这面镜子不在别处，它一直就在自己心中的某个角落，只是也许已经蒙上了灰尘。

做人要有自己的原则，不要总是效仿别人，必须懂得坚持自我，按自己的方式生活。每个人的喜好都不一样，如果一味遵循别人的价值观，试图取悦别人，最后只能失去自我，使自己的人生陷入痛苦。人活一世，不可能让所有人满意，重要的是做真实的自己。只要你去改变，按自己的方式生活，世界也会随着你变。

没有谁能帮你作决定。你征求别人的意见，不是你不知道如何选择，而是你想为自己的选择寻求“同盟”和“理论支持”，以解除自己的心理负担。所以，不要指望别人帮你作决定，你的未来只有你自己能负责。只有自己能做自己的主宰，谁也无权决定别人的命运。

如果你能把做事当锻炼，把忙碌当享受，把挫折当成长，把吃亏当收获，把不幸当噩梦，把成功当往事，那么，你的生活就会感到无比宽慰，无比自在。

不要浪费你的生命，在你一定会后悔的地方上。你什么时候放下，什么时候就没有烦恼。狂妄的人有救，自卑的人没有救。

选择适合自己的人生道路和生活方式，勇敢地接受生活中随之而来的一切，你就获得了一份属于你自己的自尊自信。不必以他人的价值取向作为自己成功的标准，不必把自尊建立在别人的认可之上，不必将自信放在金钱的天平上称来称去。幸福是不分贫富的，自信也不必依赖他人。

人的前半生要做到“不犹豫”，后半生要做到“不后悔”。既然当初“不犹豫”，现在就该“不后悔”。面对人生的诸多抉择，既要有当机立断的决心，更要有永不后悔的气魄。

把握当下，勇于去追寻自己的梦想，努力去尝试那些人生的“第一次”。对于已经发生的事情，要有担当的勇气。

成熟的人不问过去，聪明的人不问现在，豁达的人不问未来。凡事顺其自然，遇事处之泰然，得意时淡然，失意时坦然。

在你所有的衣服里，至少要有一套是能穿得出去的；在你所有的能耐中，至少要有一样是能拿得出手的。不会做很多事情并不可怕，可怕的是没有一件事情能做好。只要能长时间专注于某一件事情，你就能成为这方面的专家。一个人只要能在某个方面有过人之处，他的人生就绝对不会黯淡无光。

一件事，就算再美好，一旦没有结果，就不要再纠缠，久了你会倦、会累；一个人，就算再留念，如果你抓不住，就要适时放手，久了你会神伤、会心碎。有时，放弃是另一种坚持，你错失了夏花绚烂，必将会走进秋叶静美。任何事、任何人，都会成为过去，不要跟它过不去，无论多难，我们都要学会抽身而退。

我们常常喜欢指责和批评人，却很少有人会去主动赞美人。佛说：即使没有钱，多说鼓励赞美的话也是一种给予。学会赞美，以欣赏的目光去看待他人，适当真诚、恰如其分地给出您的赞美，既愉悦了对方，给对方以信心及前行的动力；也带给了自己和谐、美丽的人生。

要真诚感谢守在身边的人，因为他是你一生的港湾；要微笑面对曾经恨过的人，因为他让你更加坚强；要真诚感谢曾经爱过的人，因为他让你懂得了爱；要真心祝福你暗恋过的人，因为你喜欢他时也是希望他快乐；要与值得信赖的人好好相处，因为你一生中遇不到几个真正的朋友。

别让生活的压力挤走快乐：不管昨天发生了什么，不管昨天的自己有多难堪，有多无奈，有多苦涩，都过去了，不会再来，也无法更改。就让昨天把所有的苦、所有的累、所有的痛远远地带走吧，生活有进有退，输什么也不能输了心情。

“永远不要为打翻的牛奶哭泣!”谁也不能保证自己永远不会犯错误。说错的话、做错的事，不管错得多么离谱，它都已经发生了，我们只能最大限度地减少因此而造成的损害，并从中吸取教训，而不能奢望它没有发生。有时候，错误教给我们的，远比正确教给我们的更多、更深刻。

人生处世如行路，常有山水阻身前。行不通时，有人开山架桥，最后蛮力耗尽，也逃不脱出师未捷身先死的结局。而有些人只是转了个弯，轻松绕过障碍，就成功到达了终点。世事洞明皆学问，让思维转个弯，是一种大智慧，有了这种智慧，四两可以拨动千斤，付出最少的代价能收获到最大的成功。

时间以某种模糊的方式悄悄地隐去，某些记忆却能在岁月的激荡中逆流而上。曾经痛彻心扉的某件事，难以释怀的某个人，任你如何淡忘，如何漫不经心，总能形成一个个片断，无情地把往事和眼前联系起来，叩打着你弱不禁风的情感之门。已经放弃的，就放下吧，毕竟我们还有坚持和等待，别让过去埋葬了未来。

远离大自然久了，感觉就会越来越迟钝，那种与生俱来的灵性就会渐渐消失；远离外界生活久了，人就会变得越来越像“物”，而不是“人”。所以，不要缚住自己的脚步，多留点时间亲近自然，找回走失的自我；不要总把心门锁上，走出狭小的空间，融入热气腾腾的真实生活，让心灵不再锈迹斑斑。

过去的事，不后悔；将来的事，不害怕。对于那些已经发生的事，要坦然接受，无论它对你产生的不利影响有多大，它都已经发生了。对于那些尚未发生的事，要勇于面对，无论你把它想象得多么艰难可怕，它都还没有发生。我们控制不了天气，但是我们可以掌控自己的心情，否则，又如何去掌控人生？

十一 成功

成功是每个人追求的梦想，但有的人成功了，有的人失败了，这是为什么呢？成功自有成功的规律，成功自有成功的条件，但更重要的问题是，什么才算成功？成功的标准是什么？不同价值取向的人，给出的答案也是不同的，需要你去辩证地思考。

（一）成功的解读（是什么?）

成功者的五大素质：一是有肚量去容忍那些不能改变的事。二是有勇气去改变那些可能改变的事。三是有能力去发现那些可有可无的事。四是有智慧去分辨那些非此即彼的事。五是有恒心去完成那些看似无望的事。

成功的八个必备条件：一是亲和力，亲和即人脉；二是决断力，果断决策，拒绝犹豫；三是执行力，执行是决策的继续；四是创造力，把普通变成非凡；五是前瞻力，洞悉先机，引领潮流，领先半步；六是凝聚力，像磁石凝聚进取的团队；七是辐射力，用品味和诚信征服市场和消费者；八是影响力，超越时间和空间。

国际公认的成功定义是：实现自己有意义的既定目标。成功是自己对自己的评估看法，失败则是别人对你的评估和看法；成功是做你应该做的事情，不是做你不应该做的事情；做你做得到的事情，做好你所做的任何事情。成功在于心安理得，自有宁静祥和的天空。

成功是一道选择题，选择正确的目标，才有可能获得成功。成功的机会总是垂青于能够正确找到适合自己目标的人。我们想要的，其实也许没那么艰难，只是刚开始我们走错了方向而已。只有明确自己想要什么，才能少走弯路，才能远离诱惑，才能知道自己离梦想有多远，才能让梦想永远保鲜。

“成功”并不只等于工作成就，也不只意味着名位权势，更不该只是银行存款。真正的成功，是生命的平衡状态，就是兼顾生活的方方面面，有工作也有休闲，有爱情也有自己，有财富也有健康。在生活的任何两个极端中，找到属于你的平衡点，也就找到了真正的成功与幸福。原来，当你明白成就无法造就你，溃败无法击垮你，平淡无法淹没你时，你就站在了成功的最高处。

一批成功的美国50岁的人被采访：什么是你希望的人生？最多的三个回答：一是不要被世俗教条蒙蔽，追随你的内心和梦想；二是关注你的家庭和你爱的人；三是享受人生体验和珍惜快乐时光。

人生成功的定义，要自己去找寻；人生快乐的感觉，要自己去诠释；人的一生，是一连串决定交织而成的过程，其精华在于自己如何选择，千万不要迷失在别人的看法中。

人们想尽办法追求成功，实质是争取更大的“自由”。要么是物质空间的扩大、要么是心灵空间的扩大、要么是二者同时扩大。成功所带来的“自由度”，物质的自由度是低级的“自由”，心灵的自由度才是高级的“自由”。

成功固然令人感到幸福，但有时成功也会散发出让人烦躁不安的气味，就像一头尾随在我们后面、龇牙咧嘴的看家狗。我们在“成功”的逼迫下，牺牲健康，委屈家人，丢掉尊严，放弃自由，只为最终得到别人颁发的一纸写着成功的“奖状”。成功不是人生的全部意义，幸福和快乐才是最重要的。

真正的成功，不是来自别人的认可和评价，而是由自我满足带来的宁静平和的心态。如果你在自己力所能及的范围内，尽了最大的努力来改进你的现状，这就是你最大的成功。上帝赋予每个人的身体、智力水平都不尽相同，只要尽己所能，全力以赴，把生命的能量发挥到极致，结果就已经不再重要。

真正的成功不是坐拥亿万身家，也不是君临天下，而是当你老到什么也做不了的时候，还有人肯在你身边望着你微笑。

事业的成功不等于人生的成功，人生的成功却必然有事业的成功。我们的目光，应该始终注视着人生的方向，而不是紧紧盯着事业。

追求成功，其实就是在追求自己的意愿。成功与否，需要你用心去聆听。不经一番寒风彻骨，哪得梅花扑鼻香？没有经历过痛苦的人，不会懂得珍惜自己的拥有。人活着并不是为了痛苦，但活着却不能不承受痛苦。没有痛苦的人生，不是完整的人生。但是，如果不想方设法摆脱痛苦，那么人生也只剩下肤浅和简单。

取得成功的因素有很多，执着就是其中一个极其重要的因素。执着于正确的方向，才能最终达成目标；执着于同一件事情，才能做得尽善尽美。什么都能干，并不意味着什么都能干好。再难钉的钉子，只要坚持钉，就一定能钉进去；再难走的道路，只要坚持走，就一定能走完。与其埋怨命运，不如执着于眼前。

成功有很多种，事业的成功是小成，人生的成功才是大成。先要有追求事业成功的想法和行动，将来才可能有人生的成功。无论追求哪种成功，都需要做出明智的取舍，然后在自己选择的道路上坚定不移地走下去。等你经过一个个叫做“成功”的地方，你就会发现，成功与否，已经不再那么重要了。

一个人的成就，不是以金钱衡量，而是一生中，你善待过多少人，有多少人怀念你。生意人的账簿，记录收入与支出，两数相减，便是盈利。人生的账簿，记录爱与被爱，两数相加，就是成就。

成功的愉悦不在成功本身，而在于追求成功的过程。就好比登山，山顶的风景是否美丽并不重要，重要的是自己有登上山顶的梦想，然后沿着心灵的指引出发，一路上无论遇到什么艰难险阻也绝不退缩，一直坚持走到自己所能达到的极限高度。这样就已经足够。至于结果，已经不再重要。

任何大的成功，都是从小事一点一滴累积而来的。没有做不到的事，只有不肯做的人。想想你曾经历过的失败，当时的你真的用尽全力试过各种办法了吗？困难不会是成功的障碍，只有你自己才可能是一个最大的绊脚石。

坚定的信念是永不凋谢的玫瑰。信念的力量在于即使身处逆境，也能帮助你扬起前进的风帆；信念的伟大在于即使遭遇不幸，也能召唤你鼓起生活的勇气。信念，是蕴藏在心中的一团永不熄灭的火焰，是保证一生追求目标成功的内在驱动力。做一个信念坚定的人，告诉自己：我命在我，不在天！

（二）成功的规律（怎么样?）

快乐不是因为拥有的多而是计较的少。孤单寂寞与被遗弃感是最可怕的贫穷。

——李嘉诚

觉得自己做得到和做不到，其实只在一念之间。自己要先看得起自己，别人才会看得起你。 ——李嘉诚

一切伟大的行动和思想，都有一个微不足道的开始。

——李嘉诚

有理想在的地方，地狱就是天堂；有希望在的地方，痛苦也成欢乐。 ——李嘉诚

乐观者在困难中看到机会；悲观者在机会中看到苦难。理想的路总是为有信心的人预备着的。 ——李嘉诚

一个今天胜过两个明天。上帝从不埋怨人们的愚昧，人们却埋怨上帝的不公平。毅力就是把别人认为不可能的事变成现实。

——李嘉诚

最大的失败就是放弃。今天很残酷，明天更残酷，后天很美好，大部分人死在明天晚上，看不到后天的太阳。 ——马云

世界千万人的失败，都是失败在做事不彻底，往往做到离成功尚差一步就终止不做了。 ——莎士比亚

世界上 1% 的人是吃小亏而占大便宜，而 99% 的人是占小便宜吃大亏。大多数成功人士都源于那 1%。 ——于丹

成功没有捷径，必须把卓越转变成你身上的一种特质。

——乔布斯

把握今天现有的一切便会成功。

点亮成功路上的四盏灯：第一盏，方向之灯。失败者常常预想失败的不良后果，成功者则设想成功的奖赏。第二盏，交往之灯。结交比你更懂行的人。第三盏，梦想之灯。成功者不过是爬起来比倒下去多一次。第四盏，进取之灯。回顾并更新自己的目标，不断向新的高度攀登。

成功人生四步：第一步是耐住寂寞；第二步是抵住诱惑；第三步是懂得放弃；第四步是学会选择。

成功之路四步走：第一步找到机会，成就一番事业，除品行、能力外，关键能否找到机会，机会就是成功的起步；第二步抓住机会，机会面前人人平等，但机会并不平均分配；第三步利用机会，当那个空当转到你面前时，你必须充分利用；第四步珍惜机会，来无影去无踪，予你时悄无声息，弃时令你损失惨重。

成功的五大规律：一是成功就是把简单的事情做对；二是不想占便宜的人，生活也一定不会让他吃亏；三是一个人的思维方式决定着他的行为方式，换个角度思维会让人变得异常坚强；四是人和人之间就是平台的竞争，有了这个平台你才能跃得更高；五是时间可能是治愈伤口的良药，但也可能是毒药。

成功要靠五种人：高人、贵人、内人、敌人、小人。高人开悟，贵人相助，内人支持，敌人提醒，小人激发；成大事的人，总是在奋斗的过程中，发现、珍惜这五种人。更加要紧的是，要感谢他们：感谢高人，感谢贵人，感谢内人，感谢敌人，感谢折磨你的小人。

成功的七个秘密：一是认为每件事的发生，一定有其原因和目的，并且有益于自己；二是认为没有失败这回事，只有结果；三是不论发生什么，能够勇于负责；四是不一定要完全知道细节才采取行动；五是认为人是最伟大的资源；六是把工作当做事业来做；七是认为若不全身心投入就不会有恒久的成功。

成功的八个观念：一是没有失败，只有暂时停止成功；二是过去不等于现在，现在才是将来；三是改变世界之前，需要改变的是自己；四是改变以选择决定开始，决定在行动之前；五是没有“慧根”至少学会“会跟”，进入成功人士的“圈子”；六是决心决定了自己的命运，而不是环境在决定自己的命运；七是要学会谅解、理解、忍让；八是为自己、家人、社会更好而活。

成功的八大信念：成功并不比失败更难；贫穷是一种疾病，但它是可以治的；钱来自人的内心，它是一种思想状态；一切财富的根源是人的下意识；思想的“自我编程”是成功的捷径；成功者与失败者的唯一区别在于自我暗示不同；富人就是为公众提供服务并得到回报的那些人；成功是一种习惯，失败也是一种习惯。

35 岁之前要做的十件事：一是学会本行业所需要的一切知识并有所发展；二是养成个人风格；三是在感情生活方面平和安定；四是明白自己的短处；五是知道自己的长处；六是储备辞职另谋生路的钱；七是建立人际关系网；八是学会授权他人；九是学会在什么时候三缄其口；十是对人要忠诚。

成长路上的十个人：一是恩人，给你知识；二是敌人，帮你清醒；三是友人，与你携手；四是亲人，伴你远行；五是贵人，强你力量；六是能人，治你毛病；七是小人，使你谨慎；八是爱人，送你春风；九是贤人，解你迷津；十是众人，助你成功。

成功者的十三个好习惯：了解做每一件事情的目的；决策果断；善于倾听；设定当日计划；善于总结；做擅长的事；勤于练习基本

动作；运用自我暗示的力量；运用冥想的技巧；保持体力或创造更多精力；超越自我；建立系统；寻找方法。

成功必然有方法，失败肯定有原因。成功不仅仅是一个点，而是由无数个点组成，才构成完整的生命历程。一时事业成功只是小成，一生历程成功才是大成。物质的自由是小成，权力的自由是小成，只有心灵的自由才是大成。越成功的人目标越大，对成功的欲望越强烈。成功与生命同在，追求成功无止境。

全世界都会为意志坚定的人让路。在那些普通的美德中，最平凡的莫过于坚持，对于要开启紧闭的成功之门的人来说，这一点似乎比任何杰出的品质都更加奏效。每个人都可以磨炼自己持之以恒的品质，不要半途而废，克制玩物丧志的倾向，因为那只能阻碍进步。

成功在于坚持。成功者永不放弃，放弃者永不成功。成功是一种责任，不要让笑我们的人笑得太久，不要让期待我们的人等得时间太长。

我们常常在做了99%的努力以后，放弃了可以到达成功彼岸的那1%。失败和成功之间，往往只有一线之隔。也许我们很难知道，离成功究竟还有多远，但是我们十分清楚，自己到底还能撑多久。我们不一定能等到成功到来的那一刻，但可以肯定的是，我们可以坚持到自己的最后一刻。

行百里者半九十，任何成功都是坚持不懈的结果。人们往往因为坚持不到最后一刻而与成功擦肩而过。成功需要拼搏，更需要坚持，因为拼搏让成功成为可能，坚持让成功顺利到达。耐心和恒心总会得到回报，只要能充满信心地朝着理想的方向去做，下定决心过自己所想过的生活，你就一定会得到意外的成功。

世上难的是在逆境中坚持，而不是顺境中度过，往往在做的过程中一不小心就放弃了，就选择了舒服一点的方式，结果就与你的目标擦肩而过。许多原本能实现的目标就缺少在最难过的时候再坚持一小会儿，绝大部分人在这个节点上选择了退让，留下的只是极少数人，这些就是成功的人。

在通往成功的路上，一马平川、一帆风顺只是一厢情愿，更多的是道路崎岖、荆棘密布。如果知难而退或是止步不前，可能会毫发无损或是小有所成，却永远无法领略那山顶壮丽的风光、享受那历经磨难后成功的喜悦！在这条路上，只有一趟列车可以直达，那就是坚持。坚持，就是胜利；坚持，才有可能胜利！

成功，往往就在失败之后再坚持一下的努力之中。人们经常在做了 90% 的努力之后，就放弃了最后让他们成功的 10% 。这不但输掉了开始的投资，更丧失了经由最后的努力而发现宝藏的喜悦。凡事没有不可能，事情发生与否并不完全取决于我们的主观判断，只要足够努力，我们认为不可能的事情就往往会变为可能。

如何成功？成功其实很简单，就是当你坚持不住的时候，再坚持一下，要放弃的时候，再给自己一次机会。

如果成功需要 100 个条件，你缺一不可。即使你拥有 99 个条件，那个致命弱点也会让你彻底失败，所以想要成功，我们要完善自己那一个缺点，而不是炫耀自己那 99 个优点。

有助于成功的四个好习惯：一是不要过于谦虚。适度的谦虚，使自己显得更值得尊敬而不矫揉造作。二是敢于承认错误。勇于认错，可以避免许多不必要的误解与麻烦。三是不要过分牺牲自己去讨好别人。想让所有人都喜欢你是不可能的。四是珍惜自己和别人的时间。既要善于安排自己的时间，也要珍惜别人的时间。

真正的走向成功，其实不是向外左突右冲、东征西讨的过程，而是向内精心打磨自己的过程。如果自己是一把剑，就要打磨得锋利无比、削铁如泥；如果自己是一件工艺品，就要打磨得毫无瑕疵、玲珑剔透。如果我们能打磨出最锋利的自己，就一定能切出仅属于我们自己的那块世界。

要成功，你需要朋友；要非常成功，你需要敌人；要真正成功，你需要战胜自己。

专注是做事情成功的关键，也是幸福人生的一个关键特质。一个人对一件事只有专注投入，才会带来乐趣。对于一件事情，无论你过去对它有什么成见，觉得它多么枯燥，一旦你专注投入进去，它立刻就变得活生生起来！而一个人最美丽的状态，就是进入那个活生生的状态。

努力是支撑成功大厦的基石，没有努力，再美好的梦想都只能是幻想。努力是人生的一种精神状态，是对生命最崇高的礼遇。与其规定自己一定要成为一个什么样的人，获得什么东西，不如磨炼自己做一个努力的人。可以说，做一个努力的人，是人生最切实际的目标，也是人生最大的意义所在。

人生成功的关键在于能否克服自身的弱点。人性的弱点影响着我们的品德，决定着我们的思维和行为方式，左右着我们的成败。被自己的弱点所打败的情况远远多于被对手打败，心灵的强大才是真正的强大，成功的最大敌人就是我们自己。

人的愿望在于：成为自己的老板，掌握自己的命运，主宰自己的时间，创造自己的快乐，追求自己的幸福。人生的目标在于：感觉被欣赏，人格被尊重，成就被肯定，生而能尽欢，死而能无憾。生活的目的在于：活得实在，活得自在，活出健康，活出品味，活出快乐，活出豪气，活出尊严。

学历是铜牌，能力是银牌，人脉是金牌，思维是王牌。

自信来源于成功的暗示；自卑来源于失败的暗示。如果你有自信，它会在无形之中释放出能量，推动你走向成功。如果你自卑或恐惧，它会在无形之中释放出负能量，导致你走向失败。成功的人会因为体验到成功的快乐而更加自信，失败的人也会因为体验到失败的痛苦而更加自卑。

血有血脉，人有人脉。血脉是人生命赖以延续的基础，人脉是人生事业赖以成功的基础。无论你从事什么职业，掌握并拥有丰富的人脉资源，就意味着你成功了一大半。人与人相遇、相识靠的是缘。卡耐基经过长期研究得出结论："专业知识在一个人成功中的作用只占15%，其余的85%则取决于人际关系。"

两个人的差别在脖子以上，富口袋要先富脑袋。成就与学历无关，但是和性格有关。知道+做到=得到，只有行动才能得到。想要亮，你要站在灯光下；想要红，你要站在舞台上；想要成功，你要多接触成功的人。

上天不会让一个人把所有的好事都占全，任何获得都要以放弃为代价。只有懂得放弃的人，才能获得更大的成功。放弃，就是放弃那些干扰我们前进的因素，放弃那些不切实际的幻想，放弃那些本不该背负的沉重负担。然后，轻装上阵，在奋斗的路上安然等待命运的裁决。

成功不是衡量人生价值的最高标准，比成功更重要的，是一个人能否按自己喜欢的方式生活。做到这一点，比单纯追求某一方面的成功要困难得多。它意味着你要做出一些艰难的选择，要放弃很多别人眼中非常宝贵的东西。做自己喜欢做的事，做自己喜欢做的人，这样的人生，才是真正意义上的成功人生。

在改变对命运的态度之前，不大可能改变命运。人生的关键不在于拿了一副好牌，而在于打好一副坏牌。思虑过少，可能失去做人的尊严；思虑过多，就会失去做人的乐趣。别人替你安排的，可称做享受；自己辛劳得来的，才叫做幸福。人若不能在内心找到安宁，那么在哪里也无济于事。

你可以不成功，但你不能不成长。也许有人会阻碍你成功，但没人会阻挡你成长。成长非常重要！

成功不在难易，而在于是否采取行动。虽然行动不一定能带来满意的结果，但是不行动就绝对不会有满意的结果。这个世界从来不缺乏机遇，而是缺少抓住机遇的手。如果你有想法就要赶紧付出行动，别担心失败或者困难重重，只有在不停地实践与追求中，你才能超越自我，创造属于自己的辉煌。

任何成功都是亲自实践和验证的结果，只有亲身经历过了、磨砺过了，才会找到成功的入口。成功没有固定的套路，有的只是奋斗和不服输的心态。站着说话不腰疼，批评别人不费力，以看客的心态对待自己的人生，你就永远只能做台下的看客。只有勇敢地站在人生舞台上展现自己的风采，你才能成为命运的主角。

上帝是公平的，有付出就会有收获。可能收获的东西不是我们当初所设想的，也可能收获的时间不是我们当初所希望的，但是一定会有收获。我们付出汗水，得到酬劳；付出时间，得到知识；付出真心，得到爱情；付出代价，得到经验；付出艰辛，得到成长。人生不是等价交换，凡事不要斤斤计较。

不管你对成功如何定义，积极总是有价值的。积极不一定成功，但消极肯定失败。

人的改变会遵循一定的轨迹，结果决定于行为，行为决定于态度，态度决定于信念，信念决定于自我期望。

在生活中所极力追求的，应该是按自己内心深处确认的人类的永恒价值，而不是流行的市场价值。

当你对成功的渴望超过了对困难的恐惧时，你就离成功不远了。

今天是一个结束，又是一个开始。昨天的成功也好，失败也好，今天重新开始，重新开拓人生。昨天失败了，不要紧，今天忘了它，总结失败的教训，继续努力。即便昨天是成功的，今天依旧要重新开始，在成功的基础上继续努力，争取更辉煌的进步。人生就是不断重新开始的过程，随时都可以有新的开始。

世上没有绝望的处境，只有对处境绝望的人。只有一条路不能选择，那就是放弃的路；只有一条路不能拒绝，那就是成长的路。再长的路也能走完，再短的路不迈开双脚，就无法到达。

如果我们总是去追寻别人认可的东西，就会离快乐和幸福越来越远。俗气的评论会湮灭自己的个性，世俗的教导会让自己不知所措。为钱而钱会使自己六亲不认，为权而权会使自己胆大妄为，为名而名会使自己巧取强夺。真实的自我在刻意的追逐之中一天天变得陌生，一点点变得面目可憎。

总是羡慕别人的生活，就会给自己造成混乱和迷茫，甚至使自己不得安宁。羡慕别人的代价，常常就是失去自己。不去羡慕别人，你的日子就会变得悠然平静，从容不迫。不去羡慕别人，你才会找到自己的生活，完成你自己的事业，达到你自己的目标，过好你自己的日子。

当你登上人生的某座山峰，尽情享受成功的喜悦时，千万不要忘了那些在路上曾经给你端上一碗水、递过一个面包、上坡时伸手拉过你一把的人；当你跌至人生的谷底，伤痕累累，羸弱不堪，几乎陷入绝境时，既不要怨天尤人，更不要丧失了向上攀爬的勇气，因为幸运女神从来就不会被软弱者的眼泪所打动。

当你觉得有压力或是挫败感时，不妨抬抬头。运动员失分后，会不由自主地低下脑袋，他们的肌肉会发软，并会感觉灰心丧气。研究发现：只要人将眼睛紧紧地盯着地面，会加剧悲观的思考，心情是抑郁的。改变一下习惯，将目光稍稍抬高一点，会减轻抑郁情绪。嗯，一起来改掉“垂头”丧气的习惯吧！

曾经以为有些事是不可放手的，时日渐远，当你回望你会发现，你曾经以为不可以放手的东西，只是生命瞬间的一块跳板。你跳过了，就可以变得更精彩。人在跳板上，最辛苦的不是跳下来那一刻，而是跳下来前心里的挣扎无助和患得患失。我们以为跳不过去了，闭上眼，鼓起勇气，就跳过了。

对于一个人的一生，最大的苦难不是挫折，而是诱惑，它们无时无刻不在挑逗你身上的欲望，只有忍住欲望（记住是忍住，不是战胜，人是不可能战胜欲望的，那是人性的本能）。忍耐意味着坚持，意味着痛苦，意味着折磨，意味着咬牙切齿，所以能忍住诱惑的人才是人才，才是成功的人，你能吗？

不要因为痛苦而放弃你的选择。所谓的成功人士，无非是比别人多付出，多经历了磨难的人罢了。一个人的成功并不是偶然的，他是踩着无数的失败和痛苦走过来的，别人看到的只是他今天的光辉和荣耀，只有他自己知道，在他通往成功的路上，有着被荆棘扎破的斑斑血迹。

生活若剥去理想、梦想、幻想，那生命便只是一堆空架子。因害怕失败而不敢放手一搏，永远不会成功。你的选择是做或不做，但不做就永远不会有机会。——李嘉诚

梦想是美好的，无数人在实现梦想的道路上遭遇了无数曲折，尽管如此，他们依旧大步向前；梦想就是一个人给自己定的一个大目标，必须认真地面对它，坚持了，熬过了，梦想就实现了；不敢做梦的人永远得不到圆梦的机会。一个实现梦想的人，就是一个成功的人。

他，21 岁做生意失败，22 岁角逐州议员落选，24 岁做生意再度失败，26 岁爱侣去世，27 岁一度精神崩溃，34 岁角逐联邦众议员落选，36 岁角逐联邦众议员再度落选，45 岁角逐联邦参议员落选，47 岁提名副总统落选，49 岁角逐联邦参议员再度落选，52 岁当选美国第十六任总统。他就是亚伯拉罕・林肯。

所有成功者都有过刻骨铭心的失败，也都经受过人生的磨炼，他们之所以能走到今天，首先是因为不曾降低内心的渴望，正如日

本经营之圣稻盛和夫说："若非心中热切渴望，美梦不会凭空实现。"只有保留好内心的火种，才能完成不可能的任务。

成功的愉悦不在成功本身，而在于追求成功的过程。就好比登山，山顶的风景是否美丽并不重要，重要的是自己有登上山顶的梦想，然后沿着心灵的指引出发，一路上无论遇到什么艰难险阻也绝不退缩，一直坚持走到自己所能达到的极限高度。这样就已经足够。至于结果，已经不再重要。

世上没有什么是一成不变的，走运和倒霉都不可能一直持续下去。无论身受多大创伤，心情多么沉重，一贫如洗也好，没人理解也好，都要坚持住。获得胜利的人，不一定是实力最强的那一个，但一定是能够坚持到最后一秒的那一个。人最大的敌人是自己，只有坚持到最后的人，才能等到成功的机会。

目标没有实现，常在于我们对距离的恐惧。恐惧会让我们难以迈出第一步，会让我们在中途失去信心。其实只要坚持着一步步向前走，目标就会变得很近。我们在愉快而专注地行走时，距离就会被忽略；我们在走向目标时，还可以抄小路或坐上车。当我们毅然向梦想进发时，梦想往往会以更快的速度向我们走来。

在我们还年轻的时候，在一切还来得及的时候，感情上失恋了，事业上失败了，选择上失误了，都没有关系，至少我们还有时间，还可以从头再来。有时受挫不是一件坏事，至少我们能汲取一点教训，找到一点差距，调整一下思路，改变一下方向。一蹴而就的成功固然令人欣喜，但历经挫折的成就更能点亮我们的回忆。

毅力就是把别人认为不可能的事变成现实。你的选择是做或不做，但不做就永远不会有机会。

易被未来淘汰的几种人：没有想法；不懂合作；适应力差；犹豫不决；不愿沟通；不重资讯；没有礼貌；只会妒忌；知识面窄；忽视健康；消极思维；自我设限。

在困难面前，如果你能在众人都放弃时再多坚持一秒，那么，最后的胜利一定是属于你的。坚定的信念是获取成功的动力。很多的时候，成功都是在最后一刻才蹒跚到来。因此，做任何事情，我们都不应该半途而废，哪怕前行的道路再苦再难，也要坚持下去，这样才不会在自己的人生里留下太多的遗憾。

追求成功就要信仰成功，信仰成功才会全力以赴。很多努力不是短时间可以看到成果的，需要更多的耐心和坚韧。只有愿意付出坚持的代价，你才有机会品尝到成功的甘甜。成功并不属于开始的时候就有优势的人，而是属于那些能够坚持到最后的人。成功的秘诀，就是坚持到最后一秒！

（三）成功的方法（如何做?）

大肚能容，容天下难容之事；开口便笑，笑世间可笑之人。

奋斗中你必须学会的：一要学会放弃。放弃你不想做的事，放弃你不擅长的事，放弃你做不到的事。二要学会迂回。有些事情，无需争辩，表面服从，偷偷反抗。三要学会坚强。在哪里跌倒，就在哪里趴着，哭了再起来。四要学会装傻。装傻是时尚，博取同情，坐他人的车，走自己的路。

迷茫时看的八句话：一是先处理心情，再处理事情；二是最困难的时候，就是最接近成功的时候；三是不为模糊不清的未来担忧，只为清清楚楚的现在努力；四是宽以待人；五是不要无缘无故地妒忌；六是只为成功找方法，不为失败找借口；七是不要看自己失去什么，只看还拥有什么；八是用最放松的心态对待一切艰难。

成功人生的秘诀：一是记住你跑得快，别人跑得更快；二是拥有成功心态，处处都能发觉成功的力量；三是打开失败旁边的窗户，你就看到了希望；四是不要和诱惑较劲，而应离得越远越好；五是学会自救；六是敞开封闭的心门，让成功的阳光驱散失败的阴霾；七是善于放弃，善于从损失中看到价值；八是中年以前不要怕，中年以后不要悔。

成大事必备九种手段：一是敢于决断，克服犹豫不定习性；二是挑战弱点，彻底改变自己的缺陷；三是突破困境，从失败中积累成功资本；四是抓住机遇，善于选择、善于创造；五是发挥强项，做自己最擅长的事情；六是调整心态，切忌让情绪伤害自己；七是立即行动，只说不做，徒劳无益；八是善于交往，巧妙利用人力资源；九是重新规划，站到更高起点上。

成大事必备九种能力：一是摆正心态，敢于面对现实；二是让你拥有过硬的自制能力；三是把情感装入理性之盒；四是独处可以激发思考的力量；五是将压力看做是最好的推动力；六是以变应变，才有出路；七是自信心是人生的坚强支柱；八是把精力投入到自己的强项上；九是要专心地做好一件事。

成大事必备的九种心态：一是积极向上；二是勤勉谦恭；三是诚实守信；四是敢于挑战；五是善于合作；六是知足平衡；七是乐观豁达；八是宽厚容人；九是永远自信。

成功的十个忠告：一是 100 次心动不如一次行动；二是细节往往决定成败；三是不要畏惧和躲避成功；四是学会从失败中吸取教

训；五是面对失败，要有足够的耐心；六是别把成功看得太复杂；七是运用思考改变自己的命运；八是相信自己可以做到；九是要改变命运，先要改变心态；十是摒弃坏习惯，培养好习惯。

创业必备条件：一是明确事业的目的意义；二是设立具体的目标；三是胸中怀有强烈的愿望；四是付出不亚于任何人的努力；五是销售最大化成本最小化；六是把定价看做经营；七是用坚强的意志去经营；八是不断从事创造性的工作；九是以关怀之心诚实处事；十是保持乐观向上的态度，抱着梦想和希望。

有助于成功的十二个特质：一是保持积极进取的人生态度；二是愿与他人分享成果；三是对自己始终充满信心；四是胸襟广阔能容人；五是有强健的体魄；六是有良好的自律性；七是有大无畏的精神；八是有基本经济生活；九是有良好的人际关系；十是以博爱的精神去工作；十一是对未来的成就充满希望；十二是了解他人处事的智慧与能力。

成功路上要避开十二个陷阱：只有功劳没有苦劳；怀才不遇；想发横财；为钱而工作；人云亦云盲目跟风；小富即安不思进取；掩饰错误；想入非非；野心太大；反复跳槽；眼高手低；不择手段。

提升自我的十四个方法：每天读书；学习新的语言；打造你的灵感空间；战胜你的恐惧；升级你的技能；给未来的自己写一封信；承认自己的缺点；立即行动；向你佩服的人学习；减少在QQ上的时间；培养一个新的习惯；让过去的过去；帮助他人；好好休息。

商业模式，就是仔细想清楚你如何赚钱：谁付你钱——客户；你给客户啥好处——价值；你如何让客户掏钱——营销；你如何将价值送达客户——渠道；你如何做——主要任务；你缺少什么——

资源；谁能帮助你——合作伙伴；你有多少种赚钱方式——产品线；你需要花费什么才能赚到钱——成本结构。

如果想要出人头地，首先就要耐得住寂寞，因为成功的钥匙往往就藏在寂寞的口袋里。对于那些成功人士，人们总是惊叹于他们夺目的光环，却很少看到他们成功之前的寂寞。“宁忍一时之寂寞，不受一世之凄凉。”只要能在每一个寂寞的日子里辛勤耕耘，总有一天，你会看到成功的花儿朵朵绽放。

成功的人，不是赢在起点，而是赢在转折点。给自己一个改变命运轨迹的机会吧。

如果没有人相信你，那就自己相信自己；如果没有人欣赏你，那就自己欣赏自己；如果没有人祝福你，那就自己祝福自己。自信是成功的源泉，自省是成长的阶梯，自强是进取的前奏，自豪是未来的序曲！用心去触摸属于自己的阳光，用爱去创造属于自己的世纪！自己读懂了自己，世界才能读懂你。

能忍别人所不能忍的痛，吃别人所不能吃的苦，收获别人所得不到的收获。没有口水与汗水，就没有成功的泪水。很多事先天注定，那是“命”；但你可以决定怎么面对，那是“运”！

一个人是平凡还是不平凡，不是由先天的资质决定的，而是在成长的岁月里个人的努力奋斗决定的。平凡的人做非凡的事，都有共同的特点：一是有卓越的理想追求；二是有坚定的信念和意志；三是有充盈的激情和广泛的兴趣；四是不歧视任何平凡的岗位；五是对事物细节的敏感把握；六是对人对事业的忠心和虔诚。

我们不一定能做自己喜欢做的事，但是绝对可以喜欢自己正在做的事。如果对正在做的事心存厌恶，就不可能全力以赴，也不可能激发出自己的潜能和创造力。只有喜欢那些不得不做的事，才会把工作当做事业来做，把学习当做爱好来培养。可以说，是否喜欢自己做的事，决定着人生的方向和高度。

自由不是想干什么就干什么，而是想不干什么就不干什么。容易走的都是下坡路。环境不会改变，解决之道在于改变自己。

诸葛亮的成功哲学：宁静——非宁静无以致远，宁静的环境以养身，沉静的心境以远虑；节俭——量入为出，俭以养德；淡泊——非淡泊无以明志，浮躁是志向的大敌；学习——非学无以广才；速度——怠慢则不能励精，效率决定成效；性格——烦躁则不能冶性，性格决定命运；时间——年与时驰，意与岁去，惜时方能有成。

乔布斯成功的法则：做你喜欢做的事；与众不同；尽力而为，做到最好；有创业家精神；从小处着手，大处着眼；力争成为市场领导者；注重结果；征求反馈信息；创新，创新，再创新；从失败中学习；不断学习。

超过别人一点点，别人就会嫉妒你；超过别人一大截，别人就会羡慕你。让人听易，叫人服难。做好第一次并不难，难的是做好每一次。

理想和现实总是有差距的，幸好还有差距，不然，谁还稀罕理想？

成功的信念在人脑中的作用就如闹钟，会在你需要时将你唤醒。

哈佛大学调查：27% 的人没有目标；60% 的人目标模糊；10%

的人有着清晰但比较短期的目标；其余3%的人有着清晰而长远的目标。25年后，3%的人几乎都成为社会各界的成功人士；10%的人大都生活在社会的中上层；60%的人都生活在社会的中下层；剩下27%的人在抱怨他人，抱怨社会，也抱怨自己。

相信自己能做好决定。养成自己思考的习惯，不要随意附和别人，大胆地承担失败的后果。只要你认真做了，只要你比昨天做得好，就应该为自己喝彩，为自己加油鼓掌！

不要轻易说该想的办法已经想尽了；不要轻易说自己已经竭尽全力了；不要轻易认为某一件事情根本不可能做成。一个人能成为什么样的人，取决于自己一定要做什么样的人；一个人拥有什么样的命运，取决于自己一定要选择什么样的命运。

美国成功学学者拿破仑·希尔说："人与人之间原本只有很小的差异，但是这种很小的差异却造成了实际生活中巨大的落差！这个"很小的差异"就是他们所具备的心态是积极的还是消极的，"巨大的落差"就是成功和失败之间的落差。

（四）失败的面对（如何看待?）

阻碍成功的"七宗罪"：不是没目标，而是将幻想当成了目标；不是没努力，而是没毅力；不是不聪明，而是太精明；不是没能量，而是怀疑自己的潜能量；不是没能力，而是形不成合力；不是看不清界线，而是守不住底线；不是很迷惑，而是抵御不住诱惑。

搬掉阻碍你成功的八块绊脚石：一是缺乏目标；二是害怕失败；三是害怕被拒绝；四是埋怨和责怪；五是否定现实；六是做事半途而废；七是对未来悲观；八是好高骛远。

影响成功的八个不良习惯：一是办事拖拉；二是准备不足；三是不能坚持到底；四是不吸取教训；五是有能力无魅力；六是老当好人；七是不切实际的幻想；八是用人不当。

未能成功，是缺了什么？一是表面上最缺的是金钱；二是本质上最缺的是野心；三是脑袋上最缺的是观念；四是命运里最缺的是选择；五是骨子里最缺的是勇气；六是改变上最缺的是行动；七是肚子里最缺的是知识；八是事业上最缺的是毅力；九是内心里最缺的是胆量。

失败者常有的特点：一是缺乏目标；二是自学能力不足；三是自我训练不够；四是缺乏决断力；五是选错工作；六是选错朋友；七是选错配偶；八是惰性；九是缺乏忍耐力；十是排他性格；十一是幼时坏影响；十二是上进心弱；十三是过于执着；十四是精力不集中；十五是心胸狭窄；十六是欠缺协作精神；十七是欠缺热情；十八是浪费；十九是有疾病。

一个没有进取心的人，永远不会得到成功的机会。如果一个人把时间都用在了闲聊和发牢骚上，就根本不会用行动改变现实的境况。经济贫穷本身并不可怕，可怕的是思想的贫穷，以及认为自己命中注定贫穷。一旦有了贫穷的思想，就会丢失进取心，也就永远走不出失败的阴影。

困境不是绝境，不要常常觉得自己很不幸，因为还有许多比我们更不如意的人，要能乐天知命，随遇而安。把失败作为一堂必修功课，遇挫折时不要灰心丧志，不是路已到尽头，只是该转个弯为自己换个跑道罢了。若能将失败当成教训引以为鉴，透过检讨，学习不再重蹈覆辙，这是人生的宝贵经验！

失败与成功都是人生的必修课，但如果没有经历过失败的人，就永远也不会知道成功的意义有多重要。人生就是一条弯曲的路，许多人会在拐角处被失败绊倒在地，一蹶不振，丧失再去追寻幸福的勇气。失败并不可怕，可怕的是被失败击垮而丧失的勇气。要想得到幸福，就要勇敢地去面对失败。

失败是什么？没有什么，只是更走近成功一步；成功是什么？就是走过了所有通向失败的路，只剩下一条路，那就是成功的路。

撕一张日历，很简单，把握住一天，却不容易。相信别人，放弃自己，这是许多人失败人生的开始！在最艰难的时刻，更要相信自己手中握有最好的猎枪。

很多事情之所以最后失败，起因往往只是一些很不起眼的小问题。正因为问题小，所以才容易被忽视，最终导致“一枚铁钉输掉一场战争”的严重后果。所以，我们做事情，必须从大处着眼、小处着手，既要抓住关键，也要注重细节，这样才能把成功的胜算牢牢握在手中。

无过是一种假想，思过是一种成熟，改过是一种美德。人们失败的唯一原因就是专注被打破了的梦想。世界上只有想不通的人，没有走不通的路。前方无绝路，希望在转角。

失败并不意味着你浪费了时间和生命，而是表明你有理由重新开始。

人生坎坎坷坷、跌跌撞撞那是在所难免。但是，不论跌倒了多少次，你都要坚强地再次站起来。任何时候，无论你面临着生命的何等困惑，抑或经受着多少挫折，无论道路如何的艰难，无论希望变得如何渺茫，请你不要绝望，再试一次，也许成功就在下一秒。

挫折对无能的人来说是一个无底深渊，而对那些敢于面对挫折的人来说，它是一块成功的垫脚石。生活中没有挫折，就会平淡得好似一杯白开水；生活中没有挫折，像一望无垠的沙漠没有一点起伏，那么生活有什么意义呢？生活像一张白纸，挫折则像一支支画笔，为生活这张白纸描绘出美丽的图。生活因挫折更精彩！

失败者并不是天生就比成功者差，而是在逆境或绝境中，成功者比失败者多了一些坚持，多了一些思考。他山之石，可以攻玉；他人之事，我事之师，看别人的脚，我们至少少走弯路，少跌跟头。所以，多一次逆境，多一分成熟；多一次绝境，多一次机遇！

爱迪生曾经做过上万次实验，他对这个世界说“我没有失败过一万次，只是发现了一万种行不通的方法”。那么，什么叫做失败呢？除非你真的彻底放弃了，否则没有人能够真正击垮你。成功不过是一次接一次的尝试，一遍又一遍的探索，是不断坚守的力量让我们走近心中的成功。

所有的失败都是为成功做准备，抱怨和泄气，只能阻碍成功向自己走来的步伐。放下抱怨，心平气和地接受失败，无疑是智者的姿态。抱怨无法改变现状，拼搏才能带来希望。真的金子，只要自己不把自己埋没，只要一心想着闪光，就总有闪光的那一天。

失败，是把有价值的东西毁灭给人看；成功，是把有价值的东西包装给人看。成功的秘诀是不怕失败和不忘失败，成功者都是从失败的炼狱中走出来的，成功与失败循环往复，构成精彩的人生。成功与失败的裁决，不是在起点，而是在终点。

十二　幸福

幸福，是人人向往和追求的，但什么是幸福，每个人有不同的理解。幸福有没有统一的标准呢？答案应该是否定的。为什么很多人的生活水平提高了，但幸福感下降了呢？幸福该如何获得？这是需要我们去思考的问题，只有找到这些问题的答案，才能真正获得幸福。

（一）幸福的解读（是什么?）

人生最大的幸福，是发现自己爱的人正好也爱着自己。

——张爱玲

幸福就是重复。每天跟自己喜欢的人在一起、通电话、去旅行，重复一个承诺和梦想，听他第二十八次提起童年往事，每年的同一天和他（她）庆祝生日，每年的情人节、圣诞节、除夕，也和他共度。甚至连吵架也是重复的，为了一些琐事吵架，然后冷战，疯狂思念对方，最后和好。　——张小娴

何谓幸福？一是睡在自家的床上。二是吃父母做的饭菜。三是听爱人给你说情话。四是跟孩子做游戏。　——林语堂

幸福其实很简单。一个亲吻；一个拥抱；一个肩膀；一个微笑；一个电话；一句爱你；一次约会；一次小吵；一碗面条；一盒便当；一趟海边；一段道路；一场大雨；一个寒冬；一个炎夏；一起坐车；一直挽手；一直信任；一直包容；一直理解。

幸福有三个层次：第一层，得到自己心仪已久的东西如愿以偿；第二层，看到自己的付出给别人带来快乐和幸福；第三层，自己享受别人的幸福。毫无疑问，后者远胜于前者，因为幸福不是一个人的。

幸福是这样的：八点起，十二点睡；每天至少翻五页书，跑三十分钟步，对一个陌生人微笑，赞美一个人，说一句我爱你；每周至少做一次爱；每月至少有一个进步；每半年旅行一次；每年看一次牙医，做一次体检；至少有一人值得深爱；至少有一个爱好让你锲而不舍；至少有一个梦想变成现实；至少有五个电话可在深夜打扰。

内心幸福的十个表现：一是拍照片喜欢露牙齿；二是旅游纪念品摆放在桌子上；三是很享受地读书；四是爱品茶或红酒；五是再忙也要运动；六是爱收拾自己的小空间；七是有两个交心的朋友；八是心里甜蜜地想着一个人；九是早晨起床后感觉一身轻松；十是走在路上忽然发笑。

幸福=“土”、“￥”、“衣”和“一口田”，幸福就是：有安身立命的一块地，有点钱，有衣穿，有一份事业可耕耘。

诺贝尔经济学奖获得者萨缪尔森提出的“幸福公式”，幸福=效用÷欲望。想要幸福很简单，幸福的大小就取决于两个因素：效用和欲望。当物品效用既定的时候，人的欲望越小就越容易感到幸福；而当欲望既定的时候，物品效用越大，幸福的值就越大。

幸福是感觉，感觉自己幸福就真的很幸福。马上和幸福有关的事也就会接踵而至，可是有很多人看不明白这点，这也是人生之中最大的不幸。

幸福是用来感觉的，而不是用来比较的。生活是用来经营的，而不是用来计较的。感情是用来维系的，而不是用来考验的。爱人是用来疼爱的，而不是用来伤害的。金钱是用来付出的，而不是用来衡量的。

幸福是感觉，需要自己细细去体会。幸福的距离，有时近，有时远，以为就在咫尺，转眼却还在天涯。平静的生活就像一杯白开水，喝起来淡而无味，却不知道正是它的纯净无瑕才让我们的生命幸福，懂得生活的人才会在平淡中品出甘甜和幸福。

幸福的感觉是：爸妈很疼爱你；得到过第一名；得到过惊喜；得到过奖励；有人为你哭；有被人背过；让别人感动过；深夜收到短信；和密友煲电话粥；笑到肚子痛；生病时有人照顾；和爱人一起走路到腿疼；有好事情有人第一个想到你。

幸福是一种感觉：一个富翁在海边散步看到渔夫在晒太阳，问："你为什么不打鱼呢?""打鱼干什么?"渔夫问。"买大船呀!""买大船干什么?""打很多鱼，你就是富翁了。""成了富翁又怎样?""你就不用天天打鱼了，幸福地晒太阳了。""我不正在晒太阳吗!"富翁哑然。幸福是我们内心的需要，只要情愿做的，从中感受快乐，就是幸福。

感受幸福需要距离。在外面时间久了，才知道待在家里是多么的幸福；餐馆的饭菜吃多了，才知道能吃心爱的人做的家常菜是多么的幸福；经历的风风雨雨多了，才知道能陪孩子看看卡通片是多么的幸福；见过的悲欢离合多了，才知道自己是多么的幸福!

幸福是个美丽的玻璃球，跌碎散落在世间的每个角落。有的人捡得多些，有的人捡得少些。却没有人能拥有全部。爱你所爱选你所选，珍惜现在所拥有的一切。人活着就是一种心情，把握今天，设置明天，储存永远。只要用心感受，幸福就会永远存在。

幸福是一只蝴蝶，你要追逐它的时候，它总是在你前面不远的地方；但是如果你悄悄地坐下来，它也许会落到你身上。所谓“有心栽花花不发，无心插柳柳成荫”。其实，很多事情都是这样，欲望造成浮躁，浮躁蒙蔽智慧，智慧影响判断，判断制约成果。愿生活像水一样沉淀，让生活清澈而宁静。

幸福其实就是一种期盼，是一种心灵的感受。只要我们用心去发现，用心去感受，你就会发现幸福其实就在我们身边，只是这样的幸福常常被我们忽略。

幸福，是有一颗感恩的心，一个健康的身体，一份称心的工作，一位深爱你的爱人，一帮值得信赖的朋友。

幸福是春之花，甜美芬芳，但只有播下花籽，方可收获芬芳，采撷果实，也只有当你打开心门感恩生活的点滴，才可以感受到幸福的存在。幸福是一种心情，是看庭前花开花落，望天空云卷云舒的闲适淡然；那些瞬间的欢欣不就是幸福吗？这些点滴间的幸福延伸着，包容着，捍卫着我们精神的海洋与天空。

幸福是一种能力。生活对于每个人来说都是平等的，上帝不会偏爱任何一个人。但人世间有人会感到幸福，而有人感受不到或不强，那是因为幸福是一种能力，是感谢生命赐予和现有生活的能力；是感受快乐、抵制不良情绪的能力；是不断反省自己、完善自我的能力。

幸福是对未来的梦想，有未来、有梦想就有幸福感。当然未来也不意味着太遥远，可能就是明天，可能就是下一个小时，心中不断有美事去想自然幸福。

幸福是一种灵魂的香味。给予中获得，爱人者被爱。唯有爱，使我们懂得施予与获得，让我们忘却自己，领略幸福的真谛，沐浴灵魂的芳香。唯有爱，才能让我们的心灵花园花团锦簇、馨香久远。幸福并不像想象中的那样遥不可及，它就在我们身边，只不过香味过于平淡而被忽视了。

幸福是家的味道。每当放学回家，嗅到从厨房里飘出来的饭菜香，就仿佛陷进了一个温暖的怀抱。菜端上桌，只消尝一口，就能感受到浓浓的甜蜜。温和从舌尖缠绵到舌根，整个口腔充满了醇香的气体。总之，幸福可以是浓浓的、黏稠的奶茶，柔软、甜腻。幸福可以是一杯半冷热的牛奶，口感平滑、恬淡而沁口的。幸福且浓且淡。

幸福如酒，有时我们沉醉其中，其实也是昏睡其中。爱情打盹的时候，往往就是你习惯了幸福，熟悉了爱人，也是爱情最危险的段落，因为精力不集中；所以，交警提醒我们，最容易出车祸的地方，往往不在险峻的山路，而多在平铺直叙、风景迷人的平原高速路上，爱情也是如此。

何谓幸福？商人说：茫茫商海，一本万利足矣；农民说：风调雨顺，喜获丰收即可；官员说：蹉跎人生，平步青云是愿；工人说：朝六晚九，收入等于支出则安；乞丐说：风餐露宿，一人一家温饱；上帝说：凭己之智，脚踏实地，学最好的别人，做最好的自己。

何谓幸福？每个人有每个人不同的理解和追求。沙漠里的行者说，喝口水就是幸福；街边的乞丐说，吃口饭就是幸福；狱中的囚犯说，获得自由就是幸福；无业游民说，有份工作就是幸福；卧病在床的患者说，健康就是幸福；战乱中的难民说，和平就是幸福；临终的老人说，活着就是幸福。

什么是幸福？幸福的味道不是甜蜜，而是平淡；不是浓烈的芬芳，而是淡淡的幽香。这个世界上，每个人都有自己的定位，每个人也都有自己的追求。选择适合自己的生活，便是真正的幸福。

什么是幸福？并不是所有人可以给出正确答案，只有经历了人生巨大挫折和痛苦折磨的人才能对幸福有深刻的体会。什么是幸福？活着就是幸福。健康就是幸福。平安就是幸福。有工作就是幸福。吃得饱、睡得着、想得开就是幸福。凡是感觉不到幸福的人，只有一个原因，就是你想要的太多。其实平平淡淡就是人生最大的幸福。

什么是幸福？幸福是不依赖慑人的权势，不依赖过人的财富，不依赖超人的才华，依赖的是一颗平常心。常怀一颗笑对人生冷暖的平常心，就有圆融丰满的喜悦常相伴随。

儿时，幸福是一件实物；长大之后，幸福是一种状态。然后有一天，我们才发现，幸福既不是实物，也不是状态，幸福是一种领悟。

幸福就是每天早晨醒来一看表，竟然还能再睡半个小时；幸福就是你去自习室上自习，一推开门发现自己想见的那个人也在这间教室里；幸福就是整理衣服时，在去年过冬的衣服里翻出好几十块钱；幸福就是开心的听完一首歌，看完一场电影；幸福就是每天早晨一睁眼，发现自己还活着。

幸福是十岁过年时穿新衣，拿压岁钱，挥舞烟花；二十岁时跟哥们天南地北，喝酒愤青；三十岁时与心爱的人走过红地毯，共筑爱巢；四十岁时看着子女夸他比他父母当年还漂亮；五十岁时跟儿子上街，被人说是姐弟俩；六十岁时和老伴儿携手在公园的长椅上看夕阳；七十岁时大家高兴地吃年夜饭。

幸福是一种自我感受，只有自己心里最清楚。其他任何人都没能力判断他人幸福与否。在物欲横流，无信仰，人心空、苦、浮躁、焦虑的现实社会中，“幸福”是很奢侈的。我们很“烦”、很“累”、很“苦”，要学会“苦中作乐”，才是硬道理。

幸福就是想吃一个馒头时，就得到一个馒头并且安心地吃下去。若只能得到半个叫不足；更少叫匮乏；若得到两个叫富余；得到三个叫负担；得到更多叫累赘。幸福不是越多越好，而是恰到好处；幸福不是脸上的虚荣，而是内在的需要；幸福不在别人眼中，而在自己心中。你的幸福，你若不答应，别人永远抢不走。

幸福就在我们身边。她并不只是依附在富人身上，钱财的宽裕和幸福的产量不能够成正比，什么人都能够得到幸福。那些迷惘于追求幸福的人，你们要认清拥有幸福的条件，那就是：努力、知足、不贪婪。

幸福不是因为拥有的多，而是因为计较的少。我们的心会随着年龄的增长而日趋复杂，幸福却并未因此而拥有更多，反而在这繁复的内心中逐渐减少。其实，幸福源于内心的简约。只有内心简约，幸福才会降临，欲望过度，只能徒增烦恼。简单使人宁静，宁静使人幸福。简洁而执着的人，才能拥有持久的幸福。

幸福不是你房子有多大，而是房子里的笑声有多甜；幸福不是你开多豪华的车，而是你开着车平安到家；幸福不是你的爱人漂亮、帅气，而是爱人的笑容有多灿烂；幸福不是你能过灯红酒绿的日子，而是你深夜回家有一盏灯为你亮着；幸福不是你听多少甜言蜜语，而是你伤心时有一双手轻拍你的肩说：没事，有我呢。

幸福是不用靠父母就能找到好工作；不用献身就能遇到好导演；不用买房就能娶到好媳妇；不用送礼就能遇到好大夫；不用行贿就能竞得好生意；不用掩饰就能交到真朋友；不用认干爹就能遇到好领导。

幸福，不是长生不老，不是大鱼大肉，不是权倾朝野。幸福是每一个微小的生活愿望达成。当你想吃的时候有得吃，想被爱的时候有人来爱你。

幸福不是至高无上的强权，亦不是堆积如山的金银财宝，幸福是简单纯真的感动，是对生活点滴的感恩，是心怀一种面朝大海，春暖花开的积极心态迎接每一天的处世哲学。

幸福不是大的悲喜，它只在易感的心灵中。幸福就像那随风摇曳的小花儿，只要用心体味，便能让那淡淡幽香浸润自己的心灵。幸福就像藏在云层后的点点星光，当你拨开层层迷雾，看到心灵深处的爱和被爱，看到心灵深处最深的宁静——幸福，自会花儿般悄然绽放。

幸福是单纯的。单纯多一点，欲望就少一点；欲望少一点，幸福就多一点。人的欲望是永远无法满足的，如同多米诺骨牌，打开一扇门，紧接着其他的门跟着就打开了。人生绝大部分欲望是无用的，它只会让生活变得更加复杂。克制欲望最有效的方式，就是关闭欲望之门，打开满足之窗，让阳光照亮我们的生活。

幸福似穿鞋，松紧自明；幸福如喝水，冷暖自知。如果说快乐是生理的，那么幸福是精神的。幸福就是用生活的苦涩，酿造人生的甜酒。

幸福就如一座金字塔，有很多层次，越往上幸福越少，得到幸福相对就越难。越是在底层越是容易感到幸福，越是从底层跨越的层次多，其幸福感就越强烈。

一个人总是仰望和羡慕着别人的幸福，一回头，却发现自己正被仰望和羡慕着。其实，每个人都是幸福的。只是，你的幸福，常常在别人眼里。

如果我们能保持感恩，我们就能获得快乐幸福。很不幸的是，发现我们没有的东西比发现我们拥有的东西容易得多。有时候我们需要体会失败才能懂得珍惜我们的拥有，所以不要把获得什么当做是理所应当的事情。看看你拥有的东西，你会有很多感到幸福的理由。

所有的痛苦来自选择，所谓幸福就是正确的选择；世界上最苦的孤独不是没有知己，而是遗失了自己；如果我们无法做大事，那么就怀着大爱做些小事；掉进染缸里其实并不可怕，可怕的是在染缸里感觉良好。

留住的叫幸福，流逝的叫遗憾：幸福的滋味是甜甜的，偶尔酸酸的；遗憾的感觉是苦苦的，偶尔辣辣的。好好对待你身边的人，能在一起就是幸福。如果爱上就不要轻易放弃。怯懦可能使你一辈子后悔。没有经历过爱情的人生是不完整的，没有经历过痛苦的爱情是不深刻的。爱情使人生丰富，痛苦使爱情升华。

幸福很简单，如果你不那么匆匆，如果你用爱的目光，如果你有足够的宽容，幸福真的离我们很近。幸福就是，坚持了应该坚持的，放弃了应该放弃的，珍惜现在拥有的，不后悔已经过去的。

真正的幸福与快乐，并不在于你的手中拥有多少外在的物质，而在于你的内心，能够容纳多少高贵而美妙的思想。人的一生，从某种角度来说，就是一种不断地拥有和失去的过程。在经历过无数次的拥有与失去之后，才能意识到，获得幸福与快乐的关键并不是去无休止地追求什么，而是在适当的时候学会去放弃什么。

如果你是一个知足的人，一粒沙子的幸福也会像得到一颗星球那么大。如果你是一个贪婪的人，一整颗星球的幸福也只会像得到一粒沙子那么小。

人生的幸福，不在于富足，而在于满足。满足不在于多加燃料，而在于减少火苗；不在于累积财富，而在于减少欲念。人的欲望是无止境的，而生命却是有限的，以有限的生命追求无尽的欲望，又怎能得到满足？放下贪欲，追求平实简朴的生活，是获取幸福的最简单的方法。

人生的幸福美满其实是一种感觉，一种心情。你是欢欣鼓舞、轻松快乐，还是孤独苦闷、疲惫不堪，主要取决于自己的心态。我们的身体会因为劳累而疲惫，心灵也会因负荷过重而出现问题。要记得经常让心灵放个假，心灵安顿了、平衡了、丰盈了，我们的人生也就快乐了、美好了、无憾了！

幸福的表现：拍照片喜欢露牙齿；喜欢展示旅游纪念品；能很享受地读书；喜品茶或红酒；经常户外运动；装扮自己的小空间；拥有两个知心朋友；心里甜蜜地想着一个人；早晨起床感觉一身轻

松；走在路上忽然发笑。

如果你有吃穿住，你已比世上75%的人富有。如果你有存款，钱包里有现金，还有小零钱，你已是世上最富有的8%了。如果你早上起床，没病没灾，你已比活不过这周的100万人幸福多了。如果你从没经历战乱、牢狱、饥荒，你比正身处其中的5亿人幸福多了。其实幸福就在自己身边，我们在生活中大可少一些抱怨了。

人的一生，是追求幸福的一生，没有人会拒绝幸福，也没有人会放弃幸福。幸福是一种感觉，它不取决于你的生活状态，而取决于你的心态。你觉得你幸福你就是幸福的，幸福与不幸福都在你自己的心中。生活中最大的幸福，就是坚信有人爱着自己。

（二）幸福的获得（如何做?）

获得幸福的不二法门是珍视你所拥有的，遗忘你所没有的。

——李嘉诚

获取幸福的错误方法莫过于追求花天酒地的生活，原因就在于我们企图把悲惨的人生变成接连不断的快感、欢乐和享受。这样，幻灭感就会接踵而至；与这种生活必然伴随而至的还有人与人的相互撒谎和哄骗。友谊、爱情和荣誉紧紧地把人们联结在一起，但归根到底人只能老老实实地寄望于自己。——叔本华

受挫一次，对生活的理解加深一层；失误一次，对人生的醒悟增添一阶；不幸一次，对世间的认识成熟一级；磨难一次，对成功的内涵透彻一遍。从这个意义上说，想获得成功和幸福，想过得快乐和欢欣，首先要把失败、不幸、挫折和痛苦读懂。——崔永元

三件让人感到幸福的事情：有人爱，有事做，有所期待。有人爱，不仅仅是被人爱，而且有主动爱别人爱世界的能力；有事做，让每一天充实，事情没有大小，只有你爱不爱做；有所期待，生活就有希望，人不怕卑微，就怕失去希望，期待明天，期待阳光，人就会从卑微中站起来拥抱蓝天。——俞敏洪

等待着别人给幸福的人，往往过得都不怎么幸福。——《情书》

我们总是忘记了，幸福不是获得我们还没有的，而是认识和欣赏我们所拥有的。或许就是这样吧，真正的幸福，不是依赖任何外在的人或事物，也不是来自变幻无常的情绪与感觉，而是心的一种清楚、愉快与平静的状态。通往幸福最大的障碍就是对幸福苛求太多。

——《幸福就像狗尾巴》

小时候幸福是一样东西，得到了就很幸福；长大了幸福是一个目标，达到了就很幸福；成熟后幸福是一种心态，领悟了就会幸福。幸福到底是什么，它其实就在你的身边，就像你的影子一样一直跟随着你，只是你从来不会注意它而已。

幸福三诀：不要拿自己的错误来惩罚自己；不要拿自己的错误来惩罚别人；不要拿别人的错误来惩罚自己。

打开人生幸福之门的七把钥匙：一是信念；二是谦逊；三是尊重；四是耐心；五是怜悯；六是勇气；七是毅力。

七种心理偷走了幸福感：一是不善于发现自己的阳光面；二是缺乏信念，不知道自己想要什么；三是总爱与人比较，心里只剩下自卑感，没了幸福感；四是不想为亲人朋友同事奉献，斤斤计较眼前得失；五是不知足，无休止的欲望；六是多疑不信任不宽容亲人

朋友，心灵渐渐疏远；七是过于焦虑，自己制造很大的压力。

能够变得幸福的方法：一是不抱怨生活，努力去想解决问题的方法；二是不贪图安逸；三是感受友情，广交朋友；四是勤奋工作；五是少接触负面消息，降低负面影响；六是生活的理想，树立目标；七是给自己动力；八是规律的生活；九是珍惜时间；十是心怀感激，把注意力集中在快乐的事情上。

假如你想寻找真正的幸福，一点不用瞎费劲，既不用去遥远的地方取经，也不用卑微地乞求别人的恩赐，真正的幸福蕴藏在你自己身上。以乞求、投机、强求、买卖等方式，得到的幸福均是短暂的，甚至是徒劳无益的。许多是得不偿失的。幸福不靠天地，靠自己。

每个人都在追求幸福，但我们常常在追求“像别人那样的”幸福，而不是“自己的”幸福。追求自己的幸福，就不能追随别人的目光去寻找，而应当仔细倾听自己内心的声音，按照心灵的指引去过属于自己的生活。做真实的自己，才能找到真正的幸福。

要想让自己的一生过得快乐和幸福，就必须记住该记住的，忘记该忘记的，改变能改变的，接受不能够改变的。这不仅是一种胸怀，更是一种境界。忘记是一种心灵超脱的修养，舍得就是一种心灵的升华；忘记是一种优秀的品德，舍得就是一种绝好的心态；忘记是一种对生活的态度，舍得就是一种为人处世的最高境界。

一个人总在仰望和羡慕着别人的幸福，一回头，却发现自己正被别人仰望和羡慕着。其实，每个人都是幸福的。只是，你的幸福，常常在别人眼里。幸福这座山，原本就没有顶、没有头。你要学会走走停停，看看山岚、赏赏虹霓、吹吹清风，心灵在放松中得到生活的满足。

一个人一生可以爱上很多人的，而等你获得真正属于你的幸福之后，你就会明白以前的放弃其实是一种财富，放弃让你学会更好地去把握和珍惜，不是因为你得到了想得到的，而是因为你是在为自己而活，所以你要学会放弃。

生活简洁的人，获得的幸福也越多；说话简洁的人，获得的赞誉也越多；人为没有必要的东西而活，会越活越沉重。一句话可以表达，为什么非要用十句话来啰嗦？简洁是美德，只有智慧的人，才会简洁，简洁不仅节省时间，而且能去很多烦恼；人生顿悟，学会简洁。

回头看是为了向前走得更好。要想过幸福快乐的日子，光努力奋斗还不够，还要让自己的心平静下来，要注意锻炼自己的心态，让自己的心有坚强的承受能力。现在有钱人到处都是，不要去和别人作无谓的比较。各人有各人的路，各人有各人的生活，能够平静地快快乐乐地过自己的生活，这就是幸福。

年轻的你，有足够的理由相信：你将会得到这世间最幸福的一份爱。所以，我也有足够的理由劝告你，要耐心地等待。不要太早地相信任何的甜言蜜语，不管那些话语是出于善意或是恶意，对你都没有丝毫的好处。果实要成熟了以后才会香甜，幸福也是一样。

人最幸福的，并不是终于得到了一束花，而是永远被花包围着。人最快乐的，并不是别人给你带来了快乐，而是你给别人带去了快乐。人最高尚的，并不是别人还记着他的好处，而是自己忘了给予别人的好处。人最伟大的，并不是创造了这个世界，而是创造了创造这个世界的人。

获得成功与幸福的前提是首先要有一颗爱心，热爱情人与朋友、热爱生活。家长可以通过让孩子亲自照顾宠物或者种植植物来表达爱心，同时家长也要让孩子感觉得到您对他的爱，孩子才能从中学会最基本的责任心和爱心，从而成为善解人意的孩子。

我们之所以觉得痛苦大于快乐、忧伤大于欢喜、悲哀大于幸福，是因为我们总是把不属于痛苦的东西当做痛苦、把不属于忧伤的东西当做忧伤、把不属于悲哀的东西当做悲哀，而把原本该属于快乐、欢喜、幸福的东西看得很平淡，没有把他们当做真正的快乐、欢喜和幸福。其实，知足就是幸福。

口中有德，目中有人，心中有爱，行中有善。口中有德，就是说话要留有余地，不对他人施加“软暴力”；目中有人，就是要走出自我的小天地，将心比心，坦诚相待；心中有爱，就是要在心田种下爱的种子，并小心地呵护它成长；行中有善，就是人到哪里，就把爱带到哪里。

幸福的关键不在于找到一个完美的人；而在于找到一个人，然后和他携手建立完美的关系。女人的幸福在于他真的爱你；男人的幸福在于她值得你爱。

幸福的秘诀：忘记过去；对自己的生活负责；建立关系网络；寻找各种各样的激情；磨炼自己的意志；成为你自己；为自己的人生目标奋斗；记得你获得的祝福；积极地思考；有创意的工作；从你所拥有的开始；改变不良的思考习惯；运用你的智慧；不在意身边的小事；放弃野心；让别人开心；学会同情。

心理学中，主观幸福感是衡量个人生活质量的综合性心理指标。主要来源于人的成就感、对社会的贡献以及人际关系和谐等。也就是说，个体潜能的发挥与价值实现程度是衡量人们幸福的核心内容。自主、环境驾驭、个人成长，生活目的、自我接受等与个人价值密切相关的要素成为幸福感的重要成分。简而言之，价值感是幸福感的核心。

关于幸福，我们不能精确描绘它的模样，不了解它的属性，不知道终点的位置，不能预测它出现的时机，只有当幸福降临的那一刻，我们才会热泪盈眶，发现所有的辛苦都是物超所值。它比神奇更不可思议，比惊喜更激动人心，比快乐更快乐，比美妙更美妙，它能在夜一样的黑色中绽放最灿烂的花朵。

每当翻看着旧时一家人共聚的合影，那一张张明媚的笑脸如满园桃花般润泽，把我的心房拉向了芬芳的园林；每当看着真情满溢的感人故事纪录片，那人间的善心汇成的一幅幅定格的画面，就仿佛骄阳般的和熙，把我的心神带往蔚蓝的天空；每当在中秋夜观赏明月，那冰洁的玉轮同样让我心旷神怡……幸福的样子且华丽且平凡。

幸福其实很简单，就在你眼中，只要用心就能捕捉；就在你掌心，只要合手就能把握；就在你脚上，只要移步就能到达！可是很多时候，我们望眼欲穿，我们苦苦挽留，我们东奔西走，却总是感觉幸福很遥远——那是因为我们看错了方向，握错了手，走错了路：不属于自己的不要强求，已经得到的好好珍惜。

幸福并不复杂。饿时，饭是幸福，够饱即可；渴时，水是幸福，够饮即可；裸时，衣是幸福，够穿即可；穷时，钱是幸福，够用即可；累时，闲是幸福，够畅即可；困时，眠是幸福，够时即可。爱时，牵挂是幸福，离时，回忆是幸福。人生，由我不由天，幸福，由心不由境。

生活原本是一杯清水，贫乏与富足、权贵与卑微等等，都不过是人根据自己的心态和能力为生活添加的调味。生活只是那一杯水，要靠自己慢慢去品味，细细去咀嚼，用心去欣赏，你才能发现，原来，最幸福的生活，就是在那如水的平淡中活出精彩。

存平常心，行方便事，则天下无事。怀慈悲心，做慈悲事，则心中太平。让别人快乐是慈悲，让自己快乐是智慧。心量狭小，则多烦恼；心量广大，智慧丰饶。

我们觉得不快乐，是因为我们追求的不是幸福，而是比别人幸福。踩着别人肩膀显示自己高度的人，迟早会变成不折不扣的矮人。把宝押在对方赢上，我们的潜意识就会帮助自己输。最给力的灵魂，能让自己在万物之间舞蹈。

一时的错，可能是一辈子的痛。追求物质上的快乐就像在跑步机上运动：它不会带你到任何地方。时间是治疗心灵创伤的大师，但绝不是解决问题的高手。痛苦是人生的拐杖，它使强者更强，弱者更弱。

不要用自己的眼光去衡量别人的幸福。在你的眼里，觉得他很不幸，他经历了很多痛苦，他没有钱什么都没有，但是也许人家追求的不是这样的生活。所以幸福只是相对于自己而言的，也不要羡慕别人，自己知足就是幸福，自己快乐就是幸福。其实幸福有很多定义，最简单的就是自己的感觉，自己觉得好就是幸福。

只要不把幸福的期望值提得高不可及，只要不把自己的幸福建立在别人痛苦之上。以一种平凡的心态求之，就会发现，幸福，其实就在俯仰之间；幸福，其实就在你我身旁。

不要站在旁边羡慕他人的幸福，其实自己的幸福一直都在你身边。只要你还有生命，还有能创造奇迹的双手，你就没有理由当过客、当旁观者，更没有理由抱怨生活。因为只要努力，幸福伸手就可以够得着。

每个人都具备使自己幸福快乐的资源。谦虚、合作精神、积极的态度和爱心。这些特质可以在每个人的身上找到，只是许多人没把这些“幸福快乐的资源”运用好。每个人都可以通过改变思想去改变自己的情绪和行为，从而改变自己的人生。我们每天遇到的事物，都包含成功快乐的因素，取舍全由个人决定。

一直以为幸福在远方，在可以追逐的未来。后来才发现，那些拥抱过的人、握过的手、唱过的歌、流过的泪、爱过的人、所谓的曾经，就是幸福。在无数的夜里，说过的话、打过的电话、思念过的人、流过的眼泪，看见的或看不见的感动，我们都曾经过，然后在时间的穿梭中，一切成为了永恒！

小猪问妈妈幸福在哪里，妈妈说幸福就在自己的尾巴上。于是小猪开始用嘴咬它的小尾巴，却总也咬不到，它沮丧地告诉妈妈自己抓不住幸福，妈妈笑笑说：“孩子，只要你一直往前走，幸福就会一直跟着你。”

图书在版编目(CIP)数据

心理健康教育语段/雎密太,奥多,张荣编著.—长沙:岳麓书社,2015.1
(2024.9 重印)
ISBN 978—7—5538—0317—3
Ⅰ.①心... Ⅱ.①雎...②奥...③张... Ⅲ.①心理健康—健康教育 Ⅳ.①G479
中国版本图书馆 CIP 数据核字(2014)第 306952 号

XINLI JIANKANG JIAOYU YUDUAN

心理健康教育语段

编　　著　雎密太　奥　多　张　荣
责任编辑　刘　文
责任校对　舒　舍
书籍设计　罗志义

岳麓书社出版发行
地址:湖南省长沙市爱民路 47 号
电话:0731—88804152　88885616
邮编:410006
网址:www.yueluhistory.com

2015 年 1 月第 1 版　2024 年 9 月第 2 次印刷
开本:710×1000　1/16
印张:20.25
字数:272 千字
ISBN 978—7—5538—0317—3/G·1173
定价:88.00 元

承印:唐山楠萍印务有限公司

如有印装质量问题,请与本社印务部联系
电话:0731—88884129